円滑に外国人材を受け入れるための

グローバルスタンダードと送出国法令の解説

【編著】
慶應義塾大学大学院法務研究科・グローバル法研究所
西村あさひ法律事務所

【著】
松尾 弘
山脇 康嗣
杉田 昌平
湯川 雄介
中尾 洋三
宍戸 健一
田代 夕貴

ぎょうせい

はしがき

労働施策の総合的な推進並びに労働者の雇用の安定及び職業生活の充実等に関する法律（労働施策総合推進法）に基づく雇用状況の届出の対象となる外国人は、2021年10月末に、約173万人となり、統計が集計されるようになってから、最大値を更新している。2020年初頭から新型コロナウイルス感染症への対策のため、水際対策に係る措置として国際的な人の往来が制限されている中にあって最大値を更新することになったことから、日本の労働市場における外国人労働者の活躍への期待の高さが、あらためて明らかになったといえる。

国際的な人の往来のうち、労働を目的とする移動については国際労働移動として様々な角度から調査や研究がなされるようになってきている。本書は、国際労働移動のうち特に法学の見地に立って調査研究を行ったものである。

国際労働移動は、概ね、①送出国の地方部での募集（リクルート）、②送出国内の地方部から都市部への移動、③送出国都市部での国際移動の準備、④受入国への国際移動、⑤受入国での就労、⑥受入国内での移動、⑦受入国から送出国への移動というプロセスを経る。このような国際労働移動のプロセスにおいて、受入国の法令のみで国際労働移動における法律関係の全容を明らかにすることは困難であり、国際労働移動の起点となる送出国の法令の調査研究が不可欠である。

また、送出国の法令及び受入国の法令だけでなく、国際労働移動に関する国際規範との関係についての視点を持たねば、やはり、国際労働移動の法適用の全容を把握することは困難であるといえる。

このような見地から、本書は、これまで先行研究が少なかった国際労働移動における送出国の法令、国際規範、受入国の法令について、それぞれの法の現状と、可能な範囲でそれぞれの法の交錯から生じる論点を明らかにすることを意図して企画されたものである。

これまで、外国人労働者に関する課題は、受入国である日本の法制度に注目した検討が多かったように思われる。しかし、課題の原因を把握しようとした場合、送出国からの一連の法律関係を把握することは不可欠であり、一連のプロセスにおいて外国人労働者が脆弱な立場に置かれる原因がないかを検討しなければ、国際労働移動における改善を望むのは難しい。

国際労働移動における労働者を採用する立場にある企業の変化は早く、コンプライアンスを重視する企業は、国際労働移動における起点から、どのような仕組みで、どのような法律関係で国際移動が生じているかに関心を寄せるようになっている。

本書は、国際労働移動における実務を担っている方々、調査研究をされている方々等、国際労働移動に関係する方々に手に取っていただければと考えている。本書が、国際労働移動の実務及び研究をさらに発展させることに少しでも貢献することができれば、望外の喜びである。

本書を形にするにあたり、非常に多くの方にお世話になった。本書には、公益財団法人トヨタ財団 2019 年度特定課題「外国人材の受け入れと日本社会」の助成を得て実施した調査の結果を掲載している。先行研究が多くない国際労働移動の送出国法令という分野での調査研究に助成いただいた公益財団法人トヨタ財団には、この場を借りてあらためてお礼申し上げる。また、本調査研究の意義をご理解いただき、調査研究に全面的に協力いただいた西村あさひ法律事務所にもあらためてお礼申し上げたい。最後に、多くの執筆者がいる中で、困難な編集及び企画をまとめてくださった、株式会社ぎょうせいの皆様にも、お礼申し上げる。

2022 年 4 月

執筆者を代表し、国際的な人の往来が再開した都内にて

杉　田　昌　平

凡　例

1　法令、要領等略語

本文中に用いた法令、要領などは、次の略語を用いました。

入管法	出入国管理及び難民認定法（昭和26年政令第319号）
入管法施行規則	出入国管理及び難民認定法施行規則（昭和56年法務省令第54号）
技能実習法	外国人の技能実習の適正な実施及び技能実習生の保護に関する法律（平成28年法律第89号）
技能実習法施行規則	外国人の技能実習の適正な実施及び技能実習生の保護に関する法律施行規則（平成28年法務省・厚生労働省令第3号）
労働施策総合推進法	労働施策の総合的な推進並びに労働者の雇用の安定及び職業生活の充実等に関する法律（昭和41年法律第132号）
労働施策総合推進法施行規則	労働施策の総合的な推進並びに労働者の雇用の安定及び職業生活の充実等に関する法律施行規則（昭和41年労働省令第23号）
パートタイム・有期雇用労働法	短時間労働者及び有期雇用労働者の雇用管理の改善等に関する法律（平成5年法律第76号）
労働者派遣法	労働者派遣事業の適正な運営の確保及び派遣労働者の保護等に関する法律（昭和60年法律第88号）
男女雇用機会均等法	雇用の分野における男女の均等な機会及び待遇の確保等に関する法律（昭和47年法律第113号）
育児介護休業法	育児休業、介護休業等育児又は家族介護を行う労働者の福祉に関する法律（平成3年法律第76号）
上陸許可基準令	出入国管理及び難民認定法第7条第1項第2号の基準を定める省令（平成2年法務省令第16号）
特定技能基準省令	特定技能雇用契約及び1号特定技能外国人支援計画の基準等を定める省令（平成31年法務省令第5号）

分野等省令	出入国管理及び難民認定法別表第一の二の表の特定技能の項の下欄に規定する産業上の分野等を定める省令（平成31年法務省令第6号）
特定活動告示	出入国管理及び難民認定法第7条第1項第2号の規定に基づく同法別表第一の五の表の下欄に掲げる活動を定める件（平成2年法務省告示第131号）
特有事情分野告示	出入国管理及び難民認定法第7条第1項第2号の基準を定める省令及び特定技能雇用契約及び1号特定技能外国人支援計画の基準等を定める省令の規定に基づき特定の産業上の分野を定める件（平成31年法務省告示第65号）
建設告示	出入国管理及び難民認定法第7条第1項第2号の基準を定める省令及び特定技能雇用契約及び1号特定技能外国人支援計画の基準等を定める省令の規定に基づき建設分野に特有の事情に鑑みて当該分野を所管する関係行政機関の長が告示で定める基準を定める件（平成31年国土交通省告示第357号）
造船・舶用工業告示	出入国管理及び難民認定法第7条第1項第2号の基準を定める省令及び特定技能雇用契約及び一号特定技能外国人支援計画の基準等を定める省令の規定に基づき造船・舶用工業分野に特有の事情に鑑みて当該分野を所管する関係行政機関の長が告示で定める基準を定める件（平成31年国土交通省告示第359号）
特定技能運用要領	特定技能外国人受入れに関する運用要領（平成31年3月版）

2　判例集出典略語

民集	最高裁判所民事判例集
判時	判例時報
判タ	判例タイムズ
労判	労働判例

●編著者・執筆者一覧●

◆編著者

慶應義塾大学大学院法務研究科・グローバル法研究所（KEIGLAD）

KEIGLAD（Keio Institute for Global Law and Development）は、法学研究及び法学教育をめぐる教職員・学生間の国際交流と国際協力の推進を支援するために慶應義塾大学大学院法務研究科に設置された機関。

西村あさひ法律事務所

西村あさひ法律事務所は、世界18拠点で700名を超える国内外の弁護士が連携し、リーガルサービスをワンストップで提供する国際的総合法律事務所。

西村あさひ法律事務所では、「法の支配」を礎とする豊かで公正な社会を実現することを基本使命とし、案件業務を通じてのリーガルサービスの向上はもとより、西村高等法務研究所の創設やアカデミック機関での講義活動を行っている。

◆執筆者＜掲載順＞

松尾　弘（まつお・ひろし）第１章第１節
　慶應義塾大学大学院法務研究科教授、KEIGLAD所長

山脇　康嗣（やまわき・こうじ）第１章第２節
　弁護士（さくら共同法律事務所）、KEIGLAD客員所員

杉田　昌平（すぎた・しょうへい）第１章第３節
　弁護士（弁護士法人Global HR Strategy・GHRS法律事務所）、KEIGLAD研究員

湯川　雄介（ゆかわ・ゆうすけ）第１章第４節、第２章全体
　弁護士（西村あさひ法律事務所）、KEIGLAD客員所員

中尾　洋三（なかお・ようぞう）第１章第５節
　味の素株式会社　サステナビリティ推進部　社会グループ

宍戸　健一（ししど・けんいち）第１章第６節
　独立行政法人 国際協力機構 上級審議役

小口　光（おぐち・ひかる）第２章全体
弁護士（西村あさひ法律事務所）
東城　聡（とうじょう・さとし）第２章第１節
弁護士（西村あさひ法律事務所）
呂　　遠（ロ・エン）第２章第１節
中国法弁護士（上海李旭律師事務所）
大矢　和秀（おおや・かずひで）第２章第２節
弁護士（西村あさひ法律事務所）
Vu Le Bang（ヴ・レ・バン）第２章第２節
ベトナム法弁護士（西村あさひ法律事務所）
Nguyen Thi My An（グエン・ティ・ミー・アン）第２章第２節
ベトナム法弁護士（西村あさひ法律事務所）
Pham Tran Duc Anh（ファム・チャン・ドゥック・アイン）第２章第２節
ベトナム法弁護士（西村あさひ法律事務所）
田代　夕貴（たしろ・ゆき）第２章第２節
弁護士（西村あさひ法律事務所）
田中　栄里花（たなか・えりか）第２章第２節
弁護士（西村あさひ法律事務所）
町田　憲昭（まちだ・のりあき）第２章第３節
弁護士（西村あさひ法律事務所）
Made Grazia Valyana Ustriyana（マデ・グラジア・バリアナ・ウストリヤナ）第２章第３節
インドネシア法弁護士（西村あさひ法律事務所）
佐藤　正孝（さとう・まさたか）第２章第４節
弁護士（西村あさひ法律事務所）
Michelle Marie F. Villarica（ミシェル・マリエ・F・ヴィラリカ）第２章第４節
フィリピン法弁護士（西村あさひ法律事務所）

目　次

第２章　主要送出国における法令

【西村あさひ法律事務所】

◎本書には、公益財団法人トヨタ財団2019年度特定課題「外国人材の受け入れと日本社会」の助成を得て実施した調査の結果を掲載しております。

第1章

外国人材受入れ

第１節　はじめに　～外国人材受入れのプラットフォーム～

１　グローバル化と法

一般にグローバル化とは、物や資本や労働力の国境を越えた移動が活性化し、貿易を通じた財や役務の取引や海外への投資が増え、経済的な結びつきが世界的に深まる現象をいう。しかし、それはたんなる国際化以上の意味をもつことに注意する必要がある。すなわち、世界各国が、独自の歴史や文化を尊重し合い、主権国家システムを維持しつつも、相互依存を一層深めることにより、目先の短期的な利害を超えて、持続可能な共通利益を発見し、拡大し、コミュニティ的な関係を構築してゆくことが、国際化を超えるものとしての、グローバル化の特色である[1]。今日、グローバル化は日増しに進んでいる。

そして、法もグローバル化とは無関係ではいられない。一方で、法はグローバル化のインパクトを不断に受けて変化している。他方で、法はグローバル化のペースや内容自体に影響を与える存在でもある。この双方向的な作用に注目することが重要である。

近年、日本と他のアジア諸国との経済的な関係が深まるに連れて、法分野の面でも、より密接な関係が形造られてきた。すでに、1990年代前半から30年近くに渡り、日本はベトナム等の東南アジアの国に対して、法整備支援の一環として、法律専門家を派遣し、実定法の整備や法曹の養成に協力することを通じて、それぞれの国における国造りの一環としての法整備に貢献してきた。

こうした法整備が進んだことも後押しとなって、アジア諸国と日本との

1　松尾弘『開発法学の基礎理論――良い統治のための法律学』（勁草書房、2012）263～269頁参照。

経済的な取引も継続的・安定的に増加し、資本の移動や物の移動が盛んに行われるようになっている。そして、それは、さらなる法整備を求めている。そのために、物の移動については国際貿易に関する法分野において、資本の移動については国際投資に関する法分野において、必要な法整備に関する研究が行われてきている。

ところで、グローバル化の中では、物の移動および資本の移動と同様に、国境を越えた重要な移動として「人の国際移動」がある。しかしながら、この「人の国際移動」については、国際貿易に関する法分野や国際投資に関する法分野と比較すると、これまで、相対的には、十分な研究がなされてきたとは言い難い分野であるといえるかもしれない。

この「人の国際移動」の中でも重要性が増しているのが、労働を目的とした「人の国際移動」である国際労働移動である。国際労働移動は、アジア域内でも一層活発に行われている。そして、同時にそれは、日本にとっても重要な事象であるといえる。

なぜなら、日本では少子高齢化により、生産年齢人口が減少している一方で、日本で働く外国人はますます増加しているからである。それは、2021年10月時点では、労働施策総合推進法に基づく雇用状況の届出が義務づけられて統計が公表されるようになって以来最大である173万人となっている。

そして、この数は、後に第１章第６節で見るとおり、今後さらに増加していくことが見込まれている。このように、「人の国際移動」の中でも国際労働移動は特に重要な分野であるといえる。

2　国際労働移動と法

国際労働移動に関する法という場合に、第一に想起されるのは、「出入国管理及び難民認定法」（以下、入管法という）であろう。もちろん、入管法は、日本における人の国際移動に関する基本法であり、重要な法律であることは間違いない。

しかし、国際労働移動という事象を見た場合には、入管法はその事象に適用される一つの法律でしかない。

すなわち、「人の国際移動」という場合には、人はその出身国から、国境を越えて、目的地国へ移動するという一連の過程を経る。その際、出身国における出国に関する法律の適用を受け、そして、目的地国における入境および在留に関する法律の適用を受けることになる。

さらに、国際労働移動という事象を考えると、法の適用は一層複雑となる。すなわち、国際労働移動の場合、出身国である送出国は、出国に関する法律だけではなく、自国民が海外で働くことに関する保護法令を定めていることが多い。また、送出国と目的地国である受入国との間で、二国間協力覚書のように両国間における国際労働移動における定めをおく場合もある。

このように、国際労働移動に関する法を考える場合には、目的地国を日本とするときは、当然入管法も適用されるが、それまでの移動のプロセスにおいて適用される法をも含む適用法令の全体像を明らかにしなければ、どのような規範に基づいて国際労働移動が行われているかを明らかにすることはできない。

国際労働移動においては、送出国を出国することに関する一定の手続が、送出国の法令で定められていることがある。その場合には、当該法令に基づく手続を履行しなければ、そもそも出国することができないという事態も生じ得る。

さらに、出身国の法令により、移動する者がどのような費用を負担すべきかが決められていることがある。そして、そのような費用が過大である場合には、目的地国に移動した後においても、当該費用の負担があるゆえに、移動した者が脆弱な立場におかれることがある。

このように、国際労働移動という事象を考える場合には、目的地国である受入国の法律を見ているだけでは、その全体像を把握することは不可能であり、送出国の法令を把握することが不可欠である理由が理解されるであろう。

3　国際労働移動と国際規範

送出国の法令に加えて、近年重要度が増しているものとして、労働及び国際労働移動に関する国際規範が挙げられる。

その中でも重要性を増しているものとして、「ビジネスと人権」に関する規範がある。国連人権理事会「ビジネスと人権に関する指導原則：国際連合『保護、尊重及び救済』枠組実施のために」（2011年３月21日）は、人権を保護する国家の義務に関する原則（指導原則１～10）、人権を尊重する企業の責任（指導原則11～24）、および救済へのアクセス（指導原則25～31）を定めた[2]。これを受け、日本政府も「ビジネスと人権に関する行動計画に係る関係府省庁連絡会議」を設置し[3]、企業活動における人権尊重の促進を図るべく、「『ビジネスと人権』に関する行動計画（2020 － 2025）」（2020年10月）を策定した。そして、同行動計画の第４章に従い、行動計画の実施および見直し段階において必要な検討および決定を関係府省庁が連携して行うべく、「ビジネスと人権に関する行動計画の実施に係る関係府省庁施策推進・連絡会議」が設置され、令和３（2021）年12月から令和４（2022）年２月までに３回の会議が開催された[4]。

また、令和３（2021）年６月に改訂された「コーポレートガバナンス・コード～会社の持続的な成長と中長期的な企業価値の向上のために～」（東京証券取引所）は、補充原則２－３①において、「取締役会は、気候変動などの地球環境問題への配慮、人権の尊重、従業員の健康・労働環境への配慮

2　Guiding Principles on Business and Human Rights: Implementing the United Nations “Protect, Respect and Remedy” Framework（A/HRC/17/31）.

3　これは、「ビジネスと人権に関する行動計画に係る関係府省庁連絡会議」設置要綱（平成31年４月、関係府省庁申合わせ。令和２年８月一部改正）に基づくものである。

4　これは、「ビジネスと人権に関する行動計画の実施に係る関係府省庁施策推進・連絡会議」設置要綱（令和３年３月関係府省庁申合せ、令和３年７月・12月一部改正）に基づくものである。

や公正・適切な処遇、取引先との公正・適正な取引、自然災害等への危機管理など、サステナビリティを巡る課題への対応は、リスクの減少のみならず収益機会にもつながる重要な経営課題であると認識し、中長期的な企業価値の向上の観点から、これらの課題に積極的・能動的に取り組むよう検討を深めるべきである。」とした。

こうした中で、各企業は自社だけではなく、自社の取引先等を含むサプライチェーン全体において、強制労働等の人権侵害の防止に向けた措置を講じることが求められるというルール形成が進んでいる。

これらの規範は、国家が制定し、かつ国家によって執行されるという意味でのハードローに対しては、ソフトローに属するものである。しかし、今やこれらのソフトローを無視しては、持続可能なビジネスは実際上困難となっており、その意味で事実上の実効性をもつものとなっている。これらにより、企業活動においても、人権に対するリスクを予め把握し、人権に対する加害を予防することが、広く一般に受け入れられるものとなりつつある。

そのようなビジネスの現場で、人権侵害を受けやすいステークホルダーが、外国人労働者である。外国人労働者は、国境を越えて出身国以外で働くという国際労働移動に内在する脆弱性ゆえに、事業活動において権利侵害が行われる可能性が高いステークホルダーであるといえる。

そのような背景から、企業は、自社の企業活動の中で外国人労働者に対する権利侵害が生じることがないよう、その権利保護のための仕組みを作り、改善に向けて具体的な活動に取り組むようになっている。このような具体的な取り組みは、自社が雇用する外国人労働者だけに限られず、自社の製品が造られる過程であるサプライチェーン全体で行われる例も出てきていることが注目される。

このような「ビジネスと人権」に関する規範形成による外国人労働者に対する取組みは、ソフトローに基づくものだけに留まらない。イギリス、フランス、オーストラリア、オランダ、ドイツのように、脆弱な立場におかれる労働者について、強制労働等の現代的な奴隷労働が行われることを抑止するために国家の法律を整備し、ハードローとしての対応を行う法域も出てきていることは看過することができない。ここには、ソフトローとハードローの興味深い協働が見出される[5]。

4　国際労働移動と法に関するプラットフォーム

このようにグローバル化における重要な事象である国際労働移動に関する規範形成を、一つの法分野として包括的かつ体系的に把握しようとする場合、①受入国の関連法律である出入国管理関係法令および労働関係法令だけではなく、②送出国の関連法令および③国際規範を把握しなければ、「人の移動」において適用される規範の全体像を把握することはできない。

しかし、このような法情報を把握することは、受入国の企業にとって通常は困難である。送出国の法令は、送出国それぞれに存在する。しかし、言語の壁もあり、それぞれの送出国の法令を把握することは、非常に困難である。また、国際規範についても、国際的な潮流と歩調を合わせる先進国の法令を把握することも容易ではない。

他方で、移住労働者にとっては、このような一連の法情報に迅速かつ的確にアクセスすることができなければ、自らの権利がどのような法令によって保護されるのか不明である。また、そうした情報に低いコストでアクセスすることができれば、国際労働移動に関する法令遵守を図ろうとする使用者である企業にとっても、実践上の困難が生じる。

このような課題から、慶應義塾大学大学院法務研究科では、グローバル法研究所（KEIGLAD）において、「人の国際移動」に関する調査研究を行う組織を設置し、法情報の調査および公表を行うこととした。そして、その

5　ソフトローの今日的な意義、およびハードローとの協働に関しては、特集「ソフトローによる法形成のフロンティア――法の新しい地図を求めて」法学セミナー776号（2019）12-46頁参照。

成果の第一弾が本書である。

本書は、第１章で、国際労働移動における様々な法分野の交錯を取り扱う。第１章の中では、労働関係法令と出入国管理関係法令の交錯、日本法と送出国法の交錯、国内法と国際規範の交錯が扱われている。

また、第２章では、主要な送出国である中国、ベトナム、インドネシア、フィリピンの送出国法令について取り扱う。

このように、本書の第１章と第２章を合わせることにより、グローバル化における不可欠の事象である国際労働移動に対し、どのような法規範が適用されるのか、その交錯の状況をご理解いただくことができる構成になっている。

本書がより多くの人の手に渡り、「人の国際移動」がより円滑に行われる一助となれば幸いである。

第２節　外国人法制における入管法と労働法の交錯

１　総　論

近時の外国人法制においては、入管法制（入管法のほか技能実習法を含む広い意味で用いる。）と労働法制が交錯する接点が増えている。その類型として、後記２の入管法制への労働法的観点の取込み、後記３の労働法制への入管法的観点の取込み及び後記４の労働法制と入管法制の連動に分類できる。入管法制への労働法的観点の取込みとは、入管法や技能実習法の条文において労働法的観点からの規制がなされること等をいう。労働法制への入管法的観点の取込みとは、労働法の解釈に、その対象が入管法や技能実習法の適用を受ける労働者であるという特殊性が反映されること等をいう。労働法制と入管法制の連動とは、労働法に係る法律行為や法律効果の発生に伴い、入管法や技能実習法に基づく手続が求められること等をいう。

このように近時の外国人法制においては、入管法制と労働法制が交錯する接点が増えている。よって、外国人労働者の適法かつ適正な受入れを実現するためには、入管法制及び労働法制の双方に精通する必要がある。双方とも複雑化が著しく進んでおり、外国人雇用管理にあたっては極めて高い法的専門性が求められるようになっている。

２　入管法制への労働法的観点の取込み

入管法制への労働法的観点の取込みとしては、後記(1)の明文によるものと後記(2)の法解釈によるものとがある。

(1) 明文による取込み

ア　在留資格「技能実習」

(ア) 労働法令違反が実習認定に係る欠格事由となること

在留資格「技能実習」に係る在留資格該当性は、技能実習法８条１項の認定（実習認定）を受けた技能実習計画に基づく活動であるところ（入管法別表第１の２の表の技能実習の項の下欄）、実習実施者が労働法令に違反し又は違反したことがあることは、実習認定の欠格事由に該当する（技能実習法10条２号、９号、12号）。

(イ) 労働法令違反が実習認定に係る取消事由となること

実習実施者が労働法令に違反したことは、実習認定の取消事由に該当する（技能実習法16条１項３号、７号）。

イ　在留資格「特定技能」

在留資格「特定技能」に係る在留資格該当性は、特定産業分野該当性、業務区分該当性、受入機関適合性、契約適合性及び支援計画適合性（「特定技能２号」にあっては支援計画適合性を除く。）から構成されるところ（入管法別表第１の２の表の特定技能の項の下欄）[1]、後記(ア)の受入機関適合性（特定技能雇用契約の相手方となる本邦の公私の機関が、特定技能基準省令で定める基準に適合しなければならないこと）及び後記(イ)の契約適合性（特定技能雇用契約が、特定技能基準省令で定める基準に適合しなければならないこと）等において、労働法的観点が取り込まれている。受入機関適合性又は契約適合性に係る基準の一つでも満たしていない状態での就労は在留資格該当性がない以上、不法就労であり（入管法19条１項１号）、特定技能所属機関には不法就労助長罪が成立する（入管法73条の２第１項１号、76条の２）[2]。特定技能所属機関は、入管法、技能実習法及び労働法等に精通した専門の弁護士等から継続的な助言指導を受けるようにするなどして、コンプライアンス

1　山脇康嗣『特定技能制度の実務』60～61頁（日本加除出版、令和２年）
2　前掲（注１）・山脇３頁、26～28頁

の徹底が求められる。

㋐　受入機関適合性

ⅰ　労働法令遵守

特定技能外国人を受け入れる特定技能所属機関は、労働法令を遵守していることが求められる（入管法２条の５第３項１号、特定技能基準省令２条１項１号、４号ロリヲ）。この労働法令は、労働基準法、労働契約法、最低賃金法、労働安全衛生法、労働施策総合推進法、パートタイム・有期雇用労働法、男女雇用機会均等法、育児介護休業法、職業安定法、労働者派遣法及び船員職業安定法等のすべての労働関連法令を含む。

特定技能外国人との雇用契約に当たり、その成立の斡旋を行う者が存在する場合にあっては、職業安定法30条、33条及び33条の３の規定に基づく無料職業紹介の届出若しくは許可又は有料職業紹介事業の許可を得ている者（国外からの人材の招聘を行う場合は、国外にわたる職業紹介の届出を行い、提携する国外の取次機関等を申告しなければならない（職業安定法30条２項５号、職業安定法施行規則18条２項）。）から求人の斡旋を受けていること等、雇用経緯の適正性として職業安定法を遵守していることが求められる。特定技能所属機関が一定の場合に日本の職業紹介事業者を関与させず、国外の送出機関から直接、特定技能外国人（求職者）の斡旋を受けることが認められるか否か等、職業安定法の適用範囲等をめぐって、非常に複雑かつ重要な論点が存在する。

ⅱ　非自発的離職

特定技能所属機関が、特定技能外国人に従事させる業務と同種の業務に従事する労働者を、特定技能基準省令２条１項２号イロハに該当する場合を除き、非自発的に（特定技能基準省令２条１項２号ニ）離職させていないことが求められる（入管法２条の５第３項１号、特定技能基準省令２条１項２号）。

特定技能所属機関において、特定技能外国人が従事することとされている同種の業務に従事していた労働者が離職したとしても、①労働者が定年その他これに準ずる理由により退職した場合（特定技能基準省令２条１項２号イ）、②労働者が自己の責めに帰すべき重大な理由により解雇（重責解雇）された場合（特定技能基準省令２条１項２号ロ）、③労働者が雇止めにより有期労働契約を終了された場合（労働者が当該有期労働契約の更新の申込みをした場合又は当該有期労働契約の期間満了後遅滞なく有期労働契約の締結の申込みをした場合にあっては、特定技能所属機関が当該労働者の責めに帰すべき重大な理由その他正当な理由により当該申込みを拒絶することにより当該有期労働契約を終了させる場合に限る。）（特定技能基準省令２条１項２号ハ）、④労働者が自発的に離職した場合（特定技能基準省令２条１項２号ニ）は、欠格事由に該当しない（特定技能基準省令２条１項２号柱書括弧書）。

上記②について、特定技能基準省令２条１項２号ロにあたるとして欠格事由に該当しないのは、当該解雇について、労働者の責めに帰すべき重大な理由がある場合に限られるのであって、労働契約法上、解雇が有効とされる場合（労働契約法16条）よりも狭い範囲であることに注意する必要がある。即ち、解雇について、客観的に合理的な理由があり、社会通念上相当であるとして濫用にあたらず、有効とされる場合（例えば、①人員削減の必要性、②解雇回避努力、③解雇基準・選定の合理性、④労働者側との協議等という整理解雇に係る４要素[3]をすべて満たし、整理解雇として有効な場合）であっても、労働者の責めに帰すべき重大な理由がない限りは、特定技能基準省令２条１項２号ロにあたらず、欠格事由に該当する。

特定技能所属機関は、１号特定技能外国人を非自発的に離職させた場合には、転職支援を行う必要がある（特定技能基準省令３条１項１号リ）。

3　山川隆一『雇用関係法〔第４版〕』267頁（新世社、平成20年）

●非自発的離職の発生に係る欠格事由のまとめ

<table>
<tr><td rowspan="2">解雇（試用期間終了後の本採用拒否を含む。）</td><td colspan="3">労働者の責めに帰すべき重大な理由がある場合（重責解雇）</td><td>欠格事由非該当
（特定技能基準省令２条２項ロ）</td></tr>
<tr><td colspan="3">重責解雇以外</td><td>欠格事由該当</td></tr>
<tr><td rowspan="2">退職勧奨</td><td colspan="3">人員整理目的での退職勧奨による合意退職</td><td>欠格事由該当</td></tr>
<tr><td colspan="3">人員整理目的以外の理由での、社会的相当性を逸脱しない態様での適法な退職勧奨による合意退職</td><td>欠格事由非該当
（当該労働者を離職「させ」た（特定技能基準省令２条１項２号柱書）とはいえないか、又は特定技能基準省令２条１項２号ニの「自発的に離職した者」にあたる。）</td></tr>
<tr><td rowspan="4">雇止め（有期労働契約の不更新）</td><td colspan="3">雇止め時に、労働者から当該有期労働契約の更新の申込みをしない場合又は遅滞なく有期労働契約の締結の申込みをしない場合</td><td>欠格事由非該当
（当該労働者を離職「させ」た（特定技能基準省令２条１項２号柱書）とはいえない。）</td></tr>
<tr><td rowspan="3">雇止め時に、労働者から当該有期労働契約の更新の申込みをした場合又は遅滞なく有期労働契約の締結の申込みをした場合</td><td colspan="2">雇用継続に対する合理的な期待がない場合</td><td>欠格事由非該当
（特定技能基準省令２条１項２号ハ括弧書「正当な理由」）</td></tr>
<tr><td rowspan="2">雇用継続に対する合理的な期待がある場合</td><td>申込みの拒絶について、労働者の責めに帰すべき重大な理由がある場合</td><td>欠格事由非該当
（特定技能基準省令２条１項２号ハ括弧書「労働者の責めに帰すべき重大な理由」）</td></tr>
<tr><td>申込みの拒絶について、労働者の責めに帰すべき重大な理由がない場合</td><td>欠格事由該当</td></tr>
<tr><td colspan="4">定年その他これに準ずる理由による退職</td><td>欠格事由非該当
（特定技能基準省令２条１項２号イ）</td></tr>
</table>

ⅲ　責めに帰すべき事由による行方不明者の発生

特定技能所属機関が、特定技能雇用契約締結の日の前1年以内及び当該契約締結後に責めに帰すべき事由により外国人の行方不明者を発生させていないことが求められる（入管法2条の5第3項1号、特定技能基準省令2条1項3号）。賃金不払い等の労働法令違反がある期間内に行方不明となった場合は、責めに帰すべき事由があるとされる（特定技能運用要領）。

ⅳ　派遣形態による受入れ

14の特定産業分野のうち、農業分野及び漁業分野以外は派遣形態による受入れは認められない（「特定技能1号」については上陸基準省令の特定技能1号の項の下欄6号、特有事情分野告示1条、各特定産業分野に係る上乗せ告示1条、「特定技能2号」については上陸基準省令の特定技能2号の項の下欄7号、特有事情分野告示2条、建設告示1条、造船・舶用工業告示1条）。

農業分野又は漁業分野において、特定技能外国人を派遣労働者として受け入れる場合には、派遣元は、一般の特定技能所属機関としての受入機関適合性の要件を満たすことに加え、当該外国人が従事することとなる特定産業分野に関する業務を行っていること等が求められるほか（特定技能基準省令2条1項9号イ(1)ないし(4)）、出入国在留管理庁長官と当該特定産業分野を所管する関係行政機関の長との協議により適当であると認められなければならない（特定技能基準省令2条1項9号イ柱書）。特定技能基準省令2条1項9号ロは、派遣先についても、派遣元である特定技能所属機関と同様に、労働、社会保険及び租税に関する法令の遵守（特定技能基準省令2条1項1号）、特定技能外国人に従事させる業務と同種の業務に従事する労働者を一定の例外を除き非自発的に離職させていないこと（特定技能基準省令2条1項2号）、責めに帰すべき事由により行方不明者を発生させていないこと（特定技能基準省令2条1項3号）及び一定の欠格事由に該当しないこと（特定技能基準省令2条1項4号）を求めている。さらに、派遣形態による受入れについては、契約適合性として、雇用期間のすべてにおいて、当該特定技能外国人の派遣先及び派遣の期間が定められていることも求められる（入管法２条の５第１項１号、特定技能基準省令１条１項６号）。

v　建設分野における上乗せ規制

建設分野において１号特定技能外国人を受け入れる場合には、１号特定技能外国人の受入れに関する計画（以下、「建設特定技能受入計画」という。）について、その内容が適当である旨の国土交通大臣の認定を受けなければならないところ（入管法２条の５第３項１号、特定技能基準省令２条１項13号、２項７号、特有事情分野告示１条、建設告示２条１号）、建設特定技能受入計画には、特定技能外国人に従事させる業務に従い、労働安全衛生法に基づく特別教育等の安全衛生教育又は技能講習等を箇条書きすることが求められる（建設告示３条２項４号、建設告示様式第１別紙４⑴）。また、特定技能所属機関は、必ず建設告示様式第２の雇用契約に係る重要事項事前説明書を用いて、１号特定技能外国人に支払われる報酬予定額や業務内容等について、事前に当該外国人が十分に理解することができる言語を用いて説明し、当該契約に係る重要事項について理解していることを確認する必要がある（建設告示３条３項３号）。

⑷　契約適合性

i　労働法令適合性

入管法２条の５第１項１号、特定技能基準省令１条１項柱書は、特定技能雇用契約の内容がすべての労働法令に適合していることを求めている。

ii　所定労働時間

入管法２条の５第１項１号、特定技能基準省令１条１項２号は、特定技能外国人の所定労働時間は、特定技能所属機関に雇用される通常の労働者の所定労働時間と同等であることを求めている。通常の労働者とは、いわゆるフルタイム（原則として、労働日数が週５日以上かつ年間217日以上であって、かつ、週労働時間が30時間以上）で雇用される一般の労働者をいい、アルバイトやパートタイム労働者は含まれない（特定技能運用要領）。

iii　一時帰国のための有給休暇の付与

入管法2条の5第1項1号、特定技能基準省令1条1項5号は、特定技能所属機関は、特定技能外国人が一時帰国を希望した場合には、必要な有給休暇を取得させることを特定技能雇用契約に定めることを求めている。「有給休暇」（特定技能基準省令1条1項5号）とは、労働基準法39条に定める年次有給休暇を含む有給休暇一般をいい、既に労働基準法上の年次有給休暇を全て取得した特定技能外国人から、一時帰国を希望する申出があった場合にも、追加的な有給休暇の取得や無給休暇を取得することができるよう配慮することが望まれるとされる（特定技能運用要領）。

ウ　在留資格「特定活動」（本邦大学卒業者）

特定活動告示46号に基づく在留資格「特定活動」（本邦大学卒業者）については、在留資格該当性たる法務大臣による活動の指定内容が、一定の要件を満たす者が法務大臣が指定する本邦の公私の機関との契約に基づいて、当該機関の常勤の職員として行う当該機関の業務に従事する活動となる。「常勤」でなければならないため、フルタイムの職員としての稼働に限られ、短時間のパートタイムやアルバイトは対象とならない。また、「当該機関の」業務に従事しなければならないため、派遣社員として派遣先において就労を行うことは認められない（出入国在留管理庁「留学生の就職支援に係る「特定活動」（本邦大学卒業者）についてのガイドライン」）。

⑵　在留資格該当性の要件としての「機関」、「契約」及び「活動」に係る法解釈による取込み

在留資格「技術・人文知識・国際業務」に係る在留資格該当性は、「本邦の公私の機関との契約に基づいて行う理学、工学その他の自然科学の分野若しくは法律学、経済学、社会学その他の人文科学の分野に属する技術若

しくは知識を要する業務又は外国の文化に基盤を有する思考若しくは感受性を必要とする業務に従事する活動」である（入管法別表第１の２の表の技術・人文知識・国際業務の項の下欄）。この規定における「機関」は労働法令を遵守し、「契約」は労働法令に適合していることが解釈により求められ、違法な条件の下に行われる活動（活動を行うことによって労働基準法違反、最低賃金法違反、労働者派遣法違反となる場合等）は在留資格該当性がないとされている[4]。「技術・人文知識・国際業務」以外の一般的な就労資格についても、入管法上、「機関」、「契約」及び「活動」が在留資格該当性の要件（要素）となっており、そのいずれについても、労働法令の遵守、労働法令への適合が求められる。「技術・人文知識・国際業務」等の就労資格に係る近時の審査実務において、申請人の所属機関が、申請人以外の労働者について労働基準法を遵守していないことから、申請人に対しても適正な労務管理を行うと認められず、在留資格該当性がないとして不許可となる例が出てきている。

3　労働法制への入管法的観点の取込み

⑴　雇用契約における労働条件等の設定

ア　職種等の限定

入管法別表第１の表が規定する就労資格は、入管法上、在留資格該当性がある範囲でのみ就労が認められ、当該範囲を超える就労は不法就労となる（入管法19条１項１号）。そのため就労資格をもって在留する外国人に係る雇用契約については、当該労働者が従事することとなる業務は、たとえ総合職や幹部候補生としての採用であっても、必然的に、在留資格該当性の範囲内に職種等を限定したものとなる。

4　多賀谷一照・高宅茂『入管法大全第１部』83～84頁（日本加除出版、平成27年）、高宅茂『入管法概説』23頁（有斐閣、令和２年）

イ　雇用期間、派遣期間

(ア)　雇用期間

技能実習法及び入管法上、在留資格「技能実習」及び「特定技能１号」にあっては、期間を限定して在留が認められ（技能実習法９条３号、入管法７条１項２号、上陸基準省令の特定技能１号の項の下欄１号へ）、当該期間経過後は、原則として日本を出国することとされている。そのため、技能実習生及び１号特定技能外国人に係る雇用契約は、有期雇用契約とならざるを得ず[5]、また、労働契約法18条１項が規定する無期転換申込権については、適切な説明等を経た上で、原則として事前放棄又は事後放棄をさせることとなる[6]。

(イ)　派遣期間

上記２(1)イ(ア)ⅳのとおり、在留資格「特定技能」については、農業分野及び漁業分野に限って派遣形態による受入れが認められるが、派遣労働者については、全ての業務において、①事業所単位、かつ、②個人単位の期間制限が適用される（事業所単位の制限について労働者派遣法35条の２、40条の２第１項、２項、個人単位の制限について労働者派遣法35条の３、40条の３）。派遣労働者の「個人単位」の期間制限については、派遣先の「事業所単位」の期間制限の例外によって派遣先の「事業所単位」の派遣可能期間が延長された場合でも、派遣先の事業所における同一の組織単位（いわゆる「課」や「グループ」等）で３年を超えて派遣就業することはできない（労働者派遣法35条の３、40条の３）。この組織単位が変われば、特定技能外国人に係る業務区分を異にすることが多いと考えられる。業務区分該当性（従事する活動が、分野等省令で定める一定程度の技能水準を要する業務であること）がない就労は、「特定技能」に係る在留資格該当性がなく、不法就労となるため、複数の業務区分に係る技能試験に合格しているか、複数の業務区分についてそれぞれ関連する職種・作業で技能

5　前掲（注１）・山脇184頁
6　前掲（注１）・山脇189～196頁

実習２号を良好に修了している特定技能外国人を除いては（上陸基準省令の特定技能１号の項の下欄１号）、同一派遣先事業所において３年を超えて派遣就業することはできないことが多いと解される[7]。

ウ　労働時間

㈠　主体的で柔軟な労働時間制度の適用の有無

１号特定技能外国人については、入管法上の在留資格該当性たる業務区分該当性の内容からして、事業場外労働のみなし制（労働基準法38条の２第１項）、裁量労働制（労働基準法38条の３、38条の４）及び高度プロフェッショナル労働制（労働基準法41条の２）はいずれも適用されないと解される[8]。技能実習生については、技能実習法及び入管法上、技能実習指導員の指導を受けつつ（技能実習法９条６号、技能実習法施行規則12条１項２号）認定された技能実習計画に基づいて実習に従事しなければならないため（入管法別表第１の２の表の技能実習の項の下欄）、上記の各制度に加えて、フレックスタイム制（労働基準法32条の３）も適用されないと解される。

㈡　資格外活動許可を受けている外国人に係る時間制限

「留学」、「家族滞在」及び一部の「特定活動」等の在留資格をもって在留し、包括的資格外活動許可（入管法19条２項、入管法施行規則19条５項１号）を受けている外国人は、当該許可の範囲内に限り就労が認められ、当該許可の範囲を超えれば不法就労となる。よって、包括的資格外活動許可を受けている外国人に係る雇用契約における労働時間は、当該外国人の他の就労先における就労時間を含め（入国・在留審査要領）、かつ、どの曜日から起算しても（入国・在留審査要領）原則として１週28時間以内にする必要がある。

7　前掲（注１）・山脇151～153頁
8　前掲（注１）・山脇242～245頁

エ　報酬額等に係るパートタイム・有期雇用労働法の適用関係

㈠　均等待遇

パートタイム・有期雇用労働法９条が規定する差別的取扱いの禁止（均等待遇）が適用される要件は、ある一時点で無期雇用フルタイム労働者（通常の労働者）と職務内容が同一であること（①「職務内容」の同一性）に加え、人事異動の有無や範囲等、長期的な人材活用の仕組み・運用が同一であること（②「職務内容・配置の変更範囲」の同一性）である[9]。

技能実習生及び１号特定技能外国人は、在留期間に上限がある上、在留資格該当性（技能実習生にあっては認定された技能実習計画に基づく活動、１号特定技能外国人にあっては特定産業分野該当性、業務区分該当性、受入機関適合性、契約適合性及び支援計画適合性）がある範囲でしか就労することが認められない。そのため、上記②の「職務内容・配置の変更範囲」の同一性の要件を満たさない場合が多いと解される。２号特定技能外国人は、通算在留期間の上限はないものの、在留資格該当性（特定産業分野該当性、業務区分該当性、受入機関適合性及び契約適合性）がある範囲でしか就労することが認められないため、やはり、上記②の「職務内容・配置の変更範囲」の同一性の要件を満たさない場合が多いと解される[10]。「技術・人文知識・国際業務」等の一般的な就労資格をもって在留する有期雇用労働者についても、在留資格該当性のある範囲でしか就労できないため、上記②の「職務内容・配置の変更範囲」の同一性の要件を満たさない場合も多いと解される。

㈡　均衡待遇

有期雇用労働者と通常の労働者（いわゆる正社員）との不合理な待遇差を禁止するパートタイム・有期雇用労働法８条は、①職務内容（業務の内容及び責任の程度）、②職務内容・配置の変更の範囲、③その他の事情の内容を考慮して不合理な待遇差を禁止する均衡待遇規定である。

9　水町勇一郎『詳解労働法〔第２版〕』358～359 頁（東京大学出版会、令和３年）
10　前掲（注１）・山脇 206～208 頁

就労資格をもって在留する外国人については、基本的に、報酬額が日本人が従事する場合の報酬額と同等以上であることが入管法又は技能実習法上規定されている（一般的な就労資格にあっては上陸基準省令において、「技能実習」にあっては技能実習法において、「特定技能」にあっては特定技能基準省令において規定されている。）。この同等報酬基準規定は、報酬額が同等の業務に従事する日本人労働者の報酬額と同等以上であることを求めるものであり、「同等の業務」であるか否かについては、役職、職務の内容及び責任の程度をもって判断され、「報酬額が同等以上」といえるか否かについては、有する技能の程度や経験年数等が加味されて判断される（入国・在留審査要領、特定技能運用要領）。この点について、そもそも入管法上、在留資格該当性の範囲内でしか就労することが認められないため、入管法又は技能実習法上の同等報酬基準に係る判断枠組みにおいては、職務内容・配置の変更の範囲の同一性は考慮されない。それに対し、パートタイム・有期雇用労働法８条が規定する、有期雇用労働者と通常の労働者（いわゆる正社員）との不合理な待遇差の禁止（均衡待遇）に係る判断枠組みにおいては、②職務内容・配置の変更の範囲が考慮される[11]。

就労資格をもって在留する外国人の雇用契約の内容については、上記２⑴ア、イ(ｲ)ⅰ、⑵のとおり、入管法若しくは技能実習法上の明文又は解釈により、パートタイム・有期雇用労働法を含む労働法令適合性が求められる。よって、報酬額が同等の業務に従事する日本人労働者の報酬額と同等以上であることを規定する入管法又は技能実習法上の同等報酬基準を満たすことに加え、有期雇用契約の場合は、報酬はもちろん、それ以外の待遇についても、就労資格をもって在留する外国人を含む有期雇用労働者と通常の労働者（いわゆる正社員）との不合理な待遇差を禁止するパートタイム・有期雇用労働法８条に違反しないことが求められる。

11　前掲（注１）・山脇 208～209 頁

⑵　業務命令、配転命令、出向命令の限界

ア　在留資格該当性及び上陸許可基準適合性との関係

就労資格をもって在留する外国人による在留資格該当性（在留資格「特定活動」に係る法務大臣による活動の指定内容を含む。）のない就労は不法就労となり（入管法19条１項１号）、資格外活動罪が成立する（入管法70条１項４号、73条）。また、上陸許可基準適合性（「技術・人文知識・国際業務」に係る上陸許可基準で求められる専門学校での専攻科目と従事する業務内容との関連性等）が失われれば、原則として在留期間更新許可を受けられなくなり（入管法21条３項）、外国人が受ける不利益が極めて大きい。よって、在留資格該当性又は上陸許可基準適合性が失われることとなる内容の業務命令、配転命令及び出向命令は、原則として無効と解される（労働契約法７条ただし書、３条５項、14条）[12]。広島高裁令和３年３月26日判決（労判1248号５頁）〔千鳥ほか事件〕は、実習実施者が技能実習生に対して、「技能実習」に係る在留資格該当性のない就労として資格外活動罪により逮捕勾留の事態を招来するような内容の業務命令を発した行為について不法行為責任を認めている。

イ　在留資格「特定技能」

在留資格「特定技能」については、特定技能外国人が所属する機関（特定技能所属機関）は一つに限られ、複数の特定技能所属機関との雇用に関する契約（特定技能雇用契約）は認められない（入管法２条の３、特定技能の在留資格に係る制度の運用に関する基本方針５⑶）。よって、出向のうち、在籍型出向は認められない。他方、労働者が出向先との間でのみ雇用契約を締結する移籍型出向（転籍）については、出向先が外国人との間で特定技能雇用契約を締結することで特定技能所属機関となることは認められうる（入国・

12　そもそも雇用契約上労働義務の内容が限定されている場合は、使用者は、変更権限が与えられていない限り、そうした限定を超えて指揮命令権を行使することはできないところ（山川隆一『雇用関係法〔第４版〕』82頁（新世社、平成20年））、上記⑴アのとおり、入管法別表第１の表が規定する就労資格をもって在留する外国人は、入管法上、在留資格該当性がある範囲においてしか就労が認められないから、その雇用契約においては、従事することとなる業務は、必然的に、在留資格該当性の範囲内に職種等を限定したものとなる。

在留審査要領）。

ウ　在留資格「企業内転勤」

在留資格「企業内転勤」については、在留資格該当性として、入管法別表第１の２の表の企業内転勤の項の下欄が、「当該事業所において行う･･･活動」と規定し、就労場所を限定しているところ、「当該事業所」とは、転勤先の本邦にある事業所を意味する。よって、在留資格「企業内転勤」をもって在留中に転勤先の事業所から本邦にある別の事業所に異動して勤務することは、海外の転勤元の関与に基づく関連会社等への異動（転勤元事業所の最終的な判断による命令によって本邦にある同一企業グループ内の別の事業所へ転勤する場合をいい、転勤命令が本邦にある事業所と転勤元事業所の連名、あるいは転勤元事業所の承認があるなど、当該転勤命令への転勤元事業所の関与が確実である場合を含む。）を除き、原則として認められず違法な資格外活動として不法就労となる[13]。したがって、在留資格「企業内転勤」をもって在留する外国人については、関連会社等への出向であっても、海外の転勤元の関与がない限り、認められない。

エ　外国人労働者の人事異動における、各在留資格の正確な理解の必要不可欠性

上記アないしウのとおり、業務命令、配転命令及び出向命令については、いずれも在留資格該当性及び上陸許可基準適合性を満たす範囲でのみ有効となるという限界があることから、外国人労働者の人事異動については、各在留資格の在留資格該当性及び上陸許可基準適合性を正確に理解することが必要不可欠である。

⑶　整理解雇や雇止めの有効性判断

就労資格をもって在留する外国人については、入管法上在留資格該当性の範囲内でしか就労が認められないために従事できる業務が限定されるこ

13　出入国管理法令研究会『入管関係法大全２〔第２版〕』121頁（日本加除出版、令和３年）、入国・在留審査要領

とが、解雇回避努力に係る要素との関係で、整理解雇や雇止めの有効性を肯定する方向での事情となりうる。もっとも、技能実習生については、技能実習法上、技能実習は労働力の需給の調整の手段として行われてはならず（技能実習法３条２項）、認定された技能実習計画に基づき行うことが求められているから、解雇基準・選定の合理性に係る要素との関係で、整理解雇や雇止めの有効性を否定する方向での事情となりうる。

⑷　就業規則の効力要件

日本語で作成された就業規則の内容を外国人労働者が理解できる言語によって説明すること（翻訳文書を交付・掲示し又は備え付けることや、外国語又は平易な日本語を用いて口頭で説明すること等）は、就業規則の契約内容補充効の発生要件である「周知」（労働契約法７条）の内容として要求されるものと解しうるとの見解がある[14]。

⑸　労働条件不利益変更に係る合意の有効性

最高裁平成28年２月19日判決（民集70巻２号123頁）〔山梨県民信用組合事件〕は、就業規則上のものであれ、個別労働契約上のものであれ、労働条件の合意による不利益変更については、自由意思による合意と認めるに足りる客観的事情が必要であること、それには不利益の内容・程度に関する具体的説明が手続上の要件となることを宣明している。これは、労働者は使用者に対し交渉上弱い立場にあるため、労働契約法上の合意原則を民法上のそれよりもはるかに厳格化したものとみることができる[15]。外国人労働者は日本語の理解や日本語表現が不十分であることが多いので、同意の認定は慎重になされることになり、日本語を解さない外国人には、母国語の翻訳をつけるなど本人が理解できるように説明することが求められ

14　河野奈月「外国人雇用―職場における言語・宗教の多様化と労働法の課題」ジュリスト2019年１月号（1527号）97頁

15　菅野和夫『労働法〔第12版〕』210頁（弘文堂、令和元年）

る[16]。また、外国人の同意の有無をめぐっては、本人の日本語での意思疎通が十分でない場合がありうるため、上記の自由意思による合意と認めるに足りる客観的事情の有無は、本人の理解度に則して判断されるべきであると解される[17]。特に日本語能力が低く、使用者に対し交渉上弱い立場にあることが一般的な技能実習生や１号特定技能外国人による同意の有効性については、非常に慎重な認定がなされるべきである。

⑹　安全配慮義務の履行

外国人労働者の雇用管理の改善等に関して事業主が適切に対処するための指針（平成19年厚生労働省告示第276号。以下「外国人雇用管理指針」という。）第四・三は、外国人労働者の安全衛生の確保について、「事業主は、労働安全衛生法等の定めるところにより外国人労働者に対し安全衛生教育を実施するに当たっては、母国語等を用いる、視聴覚教材を用いる等、当該外国人労働者がその内容を理解できる方法により行うこと。特に、外国人労働者に使用させる機械等、原材料等の危険性又は有害性及びこれらの取扱方法等が確実に理解されるよう留意すること」及び「事業主は、外国人労働者が労働災害防止のための指示等を理解することができるようにするため、必要な日本語及び基本的な合図等を習得させるよう努めること」を記載している。使用者がこのような配慮を行ったか否かは、労働安全衛生法上の義務の履行の有無や安全配慮義務違反（労働契約法５条）の成否の判断にあたって考慮されうる[18]。名古屋地裁平成25年２月７日判決（労判1070号38頁）〔ナルコ事件〕は、日本語をほとんど理解できない中国人研修生に対する安全教育について、作業手順や注意事項及び事故発生時における対応等について、中国語で記載した書面を交付するか、中国語で説明した上、その内容・意味を正確に理解していることを確認するのでなければ、

16　早川智津子『外国人労働者と法』132頁（信山社、令和２年）
17　前掲（注16）・早川143頁
18　前掲（注14）・河野98頁

安全教育としては不十分であるとして、安全配慮義務違反を認めている。早川智津子『外国人労働者と法』137頁（信山社、令和２年）は、外国人に対する安全配慮義務が問題となった裁判例（同書135ないし137頁）に照らすと、日本語未習得や、未熟練の外国人労働者については、日本語習得済みの熟練労働者に比べ、使用者の安全教育につき母国語を使用することなどによる理解度の確認等までも含まれ、安全配慮義務の範囲が広いことがうかがえると述べている。技能実習法上、介護職種を除いて日本語能力が要件とされていない（技能実習法９条）未熟練労働者たる技能実習生及び入管法上、日本語能力試験N4相当の日本語能力しか要件とされておらず（上陸基準省令の特定技能１号の項の下欄１号ニ）、熟練労働者とも位置付けられていない１号特定技能外国人については特に労働安全配慮義務の履行にあたって言語面への配慮が求められる。

⑺　外国人雇用管理指針等に基づく支援

事業主は、外国人が我が国の雇用慣行に関する知識及び求職活動に必要な雇用に関する情報を十分に有していないこと等に鑑み、その雇用する外国人がその有する能力を有効に発揮できるよう、職業に適応することを容易にするための措置の実施その他の雇用管理の改善に努めるとともに、その雇用する外国人が解雇（自己の責めに帰すべき理由によるものを除く。）その他事業主の都合（労働施策総合推進法施行規則１条の２第２項）により離職する場合において、当該外国人が再就職を希望するときは、求人の開拓その他当該外国人の再就職の援助に関し必要な措置を講ずるように努めなければならない（労働施策総合推進法７条）。厚生労働大臣は、上記の事項に関し、事業主が適切に対処するために必要な指針を定め、これを公表している（労働施策総合推進法８条）。これが、外国人雇用管理指針である。外国人雇用管理指針自体には法的拘束力がないが、外国人を雇用する企業が遵守することが望まれる。

なお、在留資格「特定技能１号」については、１号特定技能外国人が活動を安定的かつ円滑に行うことができるようにするための職業生活上、日常生活上又は社会生活上の支援の実施に関する計画（１号特定技能外国人支援計画）を作成し（入管法２条の５第６項ないし８項）、これを履行する義務が特定技能所属機関に課されている（入管法19条の22第１項）。また、在留資格「技能実習」については、技能実習生からの相談応需並びに技能実習生への助言及び指導等が監理団体及び実習実施者に義務付けられている（監理団体について技能実習法25条１項２号、技能実習法施行規則52条14号、実習実施者について技能実習法９条６号、技能実習法施行規則12条１項１号ないし３号）。

４　労働法制と入管法制の連動

⑴　労働条件等の変更があった場合

ア　在留資格「技能実習」

技能実習生の賃金その他の報酬、雇用契約期間、所定労働時間、休日又は休暇等の労働条件に変更があった場合（当然ながら、有効に変更した場合に限られる。）には、実習実施者は、技能実習計画の軽微変更届出をする必要がある（技能実習法11条１項括弧書、技能実習法施行規則17条１項）。また、時間外労働は、技能実習法上原則として想定されていないが、やむを得ない業務上の事情等により行う場合においてそれが一定程度を超えるときは、実習実施者は、技能実習計画変更認定を受け（技能実習法11条１項）又は軽微変更届出（技能実習法11条１項括弧書、技能実習法施行規則17条１項）をする必要がある。

イ　在留資格「特定技能」

特定技能所属機関は、特定技能雇用契約を変更（入管法施行規則19条の17第３項で定める軽微な変更を除く。）した場合（当然ながら、有効に変更した場合に限られる。）には、地方出入国在留管理局に当該契約を変更した旨並びに当該変更年月日及び変更後の契約の内容を記載した書面を提出して届出を行わなければならない（入管法19条の18第１項１号、入管法施行規則19条の17第１項、別表第３の５の１の表の特定技能雇用契約の変更の項の下欄１号、２号、第２項）。また、特定技能所属機関は、特定技能雇用契約が終了した場合には、当該終了日から14日以内に、地方出入国在留管理局に当該契約が終了した旨並びに当該終了年月日及び終了の事由を記載した書面を提出して届出を行わなければならない（入管法19条の18第１項１号、入管法施行規則19条の17第１項、別表第３の５の１の表の特定技能雇用契約の終了の項の下欄１号、２号、２項）。なお、建設分野においてはさらに、建設告示３条３項４号に基づき１号特定技能外国人退職報告書を国土交通大臣に提出しなければならない。

⑵　転籍（移籍型出向）、他社への転職

ア　在留資格「技能実習」

第１号技能実習生及び第２号技能実習生については、技能実習法上、原則として転籍（移籍型出向）や他社への転職は認められないが、例外的に認められるときは、技能実習法に基づき、新たな技能実習計画認定を受ける必要がある。

イ　「技能実習」以外の就労資格

㈠　法務大臣に所属機関が個別指定される在留資格

「高度専門職１号」、「特定技能」及び一部の「特定活動」は、在留資格該当性として、法務大臣に所属機関が個別指定されている。これらの在留資格をもって在留する外国人が転籍（移籍型出向）又は他社に転職する場合、外国人本人による在留資格変更許可申請（入管法20条１項）及び所属機関に関する届出（在留資格の類型に応じて入管法19条の16第１号に基づく離脱の届出又は同条２号に基づく契約終了の届出。「特定活動」にあっては不要）並びに新旧所属機関それぞれによる外国人雇用状況の届出（労働施策総合推進法28条１項に基づく旧所属機関による離職の届出及び新所属機関による雇入れの届出）が必要となる。さらに、「特定技能」にあっては、

旧所属機関による特定技能雇用契約終了に係る届出も必要となる（入管法19条の18第1項1号、入管法施行規則19条の17第1項）。例えば、宿泊業を営むA社（登録支援機関に支援の実施を全部委託しているとする。）で宿泊分野・宿泊サービスの提供業務区分で就労していた1号特定技能外国人Xが、有期雇用契約の期間満了前にA社に退職を申し出てA社がこれに応じることにより辞職し、就職活動を経て、宿泊業を営むB社に宿泊分野・宿泊サービスの提供業務区分で転職する場合において、各関係者が行わなければならない手続は、以下のとおりである（「法」は入管法を、「規則」は入管法施行規則を、「特省令」は特定技能基準省令を、「労施法」は労働施策総合推進法を指す。）。

ⅰ　旧所属機関A社が行わなければならない手続

手続		行わなかった場合の制裁	
手続名	根拠条文	制裁の内容	根拠条文
受入れ困難に係る届出	法19の18Ⅰ④、規則19の17Ⅵ①	過料	法77の2
		欠格事由（届出義務の不履行）該当	特省令2Ⅰ④リ（9）
特定技能雇用契約に係る届出（特定技能雇用契約の終了）	法19の18Ⅰ①	刑事罰	法71の4①
		欠格事由（届出義務の不履行）該当	特省令2Ⅰ④リ（9）
支援計画変更に係る届出（支援する特定技能外国人数の変更）	法19の18Ⅰ②	過料	法77の2
		欠格事由（届出義務の不履行）該当	特省令2Ⅰ④リ（9）
支援全部委託契約に係る届出（契約終了）	法19の18Ⅰ③	過料	法77の2
		欠格事由（届出義務の不履行）該当	特省令2Ⅰ④リ（9）
外国人雇用状況の届出（離職）	労施法28Ⅰ	刑事罰	労施法40Ⅰ②
		欠格事由（労働関連法令違反）該当	特省令2Ⅰ④リ柱書

※上記の各手続を履行していない状態で特定技能外国人を雇用し続けた場合は、在留資格該当性（受入機関適合性）がない不法就労である以上、不法就労助長罪（3年以下の懲役又は300万円以下の罰金若しくは併科。両罰規定あり。）が成立する（入管法73条の2第1項1号）。

ⅱ　１号特定技能外国人Ｘが行わなければならない手続

手続		行わなかった場合の制裁	
手続名	根拠条文	制裁の内容	根拠条文
所属機関に関する届出（契約終了）	法19の16②	刑事罰	法71の５③
		在留資格変更許可申請における「狭義の相当性」要件（素行善良性）の否定	法20Ⅲ
在留資格変更許可申請	法20Ⅰ	刑事罰（Ｘについて資格外活動罪、Ｂ社について不法就労助長罪）	法70Ⅰ④ 法73の２Ⅰ①
		退去強制事由（専従資格外活動）該当	法24④イ

ⅲ　新所属機関Ｂ社が行わなければならない手続

手続		行わなかった場合の制裁	
手続名	根拠条文	制裁の内容	根拠条文
外国人雇用状況の届出（雇入れ）	労施法28Ⅰ	刑事罰	労施法40Ⅰ②
		欠格事由（労働関連法令違反）該当	特省令２Ⅰ④リ柱書

※上記の手続を履行していない状態で特定技能外国人を雇用し続けた場合は、在留資格該当性（受入機関適合性）がない不法就労である以上、不法就労助長罪（３年以下の懲役又は300万円以下の罰金若しくは併科。両罰規定あり。）が成立する（入管法73条の２第１項１号）。

㈡　法務大臣に所属機関が個別指定されない就労資格

在留資格該当性として、法務大臣に所属機関が個別指定されていない就労資格（「技術・人文知識・国際業務」等）をもって在留する外国人が転籍（移籍型出向）又は他社に転職する場合は、在留資格変更許可申請は不要であり、外国人本人が所属機関に関する届出（在留資格の類型に応じて入管法19条の16第１号に基づく離脱・移籍の届出又は同条２号に基づく契約終了・新たな契約締結の届出。「特定活動」にあっては不要）を行い、新旧所属機関それぞれが外国人雇用状況の届出を行うことになる。なお、上記のとおり、在留資格変更許可申請は不要であるが、一定の場合には、転籍・転職後の業務について、在留資格該当性及び上陸許可基準適合性があることに係る公権的判断を受けるべく、就労資格証明書交付申請（入管法19条の２第１項）を行うことが推奨される[19]。

⑶　労働法令違反の場合

ア　在留資格「技能実習」

実習実施者による労働法令違反は実習認定取消事由に該当するので（技能実習法16条１項７号）、実習実施者は自らの労働法令違反について監理団体に対して取消事由該当時報告を行い（技能実習法９条６号、技能実習法施行規則12条１項10号）、監理団体は直ちに臨時監査を行わなければならない（技能実習法25条１項２号、技能実習法施行規則52条２号）。監理団体は、実習実施者が、技能実習に関し労働法令に違反していると認めるときは、監理責任者に是正のための必要な指示を行わせ（技能実習法40条４項）、当該指示を行ったときは、速やかにその旨を労働基準監督署等の関係行政機関に通報しなければならない（技能実習法40条５項）。

イ　在留資格「特定技能」

㋐　不正行為に係る届出

特定技能所属機関は、雇用する特定技能外国人について、労働法令に関する不正行為を認知した場合には、当該認知の日から14日以内に、地方出入国在留管理局に当該不正行為を認知した旨及び当該不正行為の発生時期、認知時期、当該不正行為等への対応並びに当該不正行為等の内容を記載した書面（出入国又は労働に関する法令に関し不正又は著しく不当な行為（不正行為）に係る届出書（参考様式第３－５号））を提出して届出を行わなければならない（入管法19条の18第１項４号、入管法施行規則19条の17第６項２号、１項、別表第３の５の４の表の出入国又は労働に関する法令に関し不正又は著しく不当な行為の発生の認知の項の下欄１号、２号、

19　山脇康嗣『〔新版〕詳説　入管法の実務』154～156頁（新日本法規、平成29年）

２項)。

(イ)　活動状況に係る届出

特定技能所属機関は、四半期ごとに翌四半期の初日から14日以内に、地方出入国在留管理局に、特定技能外国人の在留管理に必要なものとして、入管法施行規則19条の18第２項１号ないし５号で定める事項を記載した書類(活動状況に係る届出書(参考様式第３－８号))を提出して届出を行わなければならないところ(入管法19条の18第２項３号、入管法施行規則19条の18第２項、３項、５項)、上記の届出事項に特定技能外国人の安全衛生に関する状況が含まれている(入管法施行規則19条の18第２項４号)。そのため、雇用する特定技能外国人に関して労働安全衛生法違反行為があったとして労働基準監督官から是正勧告を受けた場合は、その都度上記(ア)の不正行為に係る届出を行うことに加え、活動状況に係る届出においても届出期間中の状況を記載しなければならない。

第３節　送出国法令と国内法令の関係性

１　はじめに

日本国内で就労する外国人労働者の数は、労働施策総合推進法により雇用状況の届出が義務化されて以来一貫して増加している。2008 年時点では届出が行われた外国人労働者の数は約 48 万 6,000 人であった。直近の 2021 年 10 月末時点では、約 173 万人となっており、約 13 年の間に約 3.5 倍となっている。

このような増加の背景には、国外にわたる労働力需給調整システムが存在することは間違いない。働くために労働者（候補者を含む）が国境を越えた職業紹介の需給調整システムを通じて出身国以外の地で就労するという国際労働移動において、この国外にわたる労働力需給調整システムは重要な役割を果たす。労働力需給調整システムの中心を担うのは移住仲介機能であり、近年、当該移住仲介機能の重要性も指摘されているところである[1]。

このような国際労働移動という事象において重要な役割を担う国外にわたる労働力需給調整システム及びその中核である移住仲介機能には、送出国及び受入国の双方の法令が重層的に適用されている。しかし、このような送出国と受入国の重層的な法適用の関係は、送出国ごとに法令も異なることから、これまで十分な研究が行われてきた分野ではない[2]。

1　是川夕「日本における外国人の人口動向（その２）誰が日本を目指すのか？「アジア諸国における労働力送出し圧力に関する総合的調査（第一次）」に基づく分析」345 頁

2　先行研究としては、日本労働研修機構（現独立行政法人労働政策研究・研修機構）「日系人労働者の需給システムと就労経験―「出稼ぎ」に関するブラジル現地調査を中心に―」、山田美和編『東アジアにおける移民労働者の法制度―送出国と受入国の共通基盤の構築に向けて』（アジア経済研究所、2014 年）等がある。

2　国際労働移動における法適用

国際労働移動において、労働者の移動は主として次の過程をたどる。

① 労働者の出身地でのリクルート

② 送出国内の出身地から移住仲介機能が所在する都市への移動

③ 労働者と移住仲介機能との間の契約・職業訓練

④ 移住仲介機能を通じた受入国の使用者への斡旋

⑤ 受入国への移動

⑥ 受入国での就労

⑦ 送出国への帰国

これらの過程において、①から③は主として送出国法令が適用され、⑥から⑦については受入国法令が適用される。そして、その中間にある④及び⑤については送出国法令及び受入国法令が重層的に適用される領域である。

これらの過程において、送出国法令は送出国法令独自で国際労働移動の内容を定める場合と、送出国法令と接続して国際労働移動の内容を定める場合がある。前者は、フィリピンのように、受入国の手続とは切り離して出国許可制をとる場合等である。後者は、以下で検討する例のように労働力需給調整システムを通じて送出国法令と受入国法令が接続することにより、送出国法令でありながら、受入国法令の内容として機能する場合等である。

前者の送出国の独立した手続であっても、それが労働者の出入国の可否にかかる場合には、結果は出入国の成否に関わるため重大であり、また、後者の場合についても、送出国法令が国内の法令遵守上の課題となるため、国際労働移動における送出国法令の重要性は社会的な認知と比較して高いといえる。

以下では、送出国法令独自の分析ではなく、国外にわたる労働力需給調整システムを中心に、送出国法令と国内法令との関係性の整理を試みることにしたい。

3　日本の国外にわたる労働力需給システムについて

日本の国外にわたる労働力需給システムについて、特徴を挙げると、①二国間の合意による労働力需給システムであること、②職業安定法を中心とした労働力需給システムであること、の２点を挙げることができる。

(1)　二国間の合意による労働力需給システム

国外にわたる労働力需給調整システムについては、当該地域において人の移動及び労働市場を開放する仕組も考えられるところである。

これに対して、日本では、そのような地域レベルでの移動や労働市場圏の構築を指向するのではなく、送出国との間で、個別に二国間協力覚書を締結し、労働力需給システムを構築している。

例えば、技能実習制度についていえば、14カ国と二国間協力覚書を締結しており[3]、特定技能制度についていえば、13カ国と二国間協力覚書を締結している[4]。

このような二国間協力覚書では、日本及び送出国における双方の法令を遵守した送出及び受入体制の構築が規定されることが多く、送出国法令及び受入国法令の双方が国外にわたる労働力需給システムを規定することになる。

3　2021年11月時点において、ベトナム、カンボジア、インド、フィリピン、ラオス、モンゴル、バングラデシュ、スリランカ、ミャンマー、ブータン、ウズベキスタン、パキスタン、タイ、インドネシアの14カ国と二国間協力覚書を締結している（厚生労働省「技能実習に関する二国間取決め（協力覚書）」URL：https://www.mhlw.go.jp/stf/seisakunitsuite/bunya/0000180648.html）

4　2021年11月時点において、フィリピン、カンボジア、ネパール、ミャンマー、モンゴル、スリランカ、インドネシア、ベトナム、バングラディッシュ、ウズベキスタン、パキスタン、タイ、インドの13カ国と二国間協力覚書を締結している（出入国在留管理庁「特定技能に関する二国間の協力覚書」URL：https://www.moj.go.jp/isa/policies/ssw/nyuukokukanri05_00021.html）

(2)　職業安定法を中心とした労働力需給調整システム

また、日本では、外国人労働者の労働力需給調整について原則として特別法を置かず、職業安定法による調整を行っている。すなわち、外国人の職業紹介についても、職業安定法に基づく無料職業紹介及び有料職業紹介の枠組みで行われている。また、技能実習法27条に定められる「技能実習職業紹介事業」については職業安定法によるものではないが、技能実習法27条が職業安定法の特例を定めたものであるところ、日本の外国人労働者の労働力需給調整システムは職業安定法が定める基本構造の中で規定されるものである。

ア　職業安定法における国外にわたる職業紹介について

国外にわたる職業紹介とは、「国外に所在する求人者と国内に所在する求職者との間又は国外に所在する求職者と国内に所在する求人者との間における雇用契約の成立のあっせんを行うこと」をいう[5]。

職業安定法も他の行政法規と同様に、原則として属地主義を採用するものであるところ、原則として日本国内で行われる行為に適用されるものである。しかし、職業紹介については、労働者の保護と国内労働市場の秩序を図る観点から規制の必要が高い等の理由により、当該職業紹介行為の一部が日本国内で行われる場合については、職業安定法の規制が及ぶものと解されている[6]。

イ　国外にわたる職業紹介の構造について

国外にわたる労働力需給調整システムの形態については複数の形が考えられる。このうち、職業安定法が適用される国外にわたる職業紹介に該当するのは、主に次の二つの類型が考えられる。

5　令和３年４月厚生労働省職業安定局「職業紹介事業の業務運営要領」２頁。なお、職業安定法本文において、国外にわたる職業紹介の定義を置いた規定は存在しない。

6　前掲（注５）・厚生労働省職業安定局２頁

【図１：取次機関を利用する場合】[7]

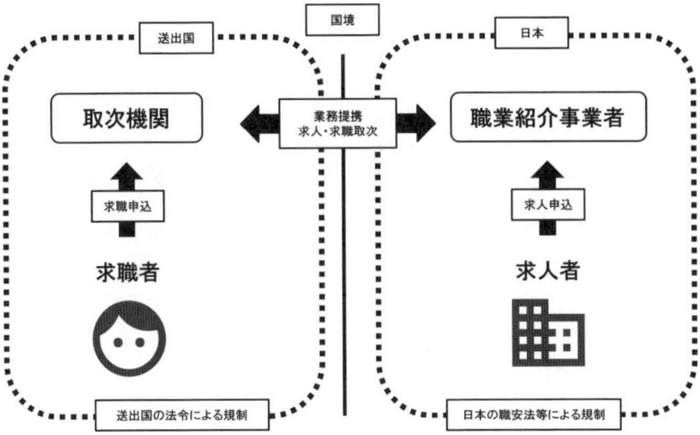

この取次機関[8]を利用する方式になる場合とは、主に、送出国において職業紹介行為を行うことが、送出国法令によって規制がされているため、日本の職業紹介事業者が当該送出国で活動することができず、当該送出国において当該送出国外に労働者を斡旋することができる許可を有する事業と業務提携の形態によって国外にわたる職業紹介を行う場合である。この場合、一般的には日本の職業紹介事業者と取次機関は異なる法主体であることになる。

もう一つの類型は、実例は多く無いと解されるが、日本の職業紹介事業者が直接、送出国で求職の申込を受ける場合である。この形態を取ることができる場合とは、送出国において、当該送出国外に対して労働者を斡旋することが、当該送出国法令において規制されておらず、日本の職業紹介事業者が送出国において自由に活動し、自由に求職者から求職申込を受けることができる場合である。

もっとも、職業紹介行為は、送出国においても強固な規制があることが

7　Apache license version 2.0で配布されているMATERIAL DESIGN 1 consを用いて著者が作成（図２及び図３も同様）

8　法の施行地外の地域における求人又は求職の申込みについて取次ぎを行う機関をいう（職業安定法施行規則17条の５第１項５号に同じ）。

【図２：取次機関を利用しない場合】

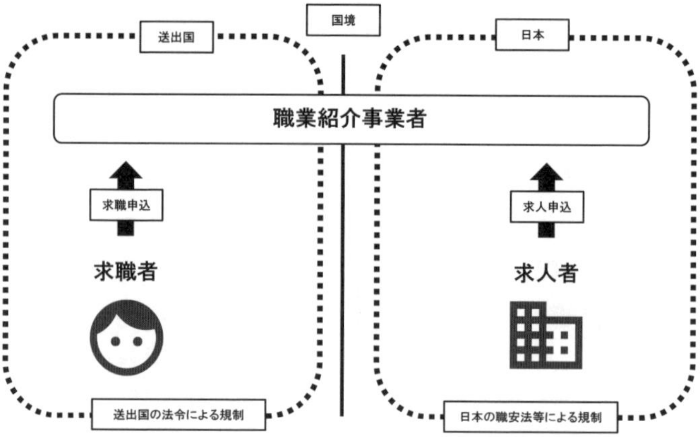

通常であり、このような構成をとる場合は少数であると解される。

なお、これらの職業安定法が適用される類型と異なり、職業安定法が適用されない国外にわたる労働力需給調整システムも存在する。取次機関が日本での営業を行わず、送出国のみで雇用契約が成立する場合等には、日本国内で職業紹介行為の一切が行われていないものとして、職業安定法の適用対象とされない場合も観念しうる。

ウ　職業安定法上の手続

職業安定法上、国外にわたる職業紹介については、取扱職種等を定める職業安定法32条の12第１項において届出事項となっている。そして、有料職業紹介事業許可及び無料職業紹介事業の許可申請手続において提出が必要とされる厚生労働省令で定められる書類の中において国外にわたる職業紹介についての届出書類が定められる（職業安定法30条３項、同法施行規則18条３項１項ヲ・ワ、職業安定法33条の３第２項、同法施行規則25条の３第３項６号、７号）。具体的には、国外にわたる職業紹介を行う場合には、当該国外にわたる職業紹介の相手先国に関する書類及び取次機関を利用しようとするときは、当該取次機関に関する書類の提出を要する。

このうち、相手先国に関する書類は、上記で見た「取次機関を利用する場合」と「取次機関を利用しない場合」とで次のように異なる。

【取次機関を利用する場合の必要書類】

①相手先国の関係法令及びその日本語訳
②取次機関及び事業者の業務分担について記載した契約書その他事業の運営に関する書類及び当該書類が外国語で記載されている場合にあってはその日本語訳
③相手先国において、当該取次機関の活動が認められていることを証明する書類（相手先国で許可等を受けている場合にあってはその許可証等の写し）及び当該書類が外国語で記載されている場合にあってはその日本語訳
④取次機関に関する申告書（通達様式第10号）

【取次機関を利用しない場合の必要書類】

①相手先国の関係法令及びその日本語訳
②相手先国において、国外にわたる職業紹介について事業者の活動が認められていることを証明する書類（相手先国で許可等を受けている場合にあってはその許可証等の写し）及び当該書類が外国語で記載されている場合にあってはその日本語訳（取次機関を利用しない場合に限る。）

そして、職業紹介の許可においては、職業紹介についての許可条件通知書により許可条件が指定されるが、その中で国外にわたる職業紹介についての遵守事項が定められている。

エ　技能実習法上の位置付け

技能実習法も職業紹介については職業安定法の特則として「技能実習職業紹介事業」を定め、監理団体がこれを職業紹介の許可なく監理事業の許可を受けることで実施可能と定める。それゆえ、法の適用関係については上記で見た職業安定法による場合と同様になり、取次機関が外国の送出機関となり、職業紹介事業者が監理団体となるという構造をとっている。

【図3：技能実習法における国外にわたる職業紹介】

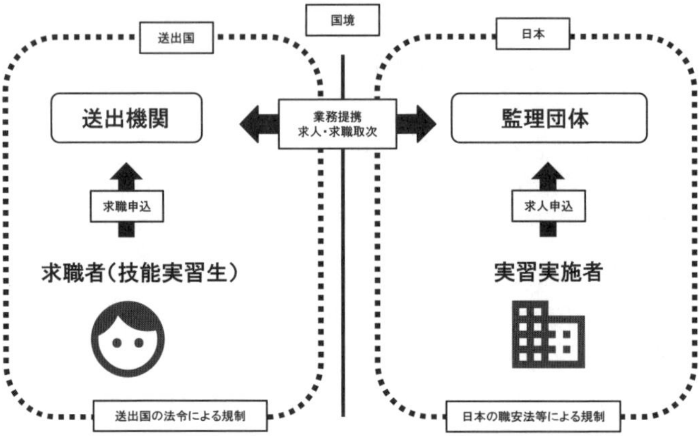

4　日本の国外にわたる労働力需給システムにおける送出国法令

これまで見た日本の国外にわたる労働力需給システムにおいて、送出国法令は、次の2点において重要な役割を担っている。第一に、日本の職業紹介を行う事業者の業務提携先となる取次機関の適法性の根拠となるという点であり、第二に、送出国法での手続が国内法に取り組まれることにより国内法の法令遵守の内容として機能するというものである。

(1)　取次機関の適法性について

職業紹介事業者ないし監理団体が取次機関（送出機関）と業務提携を行う場合、当該取次機関については、送出国法令に基づき当該国で活動することができることが求められている（有料職業紹介許可基準3項(4)ホ、技能実習法25条1項6号、技能実習法施行規則25条7号等）。

2021年現在では、国外にわたる労働力需給調整システムにおいて重要なのは、日本国外にいる求職者と日本国内の求人者との間の雇用関係の成立のあっせんを行うことである。かかる職業紹介において、取次機関は国内の求人者にとってリクルートの起点となる。リクルートの起点に法令に基づかず職業紹介を行う、いわゆるブローカーが介在すれば、求職者は脆弱な立場に置かれやすくなる。この点で、リクルートの起点での求職者の保護を送出国法令が担う役割は大きい[9]。

⑵　送出国法令の国内法令の内容化

さらに、一部の送出国法令は、国内法が定める手続の一部に取り込まれることにより、国内法令を遵守しようとした場合、必然的に送出国法令を遵守することになる例が出てきている。

一例としては、技能実習法における技能実習計画の認定手続を挙げることができる。技能実習を行わせようとする個人ないし法人は、技能実習生ごとに技能実習計画を作成し、出入国在留管理庁長官及び厚生労働大臣の認定を受けることを要する（技能実習法８条１項）。

かかる技能実習計画の認定基準として、外国の準備機関及び外国の送り出機関に支払う費用について、その額及び内容を十分に理解し、これらの機関との間で合意していることが基準となっている（技能実習法９条２号、技能実習法施行規則10条２項６号ニ）。そして、これを証する書面として、技能実習計画の認定申請の際に、一般的には参考様式１－21「技能実習の準備に関し本国で支払った費用の明細書」が用いられる。同参考様式では、送出機関が徴収した費用の名目及び額並びに外国の準備機関が徴収した費用の名目及び額が記載される。

かかる費目の中には「送出機関手数料」も含まれる。ところで、この送出機関手数料は、それぞれの送出国法令によりその徴収の可否及び額が定められている。そのため、同参考様式に記載された費目及び金額は、送出国法令に定められた金額を遵守したものである必要がある。

そして、同参考様式の作成者は、送出機関であるが、同参考様式を提出

9　なお、日本の国外にわたる労働力需給システムでは、送出国の法令遵守以外の事項についての要件を加重しており、送出国法令のみにリクルートの起点での求職者の保護を委ねているわけではない。

する手続である技能実習計画の認定申請の主体は技能実習を行わせようとする個人ないし法人、すなわち技能実習生を雇用することになる実習実施者が手続の主体となる（技能実習法８条１項）。これは、参考様式第１－21を添付書類として用いる手続の主体が日本の企業であることを意味し、参考様式１－21の内容が送出国法令に適合しないことや、送出国法令に適合するようにあえて虚偽の内容のものを提出している場合には、技能実習法９条２号、技能実習法施行規則10条２項６号ニで求められる書類を提出できないことを意味し、結果として、技能実習計画の認定申請手続という日本国内法令に基づく手続が履行できないことを意味する。

このように、送出国法令で定められた内容を、国内法令の中で遵守することが求められる結果、国内法令の遵守の中に送出国法令の遵守が取り込まれることがある。その結果、送出国法令の遵守についても国内法のコンプライアンスの課題となる。

5　小括と展望

これまで見たとおり、国際労働移動において、送出国法令は、送出国法令独自でも、また、受入国法令と接続し、国外にわたる労働力需給調整システムの内容を定めるものとしても重要な役割を担っている。

そのため、国境を越えて人材を採用しようとする企業や移住仲介機能を担う事業者にとっては、送出国法令の理解は不可欠であり、まさに、自社のコンプライアンス上の課題として取り組むべき事項である。

もっとも、送出国法令は、当然ながら送出国それぞれに存在するのであり、各送出国法令の調査には困難を伴う。

本書では、中国・フィリピン・インドネシア・ベトナムという主要送出国法令の横断的な調査が行われており、この点で先行研究にない意議ある調査がなされたといえる。もっとも、本書での対象となっている送出国は送出国の中での一部であり、また、送出国の法令も改正がなされていくものである。今後、送出国の法令の調査が定期的に行われることが課題であり、そのような調査及び情報の提供がなされるプラットフォームのような場を設定することが急務であるといえる。

第４節　国際規範の中での外国人材受入れ

１　はじめに

本節では、我が国における外国人材の受入れにまつわる国際的な規範について概説する。こんにち、日本企業の事業活動が日本国内のみにとどまることは殆どないといえ、その外国人材の活用についてもグローバルな規範との関係性を考える必要がある。特に、サプライチェーンとの文脈では、途上国における労働環境が問題とされることが多いが、日本がサプライチェーンの中に含まれる場合（例えば、製品の製造工程の一部又は全部が日本にある場合）は同様の課題が生じうる。

そのような場面における規範として日本企業が直接対応を要するのは、先ずは外国人材関連の国内の労働関連諸法規であるが、グローバルには様々な労働規範が存在し、多様な文脈で日本企業もその対象となりうる。例えば、日本製品の販売先である外国において、当該国のみならずサプライチェーン上の他国における労働課題が何らかの規範により対象とされている場合には、日本国内における行為が日本の国内法に必ずしも抵触していなくとも、当該規範により問題視され、結果として当該製品を当該外国で販売できない等の事態が生じうる。このような場面を想定すると、日本の国内法を遵守していれば足りる時代ではもはやないことは容易に想像できるだろう。

このような状況に対処する為にも、日本における外国人材の受入れについても日本の関連法規を遵守していることは当然として、国際的な規範との文脈での適合性についての理解及び対応が必須のものとなっている。

2　国際的な労働規範

国際的な労働規範については、法的拘束力があるものもあれば、必ずしも法的拘束力がないものも存在するが、本節ではその双方を紹介し、以下、「規範」という用語は、法的拘束力の有無等に関わりなく、広い意味での規範（norm (s)）を指すものとして用いる。

⑴　ILOの国際労働基準

いわゆる国際的な労働規範としては、国際労働機関（International Labour Organization、「ILO」）[1]が定める国際労働基準といわれるものがある[2]。

国際労働基準には、狭義の基準と広義の基準とがあるとされ、前者は条約と勧告によるものであり、後者はこれらに加え、宣言、実務規定（code of practice）、ガイドラインなどと呼ばれる規範を含むものとされる。

ILOの国際労働基準の取り扱う分野は広範囲にわたり、結社の自由、強制労働の禁止、児童労働の撤廃、雇用・職業の差別待遇の排除といった基本的人権に関連するものから、三者協議、労働行政、雇用促進と職業訓練、労働条件、労働安全衛生、社会保障、移民労働者や船員などの特定カテゴリーの労働者の保護など、労働に関連するあらゆる分野に及ぶ。

条約は労働条件等について一定の基準を定め、加盟国の批准を前提とし、批准国は、条約を国内法に活かすという国際的義務を負うところ、勧告は一定の基準を目標として掲げている文書で、批准を前提とせず、拘束力は

1　1919年に誕生したILOの目的は、社会正義を基礎とする世界の恒久平和を確立することにあり、そのため、基本的人権の確立、労働条件の改善、生活水準の向上、経済的・社会的安定の増進に努力しているが、その諸活動の中でも、条約や勧告の制定という伝統的な基準設定活動は最も古くかつ最も重要なものの一つであるとされる（https://www.ilo.org/tokyo/standards/lang--ja/index.htm）。

2　ILOの国際的基準については、ILOの「RULES OF THE GAME グローバル経済のためのルール国際労働基準の手引き（100周年記念版）」参照（https://www.ilo.org/wcmsp5/groups/public/---asia/---ro-bangkok/---ilo-tokyo/documents/publication/wcms_493801.pdf）

ない[3][4]。ILO条約の数は190、勧告の数は206、うち、日本の批准条約数は49とされる[5]。

これに対し、広義の規範については、労働分野の重要な変化に対して時宜を得た指針を与える重要な役割を果たすとされ、例えば「多国籍企業及び社会政策に関する原則の三者宣言」（「多国籍企業宣言」1977年、最終改訂2017年）[6]、「労働における基本的原則及び権利に関するILO宣言」（1998年）、「労働力移動に関するILO多国間枠組」（2005年）、「グローバル・ジョブズ・パクト（仕事に関する世界協定）」（2009年）などが採択されている[7]。

これらILOの労働基準は、その全てについて我が国の外国人材との関係で直ちに問題になるものとは限られないが、後述する各種の規範との関係において基礎となるものが含まれるため、その全体像や、とりわけよく参照される多国籍企業宣言の内容等について認識しておくことは有用である[8]。

⑵　国連指導原則

国連の、「ビジネスと人権に関する指導原則」（以下、「国連指導原則」という。）は、ⒶA人権及び基本的自由を尊重し、保護し、充足する国家の既存の義務、ⓑ全ての適用可能な法令の遵守と人権尊重が要求される、専門的な機能を果たす専門化した社会的機関としての企業の役割、ⓒ権利と義務が、その侵害・違反がなされた場合に、適切かつ実効的な救済を備えているという要請という、いわゆる３本の柱から構成されている。そのうち、人権

3　勧告は、「加盟国の事情が相当に異なることを配慮し、各国に適した方法で適用できる国際基準で、各国の法律や労働協約の作成にとって一つの有力な指針として役立つもの」であり、また、「事情が許せば、条約化する予備的な措置として採択される場合も多く、勧告に定める基準は、条約化のプロセスのための指針といえ」るとされる（https://www.ilo.org/tokyo/standards/lang--ja/index.htm）。

4　なお、最近は、同時に同テーマの条約と勧告を採択し、条約は原則的な規定を内容とし、詳細は勧告で規定する場合が多いとされる（https://www.ilo.org/tokyo/standards/lang--ja/index.htm）。

5　https://www.ilo.org/tokyo/standards/lang--ja/index.htm

6　https://www.ilo.org/tokyo/helpdesk/WCMS_577671/lang--ja/index.htm

7　https://www.ilo.org/tokyo/standards/lang--ja/index.htm

8　ILOによる国際労働基準設定の経緯や役割・機能、SDGsとの関係、今後の展開等については、吾郷眞一「21世紀における国際労働基準の役割と課題」日本労働研究雑誌696号（2018年）に詳しい。

を尊重する企業の責任は国際的に承認された人権に拠っているところ、それは少なくとも、国際人権章典[9]や労働における基本的原則及び権利に関するILO宣言に規定されている基本的権利に関する原則等に表明されている人権と理解されるとされる（国連指導原則12）。

このうち、ILO宣言に規定されている基本的権利に関する原則等とは、ILO中核８条約上の基本権に関する原則にあるとされ、当該８条約及び関連する原則等は以下のとおりである[10]。

結社の自由・団体交渉権	結社の自由及び団結権の保護に関する条約（87号） 団結権及び団体交渉権についての原則の適用に関する条約（98号）
強制労働の禁止	強制労働に関する条約（29号） 強制労働の廃止に関する条約（105号）
児童労働の禁止	就業の最低年齢に関する条約（138号） 最悪の形態の児童労働の禁止及び廃絶のための即時行動に関する条約（182号）
差別の撤廃	同一価値の労働についての男女労働者に対する同一報酬に関する条約（100号） 雇用及び職業についての差別待遇に関する条約（111号）

このうち、日本は、従来、「強制労働の廃止に関する条約（105号）」と「雇用及び職業についての差別待遇に関する条約（111号）」の２条約を批准していなかったが、2021年６月、「強制労働の廃止に関する条約（第105号）の締結のための関係法律の整備に関する法律」[11]が成立し、105号条約の締結へ向けての環境整備が進められた。

また、国連指導原則は、外国人労働者に関し、一般原則として社会的弱者の立場に置かれる人々の権利、ニーズ、直面する課題に特別の注意を払う旨規定するほか、国家の人権保護義務の文脈で人権尊重に関する企業への指導の際に移住労働者とその家族に関する問題を実効的に考慮すべきと

9　世界人権宣言、及びこれを条約化した主要文書である市民的及び政治的権利に関する国際規約ならびに経済的、社会的及び文化的権利に関する国際規約

10　以下の表は連合ウェブサイト（https://www.jtuc-rengo.or.jp/activity/kokusai/ilo/）より

11　https://www.sangiin.go.jp/japanese/joho1/kousei/gian/204/pdf/s0902040232040.pdf

する（国連指導原則３）。第二の柱である企業の責任との関係では、企業の人権デュー・ディィリジェンスのプロセスにおいて移民をはじめとした社会的弱者の人権への影響に特に注意し、それらの者との有意義な協議を行い、対応の有効性を追跡調査するために特に努力すべきとし（国連指導原則18、20）、第三の柱である救済との関係では、国家による司法的救済へのアクセス、救済の手続、救済の結果の各段階において、移民をはじめとした社会的弱者の諸権利及び具体的ニーズに対する特別な配慮をすべきこと、非司法的苦情処理においてもアクセスへの障壁に対処し実効的な苦情処理を行うこととされている[12]。

このように、国連指導原則は、尊重すべき人権として前出のILOの条約を参照してその原則を取り込むと共に、移住労働者など外国人労働者の人権尊重を３本の柱それぞれにおいて取り上げている。

⑶　OECD多国籍企業指針等[13][14]

OECDは、1976年に、行動指針参加国の多国籍企業に対して、企業に期待される責任ある行動を自主的にとるよう勧告するための「OECD多国籍企業行動指針」（OECD Guidelines for Multinational Enterprises、以下、「行動指針」という。）を策定した。行動指針は改訂が重ねられ、最新版は2011年改訂版である。

行動指針においては、「雇用及び労使関係」の章において、企業が、適用可能な法律、規則並びに一般的な労使関係及び雇用慣行、並びに適用可能な国際的労働基準の枠内においてとるべき行動として、団結権、団体交渉

12　以上につき、ILOバックグラウンドペーパー「ビジネスと人権行動計画（NAP）策定に向けた関連文書の分析」（https://www.ilo.org/wcmsp5/groups/public/---asia/---ro-bangkok/---ilo-tokyo/documents/publication/wcms_736450.pdf）54ページ以下

13　このほか、ISO（国際標準化機構）が2010年に策定した組織の社会的責任に関する国際規格であるISO26000の労働慣行・人権の章も多国籍企業宣言等に即したものとなっている。ISO26000は認証を行うための規格ではなく手引きとして使う位置づけのものとされているが、多くの日本企業におけるサステナビリティ報告において依拠されてきている。

14　本項目については、外務省サイト（https://www.mofa.go.jp/mofaj/gaiko/csr/housin.html）の記載に依拠している。なお、行動指針の日本語仮訳（https://www.mofa.go.jp/mofaj/gaiko/csr/pdfs/takoku_ho.pdf）

権の尊重、児童労働の廃止、強制労働の撤廃、雇用における機会及び待遇の均等と、差別の禁止、健康及び安全の確保のための措置等が定められている。

行動指針には法的な拘束力はないが、幅広い分野における責任ある企業行動に関する原則と基準を定めており[15]、直近の改訂では、企業には人権を尊重する責任があるという内容の人権に関する章の新設や、リスク管理の一環として、企業は自企業が引き起こす又は一因となる実際の及び潜在的な悪影響を特定し、防止し、緩和するため、リスクに基づいたデュー・ディリジェンス[16]を実施すべき等の規定が盛り込まれており、上記労働関連の内容とあいまって、国際的労働基準に則した行動をとることが期待されているといえよう。

⑷　各国のハードロー（現代奴隷法等）

国連指導原則や行動指針の特徴として、これらに即した人権課題に関する措置を講じない企業については、NGOや、消費者を含めた市民社会からの批判等を通じて、人権課題への対応をとることが期待されるメカニズムを採用していたという点がある。

しかしながら、法的な義務や罰則を伴わないアプローチの限界や、人権課題に真摯に取り組んでいる企業とそうでない企業との不公平感を解消し、「同じ土俵」（「レベル・プレイイング・フィールド」と呼ばれる）で競争することを求める企業等の声によって、人権課題への取り組みについて国内法において定めるトレンドが欧米を中心に広がりつつある[17]。

このようなトレンドは、「ハードロー化」等と呼ばれ、対象となる人権課

15　なお、人権に関する箇所においても、国又は企業が参照すべきものとして、1998年にILOが定めた労働における基本的原則及び権利に関する宣言に規定された基本的権利に関する原則が挙げられている（人権に関する注釈第４項）。

16　係るデュー・ディリジェンス実施のためのガイダンスとして、「責任ある企業行動のためのOECDデュー・ディリジェンス・ガイダンス」参照（https://mneguidelines.oecd.org/OECD-Due-Diligence-Guidance-for-RBC-Japanese.pdf）

17　これらを含めた「ビジネスと人権」に関するアウトラインを示すものとして、湯川雄介「法務的観点から『ビジネスと人権』を考える」NBL1172号（2020年）を参照

題（現代奴隷等特定の課題に限定するか、人権全般やその他の社会課題を含むか等）、義務の内容（デュー・ディリジェンス型か、輸出入規制型か。前者の場合、その実施を義務とするか、取り組みの有無、事態の報告で足りるか、等）、罰則の有無等によってその内容は区々であるが、専ら労働関連の人権課題に着目したものとしては、例えば、以下が挙げられる[18 19 20]。

制定年	国	法律名	概要
2015	英国	現代奴隷法	サプライチェーンにおける奴隷制排除のため、一定規模の企業・団体に対し、事業活動とサプライチェーンにおける現代奴隷制への対策について声明の開示を義務づけ
2015	米国	連邦調達規則	連邦政府機関と契約する事業者は、強制労働を含む不正取引がないことの確認義務を負う
2016	米国	関税法改正	税関の調査に基づき、強制労働に依拠した製品の輸入差止を認める
2018	オーストラリア	現代奴隷法	国内で事業を行う一定の収益を超える企業などを対象に、サプライチェーンとそのオペレーションにおける現代奴隷のリスクを評価・分析し、報告することを義務づけ
2020	オランダ	児童労働注意義務法	オランダ市場に事業展開する企業を対象に、児童労働を防止するために当該企業が適切なサプライチェーンにおけるデュー・ディリジェンスを行ったことの声明文の提出を義務づけ

これらの法律は、基本的には、各法の法域内において事業活動を行う企業を対象としているが、日本企業であっても、一定の要件を満たした場合にはその適用対象となりうる。例えば、英国現代奴隷法は、設立場所に関

18　英国の現代奴隷法の動向については、JETRO地域・分析レポート「英国現代奴隷法の最新動向と企業の対応」（2021年6月10日）（https://www.jetro.go.jp/biz/areareports/2021/ffeed8e385d03a21.html）

19　オーストラリアの現代奴隷法については、JETRO地域・分析レポート「年間収益1億豪ドル超の企業に報告を義務化（オーストラリア）」（2021年6月30日）（https://www.jetro.go.jp/biz/areareports/2021/d3b23bb845a36d14.html）

20　オランダの児童労働注意義務法についてはJETRO地域・分析レポート「児童労働規制が先行、より広範な人権デューディリジェンス法案の審議へ（オランダ）」（2021年6月11日）（https://www.jetro.go.jp/biz/areareports/2021/4da35ef96cb39f14.html）

わらず、英国でその事業の全部又は一部を実施し、商品役務を提供している、年間売上高3,600万ポンド以上の企業を対象としていることから、このような要件を満たす日本企業にも適用され得るところ、実際にも多くの日本企業が同法に基づくステートメント（いわゆる、現代奴隷ステートメント）を発出している。実際に、現代奴隷法に基づく現代奴隷ステートメントにおいて、日本における外国人技能実習制度について言及しているケースもある[21][22]。

このように、日本国内の規範でなくとも、日本企業の日本国内における事業活動が外国の規範の対象となりうる点については留意が必要である。

⑸　国連グローバルコンパクト

国連グローバル・コンパクト（UNGC）は、国連と民間（企業・団体）が手を結び、健全なグローバル社会を築くためののサステナビリティイニシアチブであり、各企業が持続可能な成長を実現するための自発的な取り組みとされ、2021年の段階では、世界約160か国、17,500を超える企業・団体が署名し、そのチェアマンは歴代国連事務総長が務めている[23]。

加盟企業・団体は、人権、労働、環境、腐敗防止に関してUNGCが定める10の原則（以下、「GC原則」という。）に賛同し、その実現に向けて努力を継続することが求められており、労働に関しては以下の４つを支持することを内容とする原則が設けられている[24]。

・結社の自由と団体交渉の実効的な承認

・あらゆる形態の強制労働の撤廃

・児童労働の実効的な廃止

21　トヨタ自動車株式会社の「外国人労働・強制労働に関する取組み報告（各国現代奴隷関連法に関する声明）」（2021年９月29日）（https://global.toyota/pages/global_toyota/sustainability/human-rights/statement_on_the_modern_slavery_acts_jp.pdf）

22　帝人グループの2020年ステートメント中「繊維・製品事業における外国人技能実習生に関する取り組み」（６ページ）（https://www.teijin.co.jp/csr/human_rights/pdf/msa2020J.pdf）

23　https://www.ungcjn.org/gcnj/about.html

24　https://www.ungcjn.org/gcnj/principles.html

・雇用と職業における差別の撤廃

UNGCは任意的な加盟団体であるが、署名企業・団体は上記分野・原則の実践状況と成果に関する報告書を毎年提出することが義務として求められる。その内容としては、①UNGCやGC原則、イニシアティブに対して自社の現行コミットメントを継続していくことに対する最高責任者による支持の表明、②企業が実施した、又は実施しようとする４分野に関するGC原則の実践的行為の記述、③成果の測定。どの目標・パフォーマンスをどれくらい満たしているか、質量的な結果測定を実施、を充たしていることが求められている[25]。

⑹　PRI[26]

PRI（Principles for Responsible Investment、責任投資原則）とは、国連環境計画・金融イニシアティブ（UNEP FI）とUNGCとが連携した投資家イニシアティブであり、責任投資原則の採用及びその実施の協働を奨励すること、優良なガバナンス、誠実性、説明責任を促進すること、市場の慣行、構造及び規制の中に存在する持続可能な金融システムにとっての障害に対応することにより、持続可能な国際金融システムの達成に尽力することをミッションとしている。

PRIにおいて、責任投資は、環境（environment）、社会（society）、ガバナンス（governance）の要因（ESG要因）を投資決定やアクティブ・オーナーシップに組み込むための戦略及び慣行と定義され、ESG要因の例は無数にあり絶えず変化するが、その一部として、社会(S)に関するものとして、労働条件(奴隷労働及び児童労働を含む)、地域コミュニティ、健康及び安全、従業員関係及び多様性が挙げられている。

そして、PRIの署名機関は、以下の６つの原則をコミットメントとして約束することとされる。

25　https://www.ungcjn.org/participate/after.html
26　https://www.unpri.org/download?ac=10971

① 投資分析と意思決定のプロセスへのESG課題の組み込み

② 所有方針と所有習慣へのESG課題の組み込み

③ 投資対象の主体に対してのESG課題についての開示の要求

④ 資産運用業界においてPRIが受け入れられ、実行に移されるよう働きかけ

⑤ PRIを実行する際の効果を高めるよう協働

⑥ PRIの実行に関する活動状況や進捗状況に関して報告

これらの原則の実施に関する行動オプションも提示されており、例えば、②については、議決権の行使、ESG問題に関するエンゲージメントが、③については関連する基準、標準、行動規範又は国際イニシアティブ（国連グローバル・コンパクトなど）の採用又は遵守に関する情報を企業に求める等が挙げられている。

特に、現代奴隷と人身売買に関しては、金融機関が影響を与えるためのフレームワークが公表されるなど、重要な取り組み領域とされている[27]。

このように、投資家がPRIに参加することを通じて、投資先企業に対する労働条件を含むESG課題の解決が期待されるという構造になっており、世界におけるPRIの署名機関は4,000を超え（うち、日本の署名機関はGPIFを含み101社とされる）[28]、その資産残高は100兆ドル超となっているなど、その存在感は大きい[29]。

⑺ 東京2020オリンピック・パラリンピック競技大会の持続可能性に配慮した調達コード

オリンピック・パラリンピック東京2020大会において、公益財団法人

27　"A blueprint for mobilizing finance against slavery and trafficking"（https://www.unpri.org/social-issues/a-blueprint-for-mobilizing-finance-against-slavery-and-trafficking/5156.article）

28　https://www.sustaina.org/ja/links/pri/#:~:text=PRI%E7%BD%B2%E5%90%8D%E6%A9%9F%E9%96%A2%E3%81%AF%E8%B2%AC%E4%BB%BB、%E3%81%8C%E7%BD%B2%E5%90%8D%E3%81%97%E3%81%A6%E3%81%84%E3%81%BE%E3%81%99%E3%80%82

29　https://www.bloomberg.co.jp/news/articles/2021-05-10/QSVZJ4DWRGG501

東京オリンピック・パラリンピック競技大会組織委員会は、大会の準備・運営段階の調達プロセスにおいて、その社会的責任を果たすべく、持続可能性に配慮した調達コード（以下、「調達コード」という。）を策定した[30]。

調達コードにおいては、持続可能性に関わる各分野の国際的な合意や行動規範（「持続可能な開発目標」「パリ協定」「世界人権宣言」「ILO多国籍企業及び社会政策に関する原則の三者宣言（ILO 中核的労働基準を含む）」「国連グローバル・コンパクト」「OECD 多国籍企業行動指針」「国連ビジネスと人権に関する指導原則」など）を尊重し、法令遵守をはじめ、人権・労働問題の防止等を考慮に入れた調達を実現するための基準や運用方法等を定めることとされている。

このうち労働、ことに外国人・移住労働者については以下の内容が定められている。

サプライヤー等は、調達物品等の製造・流通等のために自国内で働く外国人・移住労働者（技能実習生を含む。）に対しては、関連する法令に基づき適切な労働管理を行い、賃金の不払い、違法な長時間労働のほか、旅券等の取上げ、強制帰国、保証金の徴収などの違法又は不当な行為を行ってはならず、法令や行政指導に基づき、当該労働者の理解可能な言語で労働条件を書面で交付しなければならない。また、サプライヤー等は、外国人労働者のあっせん・派遣を受ける場合、当該あっせん・派遣をする事業者が法令に基づく許可を受けているか、外国人労働者の権利を不当に侵害していないか等について確認すべきである。このほか、サプライヤー等は、適切な住環境への配慮、外国人労働者が苦情申入れ・相談を容易に行えるようにするための体制整備や権限ある労働関係機関との連携にも取り組むべきである。

⑻　「ビジネスと人権」に関する国別行動計画の採用等

2019 年６月のG20 大阪首脳宣言中、労働及び雇用において、「我々は、ディーセント・ワークを推進し、持続可能なグローバル・サプライ・チェーンの促進を通じたものを含め、仕事の世界において、児童労働、強制労働、人身売買、及び現代の奴隷制を根絶するための行動をとるというコミット

30　https://www.tokyo2020.jp/image/upload/production/e2aw16fxfxmv8zwuo2rt.pdf

メントを再確認する。」[31]とされ、その後、2020年10月16日に、ビジネスと人権に関する行動計画（ナショナルアクションプラン、いわゆる「NAP」）が策定された[32]。

国連指導原則においては、各国に国別行動計画の策定が促されており、また、SDGsの達成にあたって人権の保護・促進が重要な要素と位置づけられているという背景のもと策定されたものであり、今後政府が取り組む各種施策が記載されているほか、企業に対し、企業活動における人権への影響の特定、予防・軽減、対処、情報共有を行うこと、人権デュー・ディリジェンスの導入促進への期待が表明されている[33]。

NAPは、国連指導原則のみならず、行動指針や、ILO多国籍企業宣言等の関連する国際文書も踏まえて策定されており、前述の国際的な規範がそのベースになっており、外国人の受入れ環境についても以下の項目等で言及されている。

項目	対応
労働 （ディーセント・ワークの促進等）	外国人を雇用する事業主に対する労働法令の遵守等において、周知徹底・意識啓発を図る 都道府県労働局、ハローワーク、労働基準監督署における多言語対応 技能実習制度につき、制度の適正化を、ジェンダーの視点も踏まえつつ実施するほか、改善方策の実施
外国人材の受入れ・共生	共生社会実現に向けた外国人材の受入れ環境整備の充実・推進

今後、NAPの制定を踏まえ、我が国においても、労働に係る人権課題を含む人権デュー・ディリジェンスに向けた取り組みが加速していくことが想定されるため、前述の国際的な規範への理解がその前提として必須のものとなろう。

31　https://www.mofa.go.jp/mofaj/gaiko/g20/osaka19/jp/documents/final_g20_osaka_leaders_declaration.html
32　https://www.mofa.go.jp/mofaj/files/100104121.pdf
33　経緯等につき、外務省「「ビジネスと人権」に関する行動計画（2020-2025）の策定について」（https://www.mofa.go.jp/mofaj/press/release/press4_008862.html）

3　国際的な規範の我が国における外国人材受入れにおける適用

⑴　国際的な規範とその適用のされ方

上記のように、労働に関する国際的規範は、その設定者、様式等が多岐にわたるものの、あえて単純化すると、以下のように整理できると思われる。

①　内容面については、ILOの中核条約上の基本権に関する４つの原則、すなわち、結社の自由・団体交渉権、強制労働の禁止、児童労働の禁止、差別の撤廃が各種の規範において概ね共通して採用されている。

②　形式面については、国連指導原則、行動指針のようなソフトローにおいて定められる（依拠される）場合もあれば、現代奴隷法制のようにハードローにおいて規律される場合もある。

③　そのほか、UNGCや、PRIのようなイニシアティブ、調達コードのように、署名・加盟者や取引に参加することを希望する者にとっての条件・義務とされている場合もある。

このような規範は、我が国企業における外国人材受入れとの関係においては、多様な文脈で適用されうる。

まず、ILOの国際労働基準のうち、我が国が批准している条約については、当該条約に基づき制定された国内法により具体的に適用されうる。また、ある企業が活動している国において、現代奴隷法等のハードローが存在する場合は、当該企業に当該ハードローが直接適用されるのに対し、このような法的拘束力を有する強行法規に具現化されていないものについては、国連指導原則、行動指針等のソフトローを媒介として、適用されうるところ、それにはいくつかの類型が考えられる。

①　企業が自らの人権方針・人権規範等において、これらのソフトロー

の遵守を自ら宣明し、自律する場合[34][35]

② UNGC、PRI等に加盟・署名することにより、これら団体・組織との関係で、それらが依拠しているソフトローの遵守が義務化されている場合

③ 自らはこれら団体・組織の加盟・署名企業ではない場合であっても、自らの取引先がこれら団体・組織の加盟・署名企業であるため、当該取引先から、実質的に当該ソフトローの遵守を求められる場合（例えば、これら団体・組織の加盟企業がバイヤーで、これらソフトローに依拠した調達ルールを定めており、加盟企業ではないサプライヤーも当該調達ルールに従わなければ取引ができない場合）

④ 調達コードのように当該ソフトロー遵守が調達条件とされたり、その他の取引契約においてソフトローの内容の遵守が取引条件となること等を通じて、契約上の義務に転化する場合[36]

⑤ 国際社会、市民社会との関係で、SDGs[37]等への取組みが期待されており、その一環として、これらソフトローを遵守しないとレピュテーション上重大な問題が生じる場合[38]

34　経済産業省及び外務省が2021年９月に実施した「日本企業のサプライチェーンにおける人権に関する取組状況のアンケート調査」（https://www.meti.go.jp/press/2021/11/20211130001/20211130001.html）によると、回答企業760社のうち、約７割が人権方針を策定している。

35　ISO26000のような規格に自ら依拠して各種レポーティングを行う行為もこの類型に近いものといえよう。

36　このようなCSR条項のモデルとして、ABA（米国法曹協会）が公表した国際的サプライチェーンにおける人権保護のためのモデル契約条項がある。当該モデル契約条項の解説につき、湯川雄介、伴真範、中島朋子による連載「グローバルサプライチェーン供給契約と人権保護－ABAモデル条項とその背景を踏まえて」（NBL No.1205, 1207, 1209, 1211）。

37　SDGsとの関係においては、Target8.7が、強制労働を根絶し、現代の奴隷制、人身売買を終らせるための緊急かつ効果的な措置の実施、最悪な形態の児童労働の禁止及び撲滅を確保する、Target8.8が、移住労働者、特に女性の移住労働者や不安定な雇用状態にある労働者など、全ての労働者の権利を保護し、安全・安心な労働環境を促進する、Target10.7が、計画に基づき良く管理された移民政策の実施などを通じて、秩序のとれた、安全で規則的かつ責任ある移住や流動性を促進する、Target10.cが、移住労働者による送金コストを３％未満に引き下げ、コストが５％を越える送金経路を撤廃する、としており、SDGsに賛同する企業はこれらのTargetに取り組むことが期待されている（内容については、持続可能な開発のための2030アジェンダ仮訳（https://www.mofa.go.jp/mofaj/files/000101402.pdf）より）。

38　国際社会からの見え方の例として、米国の2021年人身取引報告書（2021年７月29日）の日本に関する部分においては、外国人技能実習制度などが取り上げられている（https://jp.usembassy.gov/ja/trafficking-in-persons-report-2021-japan-ja/）。

⑵　国際的な規範に対応するために

上述のように、日本における企業活動においても、国際的な規範が様々な形で適用され得る状況下においては、外国人材の受入れに関しても、日本の国内法を理解するのみでは不十分であり、外国人（移民）労働者を巡る国際的な人権課題に関する認識･規範の潮流や、奴隷労働、強制労働など、通常はなじみがないコンセプトについても理解する必要がある。

日本の労働法制に加えてこれらの理解をすることは必ずしも容易ではないが、この課題に取り組むにあたり、最後に二つのアプローチを紹介したい。

一つは、ディーセント・ワーク＝働きがいのある人間らしい仕事、を達成するためにはどうすればよいかと考えることである。例えば、パスポートを取り上げることにより移動の自由をなくして拘束すること、暴言を含む各種のハラスメントをすることや、恋愛を禁止すること、まともな賃金を支払わないことなどは、明らかに「人間らしい」労働環境とはほど遠いことであり、本節で紹介した細かな規範などを参照しなくても、「人間らしい」とはどういうことか、相手が自分や自分の友人・家族だったらどうかということに思いを馳せれば、それが行うべきことかどうかは自ずと明らかになるのではないだろうか。なお、この場合には、日本における既存の常識に囚われることがないようにすることも肝要である[39]。

もう一つは、理解のためのアンテナを、可能な範囲で高く張ることである。国際的な規範についての情報は現段階では必ずしも多くの雇用主にとってアクセスが容易とは言いがたいが、JETRO[40]、ILO[41]など公的機関

39　例えば、日本においては従業員の「研修」として是認されている所作（トイレ掃除など）も、国際社会においてはそのようなものとして認められておらず、場合によっては人権侵害と捉えられる可能性がある。

40　JETRO「特集 サプライチェーンと人権」には、現代奴隷法等各国のこの分野に関する情報が法令の和訳も含めて豊富に掲載されている（https://www.jetro.go.jp/world/scm_hrm/）。筆者も当該サイトにおける豪州 2018 年現代奴隷法の参考和訳の執筆を作成した。

41　例えば、人材募集と斡旋に関する一般原則や手数料について、ILOが作成した「公正な人材募集・斡旋に関する一般原則及び実務指針ならびに募集・斡旋手数料及び関連費用の定義」（2019）の和訳がILOウェブサイトに掲載されている（https://www.ilo.org/tokyo/information/publications/WCMS_736226/lang--ja/index.htm）。

のウェブサイトには有益な情報が掲載されているし、責任ある外国人労働者受入れプラットフォーム（JP-MIRAI）[42]等のマルチステークホルダープラットフォームの活用も考えられる。本分野は、多くの日本企業にとって共通で取り組むべき課題であり、自社のみで抱え込む必要はなく、業界団体、NGO、専門家[43]や関連するステークホルダーと協働して取り組むというアプローチも有益であろう[44]。

42　https://jp-mirai.org/jp/

43　例えば、筆者も所属し、運営委員を務めるビジネスと人権ロイヤーズネットワークは、2020年に「サプライチェーンにおける外国人労働者の労働環境改善に関するガイドライン（第1版）」を発行しており、行動原則、モデル調達基準、対話・協働実務指針を定めるなど、企業による活用が期待されている（https://www.bhrlawyers.org/imigrantworkers）。

44　このような専門家、ステークホルダーの活用・これらとのエンゲージメントは国連指導原則が求めているところでもあり、方法論においても各種の国際的な規範を意識して行うことが望ましい。

第5節　ビジネスと人権のグローバルプラクティス

ビジネスに対する人権を中心とする社会的責任の要請は、2000年にコフィー・アナン国連事務総長（当時）によって提唱された国連グローバル・コンパクトの9原則に遡る。国際社会における企業の役割、特に多国籍企業の影響力とその責任あるビジネスの実現は、国家を超えたアクターとして認識され、相応の責任を要請されることになった。

世界人権宣言以降、人権の取組みは、国連での条約化の動きが先進国側の反対で進められなくなった後、2005年アナン事務総長の特別顧問にハーバード大学のジョン・ラギー教授が就任し、国連での人権問題の取組みの方向性を再検討した。2008年に「保護・尊重・救済」のラギーフレームワークの提唱以降議論が進み、2011年5月国連人権委員会の全会一致で採択された「ビジネスと人権に関する指導原則」として纏められた。この採択は、国連の場で、ビジネス（企業）に対し人権に関するグローバルで明確な責任の要請が決議され、今後実行が求められるものと受止めた。しかしながら2011年の日本は、東日本大震災の被災地支援活動で、指導原則への対応を行う余裕がなく、どの様に取組むべきか分からないままに時間が経過した。

翌2012年に、ようやく本来の活動を再開することができるようになったところで、「ビジネスと人権に関する指導原則」の内容把握と世界の先進企業がどのような人権対策を行っているのかを調べ、今後取るべき行動の具体的示唆を得る為に、公開情報に基づくデスク・トップ調査を行った。調査対象は、ネスレ、ユニリーバ、コカ・コーラなどの食品企業の他GEやヒューレットパッカードなどの他業種のグローバル企業と、企業と人権に関連する主要団体（NGO、企業ネットワーク、国連、シンクタンク、コンサルティングファーム等）で、原則としてWeb、書籍、レポート等の公開情報から得られる情報を中心に調査を実施した。

調査結果は対象とした企業の大半が、2005年にラギー教授が国連からビジネスと人権に関する国連事務総長特別代表として任命され活動を本格化した時期と符合する形で、2007年ごろから試行錯誤を始めていた。人権に関する企業・団体の研究成果として、方法論やツールがネット上で数多く公表されており、取組みを進める上での参考となっていた。企業は指導原則で人権デュー・ディリジェンスを進めることが求められているが、標準的な仕組みが存在しているわけではなく、自社の業種特性や状況に合わせた進め方を模索する必要があった。また、人権の取組みは既存の事業プロセスに組み込むこととなるため、経営層による人権デュー・ディリジェンスに取り組むことの必要性の理解と支持を得ることが重要となる。

①　各社の取組み内容は、人権方針の策定や行動原則への人権項目の盛り込み、教育、実態調査（コンプライアンス評価、人権リスク評価など）、モニタリング、ホットラインの設置、サプライヤー向け方針の策定が主なものであり、企業によっては必ずしもすべてを行っているわけではない。

②　人権の取組み対象は自社の従業員に留まるのではなく、サプライチェーンでの取引先までを範囲としていることや、多言語化しつつ外部の独立性ある仕組みを利用したホットラインを設置していることなどは、比較的共通して見られる傾向がある。

③　人権の取組みを進めるにあたり、人権専門機関のデンマーク人権研究所から支援を受けたり、多国籍企業間の企業ネットワーク「人権に関するビジネス・リーダーズ・イニシアチブ（BLIHR）」への参加、「人権に関するグローバル・ビジネス・イニシアチブ（GBIHR）」の創設、国連グローバル・コンパクトの調査への参加をしている企業が多く、各社とも同じような歩みで企業間の情報を共有し、人権の取組みを試行錯誤しながら進めてきたことが分かった。

そこで、デンマーク人権研究所の企業支援の実態を調べるため、直接ヒアリングを実施したところ、ネスレ社との調査を数か国で実施し、現場の労働者や現地NGOなどとの対話を通じて、ビジネスにおける人権リスク評価を行っているところであった。その結果は、2013年に世界初の人権報告書として公開されている。また、ユニリーバも同じ時期に国際NGOのオックスファムと共同で、人権リスクの高い国にスコープを当て、サプライチェーン全体に亘る人権影響評価を実施しその内容をNGOの報告書として2013年に発表するなど、本格的な動きを開始していた。

ネスレ2013年（DIHR）人権報告書

ユニリーバ2013年（Oxfam）ベトナム・サプライチェーン調査報告書

調査対象の内、ネスレ、コカ・コーラなどの数社は、CEOレベルでラギー教授との対話を行なっており（コカ・コーラは複数回）、そもそも「ビジネスと人権」とは何であり、ビジネスはどの様に関わるべきなのかなどの基本論議を重ね、指導原則に反映させるとともに、経営トップの理解を深める良い機会になっていたものと推測される。

このように欧米企業は、国連で指導原則が採択される前から既にラギー教授との対話を通じて、「ビジネスと人権」に関する議論を深め、様々な人権機関やシンクタンク、業界団体などが人権デュー・ディリジェンスの実施に向け各種ツールの準備を進め、指導原則の採択後はスムーズな導入がなされていたことが分かった。一方日本は、地理的にラギー教授との対話の機会も限られ、「ビジネスと人権」の根本論議も行われないままに指導原則を受入れなければならないというハンディキャップを背負わされたことになる。しかも東日本大震災によって、企業自身や企業を支援する組織も取り組むことがままならず、世界から更に遅れることになってしまった。

その後欧米ではビジネスと人権の取組みの重要性が、2013年に発生したバングラデシュのラナ・プラザビル倒壊事件で決定的になった。この事件は、バングラデシュの縫製業者が、欧米アパレルブランドの受注を更に多く取るために、安全基準を無視した無謀なビルの増築を繰り返した結果、荷重とミシンの振動にビルが耐え切れずに崩壊し、1,000人以上の若い従業員たちが死亡したもので、世界に大きな衝撃を与えた。倒壊の兆候があったにも関わらず従業員に作業を続けさせ、ブランド企業の受注を優先したことが判明し、企業の責任が問われた。当初アパレルブランド側は、委託先の問題であって、自分たちに責任は無いとしていたが、倒壊現場の瓦礫の中から被害者と共にアパレルブランドの製品やタグが出てきてアパレル企業のサプライヤー管理の不十分さに、世間から強い非難が集まり、被害者の補償を行わざるを得なくなった。

これ以降、サプライチェーンの管理と、指導原則の人権デュー・ディリジェンスによる人権侵害の予防への取組みが、ブランド企業の責任として一層強く求められることになった。

更に翌年の2014年には、東南アジアの水産業で移民労働者の人権侵害が発覚し、世界的な問題になった。この事件の背景には、タイの高度経済成長に伴う労働力不足からタイ経済界が移民労働者受入れ拡大を要請していたこと。水産業の沿岸域での乱獲によって遠洋漁業にシフトし、人件費を抑制するために違法移民労働者を大量に雇用していたこと。ミャンマー軍事政権による開放政策と国民弾圧等による周辺国への出稼ぎ・移動誘発などがあり、元々タイ国内の不適切な労働慣行の横行やタイ国内の移民労働者の適切な保護・管理制度の欠如等があったとされている。タイはこの移民労働者の深刻な人権侵害問題に対して、政府の規制や企業間あるいはセクターを超えた連携によるコレクティブ・アクションを通じて、企業単独ではなし得ない効率的で効果的な人権課題への取組みを実践し、急速に評価を回復するなど示唆に富むものになっている。

1　メディアやNGOなど国際世論の動き

2014年6月10日養殖エビの世界最大の輸出国であるタイで、ミャンマーやカンボジアからの移民労働者がエビの餌となる魚を獲る漁船で過酷な労働を強いられ、少なくとも20人が死亡するなど深刻な虐待を受けていると英国紙ガーディアンが報じた。その後AP通信でも2014年6月「脱出不能〜インドネシア・アンボン発〜」2015年2月25日「乱獲が招く奴隷〜タイ・サムサコーン発〜」など連続的に報道がなされ、一気に東南アジアにおける移民労働者の酷い労働実態と人権侵害が発生していることが明らかになった。なおAP通信記者のこれら一連の記事を纏めた本「Fishermen Slaves：Human Trafficking and the Seafood We Eat.」は、囚われていた船員を救出し、政府を動かし、社会に多大な影響を与えたとして、2016年ピュリッツァー賞公益賞を受賞している。

国際NGOのグリーンピースは、2015年11月、タイ水産業の持続不可能な漁業と人権問題に関する報告書「Supply Chained: Human Rights Abuses In The Global Tuna Industry」を発行し、タイの水産会社でツナ缶の世界最大手であるタイ・ユニオンとその顧客であるネスレ、マースに対し人権侵害と破壊的漁業の排除を求めるキャンペーンを展開した。

2016年4月、グリーンピースは世界で抗議キャンペーンを開始、各地でデモが発生。フランス、ニュージーランドでは加工施設が封鎖され、米国、英国、フランス、イタリア、カナダではスーパーマーケットの棚からタイ・ユニオン製マグロ缶が撤去された。

2017年6月、世界130以上の国と地域から集まった68万筆超の署名を持ってグリーンピースはタイ・ユニオン本社にデモを実施。これを受け、タイ・ユニオンは、2017年7月、グリーンピースと違法操業と過剰漁業対策及び、サプライチェーンの労働者の生活向上に取り組む改善計画に合意した。

これらの報道やキャンペーンを受け、米国国務省人身取引監視対策部は、米国の「2000年人身取引被害者保護法」（TVPA）110条に基づく「人身取引報告書2014」の中で、タイを最低評価である（Tier 3）に分類。その結果、米国の大統領貿易促進権限法で、米国との通商協定の締結が禁じられることとなった。また、米国労働省「国際児童労働・強制労働報告書2014」でも、エビや水産物の加工業での児童労働の存在が報告されている。

2　タイ政府の動き

これらの批判を受けたタイ政府は、2015年3月までに人身売買への罰則強化（人身売買業者は終身刑及び最高40万バーツの罰金及び業務停止など）、告発した証人の保護強化などを含む人身売買防止法（BE 2551）の改正、違法業者のライセンス剥奪を可能とする新漁業法の改正などを決定した。また、160万人に上る外国人移民労働者の登録を進め、タイの労働者と同じ法的保護を導入するための労働規則改訂や、漁船の監視システムの導入検討、人身売買に対応する職員の能力開発、被害者の保護・ケアを行うためのセンターの設立、人身売買に関わる犯罪者の情報提供の呼びかけなどを開始した。

2015年4月には、プラユット首相が、反人身売買を国の政策課題とし、関係官庁に政策を引き渡す会議を開催。国をあげて反人身売買に取り組むことを公式に宣言した。このように、国の基本的な方針・体制などの整備を進めたが、実際の問題解決にむけては漁船管理制度や水産品のトレーサビリティー（生産履歴追跡）などの課題が依然として残っていたため、EUは2015年、タイがIUU（違法・無報告・無規制）漁業対応で適切な措置を講じていないことに対して「イエローカード」措置を発動。タイ当局との正式な対話を開始し、6か月以内に状況が改善しない場合、水産物輸入を禁止する旨を通告。その後、タイの水産物輸出額は低下した。

これに対しタイ政府は、漁業・水産加工業における人身売買及びIUU

漁業の防止を含む「持続可能な漁業」の実現にむけて改めて取組みを推進することとなった。業界団体などからは急激な改革への反発が高まる中、ILOなど専門機関の協力も得ながら、国際法に即した国内法の整備、移民労働者の国籍確認による正規の労働許可の付与、正規チャネルを通じた外国人労働者の募集（非公式チャネルを通じた移民労働者の採用防止）、漁船監視体制の強化、漁船の入出港管理と検査計画改善など、現場の課題解決への取組みを推進した。

3　タイ企業の動き

⑴　タイ・ユニオン

タイ・ユニオン・グループは、世界第３位のタイの水産会社で、ツナ缶では世界トップクラスのシェアを有する。同社のツナ缶は、人の食用及びペットフードとして、世界の食品企業やネスレなどのペットフードメーカーに販売されている。

タイの水産業に対するグリーンピースの調査（2015年）では、原料マグロの漁獲の収益を増すために、移民労働者を違法な手段で採用し、監視の目の届かない洋上で暴力等を用いて船上奴隷として長期間拘束し、劣悪な労働条件下で労働を強制する漁船が多数存在することが明らかになった。

これを受けタイ・ユニオンは2015年に「SeaChange」という持続可能性戦略を導入し、ビジネス戦略の中核に「持続可能性」を位置付け、事業との関わりがある社会課題解決に着手した。各製品のトレーサビリティを漁船若しくは養殖池から確保し、サプライヤーの業務・行動・労働条件を監視できるようにするとともに多様なNGOなどとの協働を進めた。

①　人権NGO「Issara Institute」とのパートナーシップ

2016年５つの施設と３つの漁港でIssara「Inclusive Labour Monitoring（ILM）」のテスト導入。2017年Issara ILMが全ての施設・漁港で利用可能となりサプライチェーンへの展開を開始

② 環境NGOのWWFと協働型のパートナーシップを結び、サプライチェーンを中心に多面的な支援を得て、持続可能なツナ漁業の実現にむけた協働を開始

③ 環境NGOのグリーンピースとの対話を通じて「持続可能なツナ缶製造に向けたアクションプラン」を発表。年間予算75万ドルを投入。

④ ネスレ及び人権NGOのVeriteとのパートナーシップで人権に配慮し、労働基準を満たす漁船の標準モデルの設計を支援

⑤ 移民労働者権利ネットワーク（Migrant Worker Rights Network）
移民労働者との対話を行うソーシャル・ダイアログの開発で協働

⑥ 労働保護ネットワーク（Labor Protection Network）
移民労働者の人権保護とタイ社会に溶け込むための支援

⑦ 運輸労働者連盟（The International Transport Workers Federation）
漁業コミュニティの漁師を対象にエンパワーメントを支援

⑵ CPフーズ

CPフーズはタイの大手財閥チャロン・ポカパン（CP）グループ傘下の食品最大手企業である。

2019年に実施した人権デュー・ディリジェンスでは、重大な人権リスクを特定し、その結果を「CPF Human Rights Due Diligence（2019）」で詳細に報告している。これらの人権リスクに対応するため、「奴隷および人身売買に関する声明（2018-2019）」を公表し、「持続可能な調達方針およびサプライヤー指導原則」に基づくコミュニケーションを通じて、サプライチェーンにおける強制労働の根絶と移民労働者の公正な扱いの促進に取り組んでいる。具体的には、ビジネスパートナーに人権に関するトレーニングを提供すると共に（2018年度は計733名の移民労働者と330名のタイの労働者に実施）、重要サプライヤーについては持続可能性に関する自己評価の実施を奨励した。また、重要サプライヤーに持続可能性監査を行うことで、責任ある調達元から重要な農産原料を調達することに取り組んでいる。

ア　Thai Sustainable Fisheries Roundtable（TSFR）

持続可能なタイ漁業・水産加工業の実現に向けて、2013年からTSFRの活動を支援

イ　Seafood Task Force

2014年7月、CPFとコストコがエビの持続可能なサプライチェーンタスクフォースを設立。2016年10月にSeafood Task Forceに改名し、現在に至る。現在、コストコ、ウォルマート、マース、CPF、タイ・ユニオン、WWF、MSCなど47団体が加盟。

ウ　The Fishermen Life Enhancement Center（FLEC）

マルチステークホルダーイニシアティブのFLECに参画し、労働者の権利と責任に関するトレーニングを提供。

エ　Labour Protection Network（LPN）

中立的組織であるLPNに労働者が通報・相談できる“The Labour Voices Hotline”を導入。

その他Seafood Business for Ocean Stewardship（SeaBOS）やGlobal Sustainable Seafood Initiative（GSSI）などに参画。

4　グローバル企業の動き

⑴　ネスレ

ネスレは、タイのマグロやエビなどの魚介類の原料を、食料品やペットケア製品として調達している。タイ水産業のサプライチェーンにおいて人身取引や奴隷労働などの人権問題の存在がメディア報道等で明らかとなったことで、国際人権NGOのVerite、タイ人権NGOのIssara、タイ政府、シーフード・タスクフォース、タイ・ユニオンなどのタイの水産サプライヤーと協力し、サプライチェーンから強制労働を排除し、責任ある労働慣行を確保するための取組みを開始した。

①　タイ水産業の労働者の人権状況についての調査をVeriteに依頼し、

違法労働の撲滅にむけたアクションプラン「Responsible Sourcing of Seafood-Thailand Action plan 2015-2016」を策定し、問題のある漁船からの調達を排除する取組みを開始。

② グリーンピース等からの抗議活動を受け、自社のサプライチェーンで洋上転載を禁止することをマース社と共に宣言。

③ Veriteが移民労働者の送出国（カンボジア）で渡航前に実施するトレーニング（移民先の国の国情、労働関連法令や権利、賃金、契約等に関する知識の習得）の開発に資金を提供。

④ Verite、東南アジア漁業開発センター（SEAFDEC）、Stella Maris Seafarer's Centerと協力し、船舶所有者、船長、労働者に対して安全な生活と労働条件、責任ある募集などに関するトレーニングを提供。

⑤ タイ外務省、東南アジア漁業開発センター、タイ漁業局の支援を受けて、タイ・ユニオンとVeriteとのパートナーシップで、労働者の人権に配慮し、適正労働基準を満たすための漁船の標準的モデルの設計を支援。

⑥ Issaraと提携し、「Inclusive Labour Monitoring（ILM）」を導入。サプライチェーンの35,000人以上の労働者に24時間相談・通報できるヘルプラインやスマートフォンアプリ「Golden Dreams」の提供。

⑵ マース

米国企業のマースは、80以上の国と地域で、ペットフード・菓子等の食品事業を営む。

人権では、Veriteとグローバルな戦略的パートナーシップを結び、サプライチェーンの取組み全体の指導・サポートを得て、2018年段階で32カ国130の製造拠点の93％で、人権デュー・ディリジェンスを実施し、基準を満たせなかった3つの人材派遣会社との契約を解除している。

水産分野では、キャットフードの原料の魚をタイから調達しており、複雑な人権問題に対処するため、2016年に「Thai Fish Human Rights

Action Plan」を策定した。

第１フェーズでは、「トレーサビリティの向上」「サプライチェーンの労働実態の把握」「サプライチェーンと水産セクター全体の信頼関係の構築」に重点を置き取組みを進めた。まずタイ水産物のサプライチェーンをマッピングし、一次サプライヤーに対して①人権・労働トレーニング、②人権マネジメントシステムを設計するための人権リスク評価を行った。

また、ほとんどの一次サプライヤーの労働者に対してIssaraが提供する包括的労働モニタリング（ILM）の多言語ホットラインとオンラインアプリケーションを利用できるようにした。これにより、労働者から寄せられた声や調査結果をサプライヤーと共有し、労働者から提起された問題の解決を促進している。

5　業界団体の取組み

水産業の移民労働者の人権問題は鶏肉産業にも波及し、養鶏場での劣悪な労働環境を訴えた移民労働者が一方的に解雇された事件が発生し、NGOからのキャンペーンを受けEUへの輸出に影響が出ていた。その問題に対する業界団体の取組みを紹介する。

タイブロイラー加工輸出業者協会（Thai Broiler Processing Exporters Association）は1991年に設立され、多数のタイの鶏肉生産者と輸出業者のための規制及びサービス機関として機能している。協会のメンバー全員が、鶏肉産業で数十年の実績を持つタイの大手生産者及び輸出業者となっている。協会は、日本、シンガポール、香港、韓国、中東諸国、EU諸国、南アフリカなどを含む世界中の顧客へ鶏肉製品の供給者としてよく知られている。

NGOから指摘を受けた際は、畜産農家が労働法に関する知識が欠如していたために違反を犯してしまったとの認識の下、畜産農家に対して法律に関する知識を教える必要性があると判断した。その上でGood Labour

Practice（GLP）を策定して、畜産農家への情報提供と研修をタイ国労働保護・福祉局及びタイ国畜産振興局と協働で実施した。

会員企業との移民労働者に関する覚書では、会員傘下の畜産農家が違法な行為を行っているところがあれば、鶏肉の購入を行わないとの内容を取り交わしている。

業界には6,000もの畜産農家があり、内容を徹底するために、まず各会員企業の担当者への研修を実施し、畜産農家への教育者を養成し、会員企業がそれぞれのサプライチェーンで連なる各畜産農家を訪問して、１年間で業界の末端まで周知することができた。

６　企業と連携するＮＧＯの取組み

Issara Institute

Issara Instituteは、労働搾取、強制労働、人身売買の防止を目的に2014年９月、米国の人権NGO Humanity United をベースに国連機関、米国国務省、民間部門、市民社会など多様なキャリアを持つ専門家チームにより設立された独立した非営利組織である。2014年６月に発覚した水産業における危機的な人権侵害に対し、個社の調達レバレッジだけでは問題の本質的な解決に繋がらないとして、英国と米国の10のグローバルブランド（ASDA、M&S、Tesco、The Co-operative Food、Sainsbeury's、Waitrose、CP Foods UK等）も設立に参画し、マルチステークホルダー・プラットフォームを組織して、移民労働者の強制労働問題に取組んでいくことになった。その後ネスレなど22ブランド以上に拡大している。

ア　Issaraの労働搾取、強制労働、人身売買防止への３つのアプローチ

以下の行動変容を起こすようステークホルダーへのアプローチを設計：

①　労働者（人権侵害を受ける側）の声の吸上げとエンパワーメント

労働者に法令や労働者が持つ権利について伝え、権利意識にめざめさせ、知識を得た労働者が労働搾取・人権問題を積極的に通報・相談できる状況を生み出すことで、人権侵害を防止。

②　サプライチェーン（人権侵害を行う側）の変革

雇用する企業の採用担当者と雇用主は人権侵害の発生防止にむけた仕組みを整備（搾取・人権侵害の防止）。

③　サプライチェーン（人権侵害を止める側）の変革

川下のブランド企業や政府は、自身の責任と影響力の範囲で、労働搾取と人身売買の停止に向けて積極的に影響力を行使。⇒サプライチェーンにおける労働・人権リスクの一掃。

イ　Issara's Inclusive Labour Monitoring（ILM）

Issaraのアプローチの中核にあるのが「包摂的労働モニタリング」の仕組みである。

○包摂的労働モニタリングは、専用ホットラインやスマホ・アプリ（名称：Golden Dreams）を活用して労働者と直接つながり、24時間無料で第三者であるIssaraに相談・通報することができる窓口を提供し、実際の出来事を総合的に把握し、人権侵害リスクが存在する領域を特定する。

○労働者にとって重要な情報提供や、労働者同士で相談し学べる機能を提供し、彼らをエンパワーメントする。

○渡航前の段階から渡航先の国の情報を知ることで、人身売買や労働搾取などのリスクから自身を守ることが可能となる。

ウ　スマホアプリ「Golden Dreams」で提供される機能（出身国の言語で提供する）

①移民労働者に関連する権利、政策、法律に関する最新ニュース
②雇用者、人材派遣会社、病院、NGOなどに関する情報
③ユーザーが雇用主、採用担当者、サービスプロバイダーについての意見や評価を交換できるレビュー・評価機能
④移民労働者が世界中の他の同胞人と意見を交わし、学べる機能
⑤Facebookによる簡単で安全な登録、または安全なユーザーIDとパスワードの作成

⑥文化、スポーツ、出身国の有名人などの最新情報
⑦24時間利用可能な無料のヘルプラインかプライベートメッセージを介した通報・相談システム

エ　包摂的労働モニタリングによるメリット

労働環境のモニタリングで行われる“監査”は、その時の瞬間的情報であり、重大な人権問題を見逃す可能性もあるが、Issaraの包摂的労働モニタリングはサプライチェーン全体を継続的にリアルタイムでモニタリングすることができるため、パートナー企業のサプライチェーンに関するより効果的なデュー・ディリジェンスを担うことができる。

さらに労働者から寄せられた膨大な声をデータ分析することで、サプライヤー企業の労働環境を評価し、課題を可視化することで、労働環境や採用プロセスの改善などに働きかけ、サプライチェーン全体の労働慣行や業務システムの改善に貢献することができるとしている。

複雑で多層にわたるサプライチェーンを、監査を中心としたデュー・ディリジェンスで行おうとすれば、非常に多くのコストと時間がかかる。しかし、このモニタリングシステムを使えば、低コストで質の高いデュー・ディリジェンスを、幅広いサプライヤーで継続的に行うことが可能となり、サプライチェーンで起こる人権侵害の潜在的リスクを可視化し、人身売買や強制労働などを含めた人権問題の発生を防止・軽減・救済することができるだけでなく、サプライチェーン全体の労働慣行や業務システムの改善、労働者のエンパワーメントも実現することができる。

オ　Issara Institute Ethical Recruitment Program

「倫理的採用プログラム」では、倫理的採用プロセスの普及に向けIOM（国際移住機関）などと連携しながら、ミャンマーなど送出国に拠点を設け、移住希望者への情報提供・教育やGolden Dreamへの登録を行うことで、人身売買・労働搾取を未然に防止する取組みを強化している。

さらに、人材募集を行う企業や人材紹介業者は、従来、労働者（就職希望者）から採用に関わる費用を徴収していたが、これが債務労働として人権侵害につながる大きな要因となっていた。このことを踏まえ、近年では「Ethical Recruitment（倫理的な採用）」というコンセプトの下、「the ‘Employer Pays’ Principle（雇用者支払い原則：雇用者が雇用に関わる費用を負担する原則）」を広げる動きが急速に広がっており、IssaraもIHRB’s Leadership Group for Responsible Recruitment やthe Consumer Goods Forumなどと共に、自社のモニタリングサービスの中で同原則の推進を図っており、普及に向けた課題について報告している。

カ　Issara Instituteのインパクト

このような活動の結果Issara Instituteの事業規模は2019年現在

①　Facebookフォロワー数……20万人

②　包括的労働監視システム（Worker Voice Channels）の移民労働者数……15万人以上

③　「Golden Dreams」登録ユーザー……１万５千人以上

包摂的労働モニタリングの成果として

④　Worker Voice Channelsでの通報・相談件数は８万５千件／年　６千件以上／月

⑤　パートナー企業等との連携で、労働環境が改善した労働者数は約２万人／５年間

などの成果を生み出している。

既に2018年７月の国連SDGサミットのハイレベル・ポリティカル・フォーラムでWBCSDと人権NGOのShiftから発表された人権への取組みに関する報告書「The Human Rights Opportunity」でIssara Instituteが優れた取組みとして紹介されている。

Issaraは、水産業からスタートしたが、その後ペットケア、農業、家禽、衣類、靴、最近ではエレクトロニクス業界等移民労働者の問題を抱える業界に急速に活動領域を拡大している。それはILMシステムが労働者の信頼を得て機能するとともに企業にとっても人権侵害を予防するデューディリジェンスの実効性を高めるモニタリングツールとして評価されている結果である。

7　まとめ

2020年10月日本政府は「ビジネスと人権に関する行動計画」を発表した。その中で企業に人権デュー・ディリジェンスのプロセス導入と苦情処理メカニズムの設置を期待した。更に欧州の法制化や米国の人権外交によって人権がビジネスリスクに直結してきていることを感じるようになってきた。既に国連指導原則の採択から10年を経ているが、当初より欧米から遅れをとった日本企業は、その差を埋められずESG評価機関からの厳しいレーティングで苦闘しているようにも見られる。

東南アジアの事例は、危機的な人権リスクに主要な輸出産業が晒されたため、国を挙げて急速な対応をせざるを得なかったところが大きいが、その手法は、従来の日本企業の発想ではなし得ないものであった。政府の規制による強制的な変化も大きな要素ではあったが、企業単独ではなし得ない取組みを業界団体や多国籍企業との連携、そして企業を支援しながら社会課題の解決を図るNGOとのプラットフォームが、マルチステークホルダーを束ねていくことで、効率的に取組みながら大きな効果を生み出す仕掛けになっている。またそれを支えるIT技術を使った低コストで労働者の声を聞く仕組みの構築など、従来見えなかった社会課題の見える化ができることで、問題の早期発見、早期解決に繋がるソリューションの提供など無理と思われていたことを可能にしている。人権問題のような人に絡む複雑な社会課題は、従来のように個社の力で何とかやっていく時代ではなくなった。こうした海外の先行事例を参考に日本企業の強みを生かしながら新たな枠組みによる様々なアプローチに取り組んでみることが今の日本企業に求められていることではないだろうか。

第６節　外国人材受入れの展望・「選ばれる国に向けて」

1　2030/40 年の外国人労働者の受入れのシミュレーション

⑴　我が国の人口減少

我が国の人口減少は著しく、厚生労働省「『外国人雇用状況』の届出状況まとめ」によれば、外国人労働者の数は、2010 年時点で 65 万人であったが、2020 年には 172 万人と、この 10 年間で、2.6 倍に増加している。

日本の将来推計人口（平成 29 年推計、国立社会保障・人口問題研究所）によれば、出生中位推計の場合、生産労働人口は 2020 年の 7,341 万人から 2030 年には 6,773 万人（▲ 568 万人）、2040 年には 5,787 万人（▲ 1,554 万人）

図１　我が国の将来推計人口

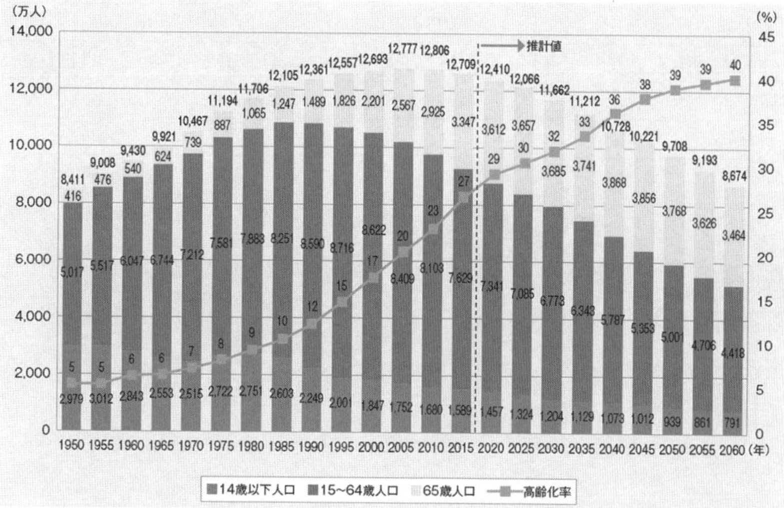

出典：月間「事業構想」2019年１月号／2020年以降は国立社会保障・人口問題研究所「日本の将来推計人口（平成24年１月推計）」（出生中位・死亡中位推計）

になると予測されている。2020年に発生したコロナ禍により、更に出生率が低下しているとされている。

⑵　中長期的な課題

前述の「2030/40年の外国人との共生社会の実現に向けて」の調査報告（以下、「JICA調査研究」）によれば、今後、GDPの伸びを年率1.24％、資本ストック増加を過去30年間で最大値であった2000年代半ばの増加率が2040年まで継続したと仮定し、必要な労働力を算出し、我が国の労働生産人口から差し引いて「外国人労働者の需要数」を算出した。他方、労働者を送り出している国（調査ではアジア13か国）の人口動態や経済成長率から推定した出移民率及び現時点での外国人労働者の平均滞在年数から「外国人労働者供給ポテンシャル」を算出した。その結果が、下表のとおりである。

表１　2030/40年の外国人労働者受入れシミュレーション

	2020年	2030年	2040年
国内総生産（GDP）	525兆円		704兆円
外国人労働者需要	172万人	419万人	674万人
同　供給ポテンシャル		356万人	632万人
人材過不足		▲63万人	▲42万人

出典：JICA調査研究報告書（2022）

上記シミュレーションは、需要予測において、資本ストックの伸び（自動化進展）を近年最大と仮定した上、供給予測においては、中国・韓国他近隣国との競合について考慮に入れていないこと、また労働者の階層（高度人材、技能レベル）の区分が出来ていないことから、実際にはより深刻な人材不足が生じる可能性も高いと思われる。

2　外国人労働者の受入れ上の課題

⑴　現状の課題

『令和2年度 在留外国人に対する基礎調査の概要』（出入国管理庁、2021年）によれば、滞在1年以上の外国人に対するアンケート調査の結果、生活環境全般の満足度は、「満足している」及び「どちらかと言えば満足している」の合計が約8割程度とされている。その一方で、技能実習生については、2016年からの過去5年間で、合計3万5,000人、割合にして1.7％もの失踪者が出ており、その原因として、「賃金等の不払いなど、実習実施者側の不適正な取扱い」や「入国時に支払った費用の回収等、実習生側の経済的な事情」などが指摘されている（出入国在留管理庁、2021年）。特に2020年に発生したコロナ禍において、雇止めや帰国困難になったという事例も数多く報道されている。在日ベトナム大使館への聞き取り調査では、2020年12月の時点で、2万人以上のベトナム人が本邦から帰国困難となっており、困窮者も多いとのことであった。こうしたニュースは、技能実習生の送出国においてもニュースとして流れている他、SNSでの発信もされており、日本での労働環境などについてネガティブな印象が拡散している。

これまで多くの外国人労働者を送り出してきた中国、ベトナムなど多くの国において、経済成長による雇用機会の拡大や賃金の上昇、少子化などから、現地送出し機関においても、日本に行く人材の確保が年々困難になっているとされている（責任ある外国人労働者受入れプラットフォーム「技能実習生・手数料研究会」のプレゼンより）。

このような状況が続けば、日本を目指す若者が減少し、我が国が必要とする労働力をうることが出来なくなるとの認識が高まっている。

⑵　中長期的な課題

前述「JICA調査研究」においては、2040年までのシミュレーション結果や国内の現状調査、有識者会合などでの議論から、以下のような４つの問題が提起された。一点目は、日本の経済成長のための外国人労働者受入の必要性（2040 年に 674 万人が必要との推計）があること、二点目に、アジアの主要送出国において経済成長・少子化の進展による労働者不足・獲得競争が激化すること、３点目に、現状でも日本の地方の人手不足は深刻であり、外国人抜きでは地方の社会・経済が成り立たないこと、４点目には、国際社会の『ビジネスと人権』への関心が高まり、日本も取組み強化が必要であることなどが指摘された。

こうした問題を解決し、「日本人も外国人も夢を持って、安心して活躍できる豊かな共生社会の実現」を目指していくためには、８つの取組み課題が必要だと結論付けており、今後様々な場での議論に供するため公開している。

図２　2030/40 年の外国人との共生社会実現に向けた６つの課題

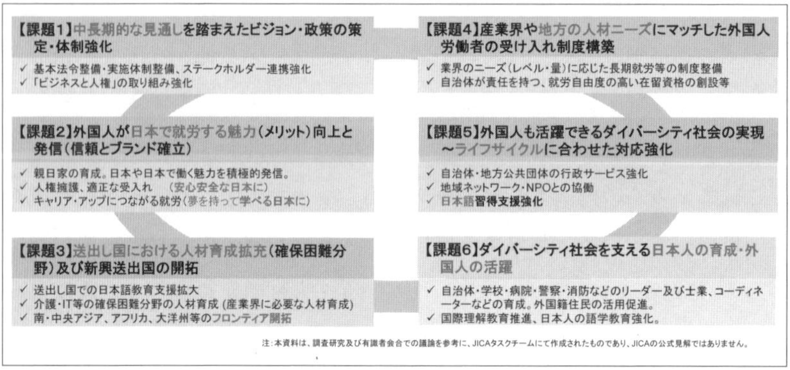

特に特徴的な点としては、今後、日本が必要とする人材を確保するためには、適正な受入れによる日本への信頼確保、キャリア・アップ等来日するメリット向上などの取組みが必要であること、また新たなフロンティアの開拓などが必要であることなどが課題として提起されている。

3　「選ばれる国」に向けた取組み

(1)　政府による取組み

政府は、2016年、特に課題が指摘されている技能実習制度の適正化及び技能実習生の保護のために、「外国人の技能実習の適正な実施及び技能実習生の保護に関する法律」を制定し、技能実習機構を設立するとともに、監理団体に対する指導監督を強化し、技能実習生の労働・生活環境の適正化に取り組んでいる。

さらに、2018年7月には、外国人材の適正・円滑な受入れの促進に向けた取組みとともに、外国人との共生社会の実現に向けた環境整備を推進するため、「外国人材の受入れ・共生に関する関係閣僚会議」を立ち上げるとともに、同年12月には、「外国人材の受入れ・共生のための総合的対応策」を策定し、各省庁が行っている施策の調整及び強化を図ることとしている。

2019年4月には、「出入国在留管理庁」が設置され、外国人の出入国及び在留の公正な管理に関する施策を総合的に推進する組織体制が整備された。また、在留外国人の活躍の支援を行う組織が連携して、「外国人在留支援センター」（FRESC）が設置され、外国人からの母国語相談や地方公共団体、外国人の雇用を検討している企業等の支援を進めている。

(2)　独立行政法人国際協力機構（JICA）の取組み

現在のJICAの前身である、国際協力事業団は、1974年に海外技術協力事業団と海外移住事業団が統合して設立された経緯があり、戦後の移住事業を担っており、1994年までに、約7万3000人を中南米等に送出するとともに、現地での定着や医療、教育（日本語）、農業などの日系人支援の事業を担っており、各国において日系人の定着及び活躍を支えている。

我が国における経済成長による人手不足の背景もあり、1990年の入管法改正により、日系人に対する在留資格が緩和され、我が国に「出稼ぎ」として来日する日系人が急増した。JICAは、三世、四世と世代交代が進む日系社会において、日本語教育などを実施しており、来日する日系人の側面支援を行っている。

上記、日系人の取組みに加えて、JICAは、2019年から、外国人労働者の受入れに資する事業を強化する方針を打ち出し、2020年７月改訂の「外国人材の受入れ・共生のための総合的対応策」において、初めてJICAの取組み４項目が記載され、2021年の改訂においても、追記された。

表２　「外国人材の受入れ・共生のための総合的対応策」（2021年６月）

(JICA関連項目のみ抜粋)

３．ライフステージ・生活シーンに応じた支援（地域における多文化共生の取組）

○地方公共団体における多文化共生関連業務を円滑に実施することができるよう、JICA海外協力隊経験者等、国際経験の豊かな人材の積極的なリクルートに向けJICAと連携する。また、地方公共団体やNPO等が実施する共生社会の構築に向けた取組を、JICAが全国に配置している国際協力推進員や国内拠点との連携を通じて推進する。さらに、JICAによる研修員の受入事業を通じて、開発途上国の親日外国人材（日系人を含む。）に地方公共団体等での研修機会を提供するとともに、JICAがODAを通じて構築した開発途上国の関係機関とのネットワークを活用し、これら機関と日本の関係機関や外国人支援者間のネットワークを強化する等、多文化共生推進に向けた日本と開発途上国間の学びあいを推進する。《施策番号39》

５．外国人材の円滑な受入れ（人材育成及び制度紹介、悪徳排除・ネットワーク構築、日系人支援）

○ODAにより実施している開発途上国での技能人材・ビジネス人材の育成やボランティア事業等を通じ、送出し機関を補完するための支援、日本の資格認定制度を念頭においた人材育成支援並びに特定技能及び技能実習制度の紹介を実施する。《施策番号144》

○在留外国人の５割以上が開発途上国出身者であることを踏まえ、開発途上国における労働政策を所掌する府省に対する技術協力を通じて、開発途上国の関係機関と日本側関係省庁、地方公共団体、関係団体等との連携を強化するとともに、開発途上国の送出し機関の監督能力向上を図り、適切な受入れ手続を促進する。また、こうした技術協力等を通じて得た知見やネットワークを活用し、地方公共団体や関係団体等が日本国内において進める取組の側面支援を行う。《施策番号156》

○国際協力機構（JICA）が実施する日系社会に対する日本語やビジネスマナー等の講座の開設、カリキュラムやテストの作成、講師派遣等の支援により、「日系四世の更なる受入制度」の活用を促進し、来日した日系人が日本社会に受け入れられやすくするとともに、帰国後の日系人と日本との連携を強化する。《施策番号162》

以下、代表的な取組みを紹介する。

ア　国際協力推進員（外国人材・共生）（施策番号39）

2020年度予算から、新たに地方公共団体やNPOに対して、多文化共生を目的とした国際協力の経験が豊富な人材が配置されており、各地域のニーズに合わせた連携活動を推進している。

図3　JICAとの連携による地方公共団体やNPO等の共生社会の構築に向けた取組の推進

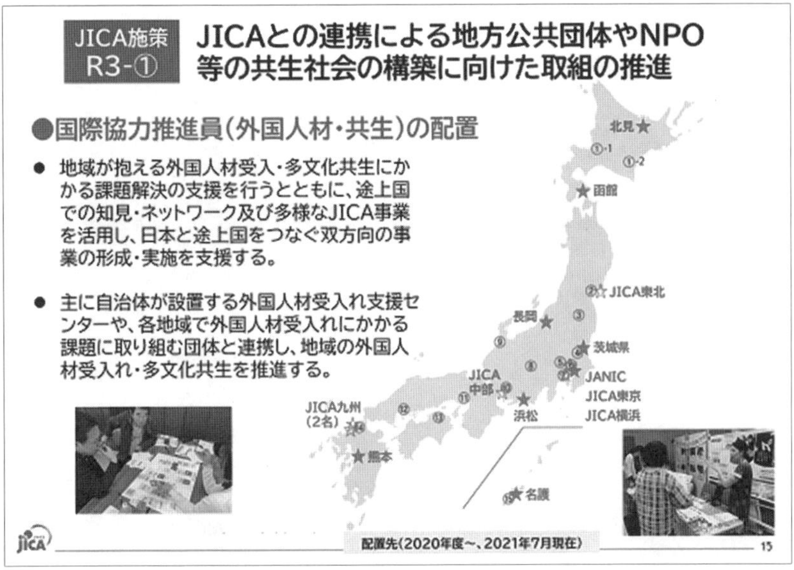

イ　自治体･大学･民間企業との連携によるIT人材の確保（施策番号144）

先行優良事例として、宮崎とバングラデシュの連携によるIT人材の確保事業を紹介する。本事業では、宮崎市・宮崎大学や先進的な企業が連携して取り組むことにより、海外の高度人材を受け入れた経験が少ない中小のIT企業が、バングラデシュの人材を受入れることが出来た。中小企業経営者によれば、「バングラデシュのIT人材は基礎能力が高く、日本語の習得も早い。」として、将来的には幹部人材に登用することを検討しているという。

図４　バングラデシュICT人材育成プログラム（宮崎・バングラデシュモデル）

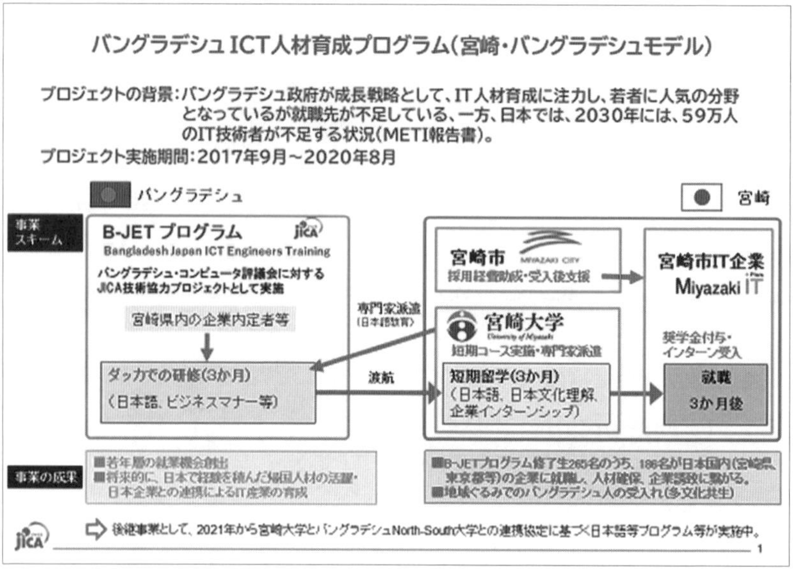

次の事例は農業分野であるが、帰国した技能実習生が、日本で学んだ生産技術を活かし、付加価値の高い農産品を生産し、所得の向上を目指すものであり、技能実習制度の本来の在り方に近いモデルといえる。農業の場合は、生産技術もさることながら、マーケティングや集団出荷（産地形成）が重要であり、香川県の監理団体の投資により、現地農業生産法人が設立された。農業プロジェクトとしての評価を行うには時期尚早であるが、本プロジェクトが報道された後から、技能実習の希望者が大幅に増えたとの事であり、今後、途上国から「選ばれる日本」となるための示唆に富んだ取組みといえる。

図５　農業分野における帰国人材の活躍（香川＝ラオスモデル）

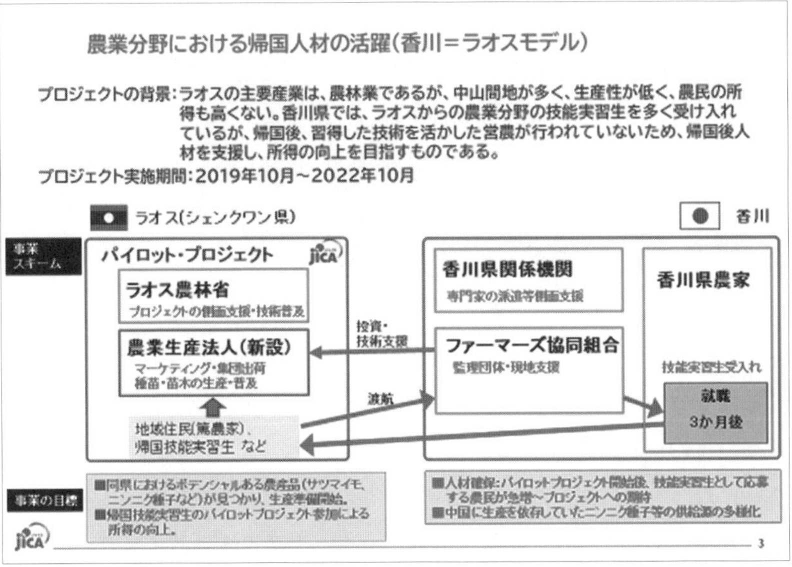

ウ　開発途上国の労働政策を所掌する府省に対する技術協力（施策番号144）

技能実習制度において来日する人材が、国によっては、高額な借金を負って来日することが報道されており、「外国人材の受入れ・共生のための総合的対応策」においても、「来日しようとする外国人から保証金や違約金を徴収する等の悪質な仲介事業者（ブローカー）等の介在を防止するための措置を講ずることが必要」とされている。二国間交渉の結果、送出し機関が技能実習生から徴収する費用（以下、「手数料」という。）の上限を定める、ブローカーの介在の禁止などの送出し国側での諸規則が整備された。しかしながら、各国の海外労働行政を担う部局の監視能力の不足やこうした制度改善が人材のリクルートがなされる地方部に知られていないことから、なお高額な手数料を支払う事例が多いと聞く。

JICAにおいては、各国の海外労働部局の幹部を本邦に招聘し、労働行政の適切な執行や各国の取組みの学びあいなどを目的とした研修を2022年度から実施する予定である。また、特に問題が指摘されているベトナム国においては、海外労働行政の適切な実施のための技術協力プロジェクトについて、2022年から実施すべく、先方政府関係者と協議が続いている。

こうした技能実習生の手数料の問題は、後述のJP-MIRAIにおいても、公開研究会を実施し、課題の分析を行ったが、送出国側のみならず、日本側において、監理団体が送出し機関に渡航費用負担、過度の接待強要やキックバックの受取りなどの問題も指摘されており、日本側でも不正・腐敗防止に向けて取り組む必要があるとの結論に至った。

⑶　責任ある外国人労働者受入れプラットフォーム（JP-MIRAI）

前述のとおり、外国人材について政府の取組みが進む一方、2020年にはオリパラの東京開催が予定されていた（その後、2021年に延期・開催）ことから、民間企業の間でも、外国人労働者の人権問題について、様々な取組みが行われていた。（一社）ザ・グローバル・アライアンス・フォー・サステイナブル・サプライチェーン（ASSC）は、2020年３月に、大手民間企業の賛同を得て、「外国人労働者の責任ある受入れに関する東京宣言2020」を発表した。

2020年６月より、同宣言を主導したASSCや賛同した民間企業、有識者等とJICAが話し合いを続け、民間企業のみならず、関係省庁や自治体、監理団体、人材派遣会社など外国人労働者の適正な受入れに賛同する、より多くのステークホルダーが参加するプラットフォームを構築し、日本国内に適正な受入れを呼び掛けていくとともに、個別の団体・企業では取組みが困難な課題について取り組む方向で意見が一致し、関係省庁や関係機関との意見交換や準備が進められた。

こうして、2020年11月に、51団体・個人の賛同者を得て、「責任ある外国人労働者受入れプラットフォーム」（JP-MIRAI）が設立された。

表３　JP-MIRAIの目標及び行動原則

JP-MIRAIの目標（私たちの目指す社会）

SDGsの目標年限である2030年に向けて、国際水準を満たす『プラットフォーム行動原則』に賛同・実践する企業や団体の皆様ともに、雇用主や受け入れ団体が法令順守をはじめとした外国人労働者の責任を持った安定的な受入れを行うことにより外国人労働者の労働・生活環境を改善し、それによって豊かで持続的な社会が生まれ、「世界の労働者から信頼され選ばれる・日本」となることを目指します。

JP-MIRAIの行動原則

私たち、本プラットフォームの会員は、省庁、自治体、関係機関や市民社会、有識者並びに国際機関を含むすべてのステークホルダーと協力し、「私たちが目指す社会」の実現に向け、次のように行動します。

１．私たちは、外国人労働者の受入れに当たり、関係法令を遵守します。

２．私たちは、外国人労働者の人権を尊重し労働環境・生活環境を把握し、課題の解決に努めます。

３．私たちは、働く場と生活の場の両方で、外国人労働者との相互理解を深め、信頼関係を醸成します。

４．私たちは、日本及び国際社会の発展と安定に貢献するため、外国人労働者の能力開発に尽力します。

５．私たちは、プラットフォームの取り組みを日本国内及び世界に発信していきます。

なお、上記の行動は、私たちの企業・団体自身の取り組みのみならず、サプライチェーンや関係する企業・団体にも積極的に働きかけることとします。

JP-MIRAIの設立は、メディアでも大きく取り上げられ、様々な立場の方々が会員として登録され、2022年２月末現在で、385団体・個人にまで増加している。JP-MIRAIの主な活動は、以下のとおりである。

表４　JP-MIRAIの活動（2021年12月改定）

１．外国人労働者への情報提供・現状把握

１－１．JP-MIRAIポータルサイト（アプリ）業務

１－２．外国人労働者の現状分析及び関連業務

２．外国人労働者の相談・救済窓口

２－１．JP-MIRAI相談救済窓口業務

２－２．相談関係団体ネットワーク業務

２－３．外国人労働者ADRセンター業務

３．企業・団体の取り組みの支援
　３－１．外国人労働者の受入れに関わる調査研究業務
　３－２．会員の取り組みの促進・支援業務
　３－３．企業の人権DD・苦情処理メカニズム構築支援業務
　３－４．研修・勉強会等業務
４．会員間の協力
　４－１．外国人労働者に対する緊急支援
　４－２．将来の人材確保に向けた取り組み
５．国内・海外への発信
　５－１．地域イベント支援と国内メディアへの露出拡大
　５－２．国際社会への発信
　５－３．JP-MIRAIの活動を共有するコミュニケーションツールの制作
　５－４．次世代育成　～JP-MIRAI Youth

以下主要な取組みについて、紹介する。

ア　JP-MIRAIポータルサイト（アプリ）業務

外国人労働者が抱える問題の原因を突き詰めていくと、その一つに情報の非対称性、即ち、外国人労働者に必要な情報が正しく伝わっていないという点が挙げられる。前述の技能実習生の来日前の手数料に関しても、政府の諸規則を分かりやすく伝えるとともに、正しいルートでの参加の呼びかけが必要である。また、外国人には、所掌業務ごとに分かれている各種行政窓口やサービス内容を知ることは至難である。こうした課題を解決するために、2022年３月に「JP-MIRAIポータルサイト（アプリ）」を８言語（当面）において構築し、普及を開始した。

各種民間サービス（外国送金、携帯SIMカード、クレジットカード、住宅など）へのリンクや娯楽情報、外国人労働者の声を聞く機能も備え、順次拡張していく予定である。

図６　JP-MIRAIポータルサイト（アプリ）業務

イ　JP-MIRAI相談・救済窓口業務

前述の「外国人材の受入れ・共生のための総合的対応策」においても、「地方公共団体における一元的相談窓口の設置を促進する方策の検討」《施策番号９》及び「FRESC／フレスクにおける効果的・効率的な外国人の受入れ環境整備のための支援の実施及び地方機関への情報提供《施策番号10》などの取り組みが行われており、技能実習機構（OTIT）も母国語相談を開始するなど、公的な相談窓口の体制は大都市や外国人の集住地域地区を中心に急速に拡充されてきている。その一方で、散住地域などでは、十分な体制が取り得ないことや、公的な窓口においては、複数の機関に跨るような複雑な問題などについて解決までサポートする仕組みがなく、こうした問題の解決は、労働組合やNGOなどが担っている部分も大きい。

JP-MIRAIにおいて、会員企業から、大手企業においては、内部通報制度などがあり、外国人からの各種苦情を受け付けているが、「ビジネスと人権・指導原則」に準拠した、より独立性・中立性の高い救済メカニズムが必要である一方で、専門性やスケールメリットが不足することから、各企業又は業界団体単位での取組みは難しく、JP-MIRAIでの取組みが必要との結論に至った。2021年に実施した「JP-MIRAI相談窓口・救済研究会（公開）」において、人権を守る取組みとして、①ハードルの低い母国語相談による問題の早期発見、②伴走支援による問題の深刻化の防止、③紛争に至った場合、裁判外紛争解決手続（ADR）による中立かつ迅速な解決、④アプリを利用した常時モニタリング、⑤相談や救済の履歴（ビッグデータ）を利用した人権デューデリジェンスへの取組み、⑥自社のみならずサプライチェーンなど関連法人が雇用する外国人労働者にも利用勧奨し、サプライチェーン管理を行うなど、先進的な取組みが議論された。

JP-MIRAIは、こうした新しい仕組みを構築するため、2022年早期に、参加企業の資金提供（委託）による、パイロット事業を開始する予定である。パイロット事業を通じて、より実効性があり、効率的な制度構築を行い、より多くの企業に参加を呼び掛けていく方向である。

また、地方公共団体や個人会員（ボランティアなど）からは、パイロット事業等で蓄積される相談内容のデータベース化やFAQ化により、外国人労働者への対応の質を向上させたいとの要望もあり、関係省庁とも連携の上、合わせて取り組んでいく予定である。また、こうしたパートナーのうち、ご協力いただける方には提携パートナーとして、地方部での伴走支援をお願いする予定である。

図７　JP-MIRAI相談・救済窓口業務

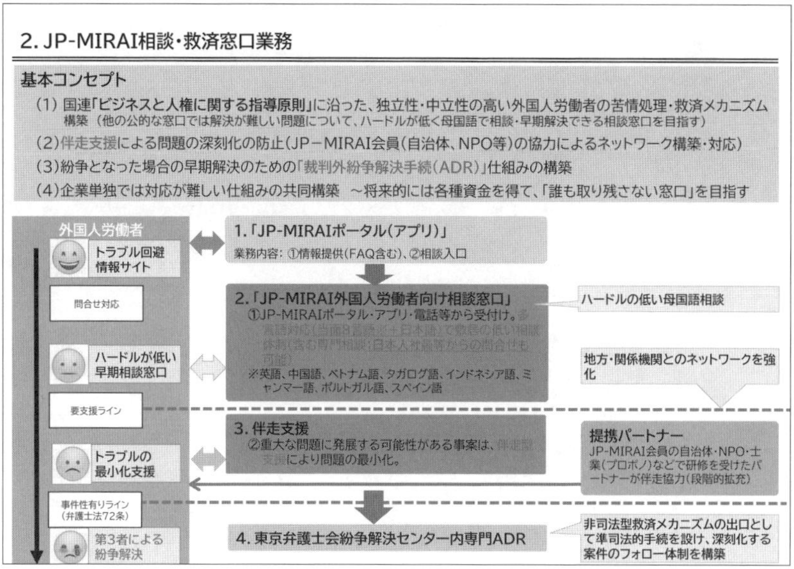

今後の課題としては、大企業及び関連法人以外、特に中小事業者に勤務する外国人労働者は、より脆弱な労働・生活環境にある可能性が高く、「選ばれる日本」に向けて、SDGsの「誰も取り残さない取り組みの実現」というコンセプトに鑑みれば、誰でも上記のような相談窓口が利用できるように、公的な資金やプロボノ資金などで体制を拡大することを目指していく必要がある。

ウ　研究会・勉強会

JP-MIRAIでは、様々な課題について研究会や勉強会を開催している。2021年の研究会の事例では、ベトナム等一部の国では高額とされる技能実習生の訪日前の手数料問題について、国際機関、弁護士、学者、民間企業（雇用主）、監理団体、送出し機関など様々なステークホルダーが登壇し、現状を共有するとともに、解決に向けての課題について、議論を行った。

図８　JP-MIRAI手数料問題研究会プログラムとまとめ

4月27日	『国際社会の動きと日本の労働者受入れ制度・課題』 「移民労働者に関するILO 条約と国際潮流」 田中竜介：ILO駐日事務所プログラムオフィサー／渉外・労働基準専門官 「ベトナムにおける関連法制度・取組み及び本邦の法制度との関係」 杉田昌平：Global HR Strategy代表社員（弁護士） 「斡旋手数料の国際比較と斡旋構造：技能実習制度を中心に」 安里和晃：京都大学大学院文学研究科　社会学専修／国際連携文化越境専攻
5月18日	『民間企業及び送出し機関の取組み』 「ベトナムの送出し機関のリクルートの現状と手数料問題」 宮本勇樹：LACO労働協力有限会社　対外事業部部長 「外国人技能実習制度に係る取組み（外国人技能実習生が支払う手数料の問題を中心として）」 岡本真人：帝人フロンティア株式会社　環境安全・品質保証部
6月 1日	『アジアの労働市場の視点から見た手数料問題』 「アジアの労働市場・移民労働の現状」 是川夕：国立社会保障・人口問題研究所 国際関係部長 「ベトナム送出機関の現状及び、手数料問題について 松本信彦：TSC JAPAN株式会社 取締役、グローバル・ビジネス・アライアンス協同組合（GBA）専務理事
6月15日	『様々なステークホルダーの取り組み』 「送出機関の適切な選定と負担軽減に対する取り組み」 服部説夫：PIRA理事、協同組合FUJI代表理事 「外国人技能実習制度の適正化に向けた取り組み」 林幹雄：在ベトナム日本国大使館一等書記官

まとめ	1. 外国人材を無条件で安定確保できるわけではない 2. 手数料は日本側の問題でもある　・受入企業の利益　・選ばれる国 3. 手数料問題は日本側（受入企業、監理団体）から改善できる ①実態把握、 ②監理団体・送出機関に要望・交渉、③良い監理団体・送出機関を選ぶ 4. 日本政府やJP-MIRAIとも連携した取り組み

出典：JP-MIRAIホームページ

今後予想される定住者増に向けた問題提起として、2022年には、「日系人の受入れの経験に学ぶ」を開催し、日系人の受入れ実務に30年以上関わってこられた方や日系人として来日し、日本でビジネスを成功させた方の講演により、1990年から始まった日系人の受入れにあたり、生じた問題を共有し、今後の取組みの議論に寄与するものとなった。

図９　JP-MIRAI勉強会「日系人の受入れ経験に学ぶ」

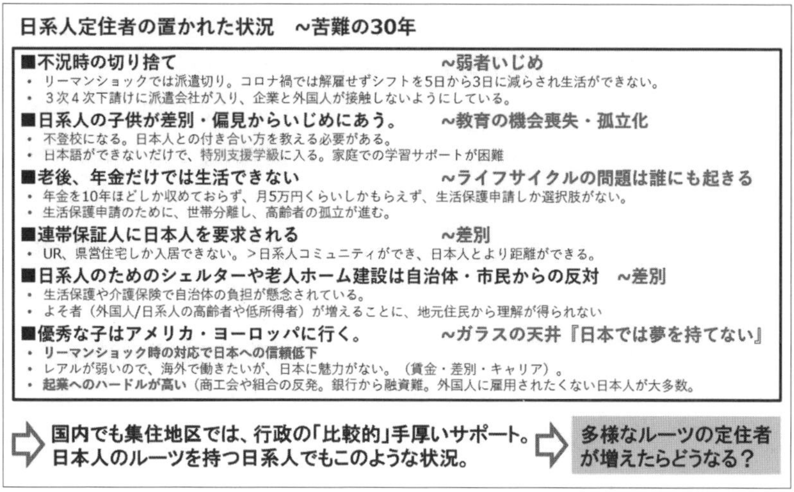

出典：JP-MIRAIホームページ

エ　対外発信

上記のように、国内では研究会や勉強会などの取組みが報道されるなど、JP-MIRAIやその活動の認知度が上がってきたが、日本のステークホルダーが真摯に外国人労働者を巡る課題に取り組んでいる状況を海外にも発信し、正しい評価を受ける必要がある。2021年後半からは、在日米国大使館や在日ドイツ大使館との情報交換を重ね、2022年２月には、研究会に登壇いただいた。同月には、OECD主催の「Forum on Due Diligence in the Garment and Footwear Sector」のサイドイベントでJP-MIRAIの取組みを発信した。今後、さらに国連人権委員会や関連イベントなどで積極的な発信を行っていく予定である。

４　今後に向けて

本節においては、JICA調査研究の結果として、中長期的な外国人労働者の需給予測を明らかにした。これはあくまで、現在入手可能なデータをベースに、一定の条件のもとに算出したものである。経済成長をより高めるために、外国人労働者を受入れ、豊かな共生社会を目指すのか、あるいは経済成長よりも、外国人労働者の受入れを抑制していくのかという「将来の国家」の選択肢については、まさに国民やその代表である国会など様々な場においてファクトやシミュレーションを基に議論されるべきであろう。また、本文中にも記載したが、シミュレーション作業自体もデータ入手可能性や時間の制約から更なる改善の余地があるため、後続研究が望まれる。

また、取組み課題については、いずれも時間を要するものが多い。諸取組みを開始しても具体的な成果が出るまでには、相応の時間を要する。特に人材の送出国との協力により行う取組みなどについてはなおさらである。

コロナ禍により、少子化が加速していること、経済回復のために人手不足が報道される中、取組み課題を喫緊の課題と捉え、取組みに着手することが肝要である。

第2章

主要送出国における法令

第1節　中　国

1　概　要

(1)　中国の労働力の越境の形式

中華圏の人々は、はるか昔の唐代の頃から、国境の概念にとらわれることなく「華僑」として東南アジアなどの様々な国や地域に赴いて交易を行い、その活動範囲を広げていった。

このように主に交易で世界的に知られていた中華圏の人々が「労働力」として大量にほかの国に送り出されるようになったのは清朝末期の動乱の時代であった。その背景には多分に暗い歴史の影がある。

世界史的な視点でみれば産業革命以降19世紀にかけて集約型の工場やプランテーションを営むアメリカやヨーロッパ諸国の植民地において安価な労働力の需要は急速に高まっていった。これを補っていたのがアフリカからの黒人奴隷であった。しかし、奴隷制度が1863年以降歴史の流れとともに次第に廃止されていくにつれて、これに代わる新しい安価な労働力が必要となってきた。折しも1842年にアヘン戦争に敗戦した清国はその後開国を余儀なくされていき、皮肉にも多くの清国人が出国することが法的に可能となった。これにより広東省及び福建省といった南方から多くの清国人、及び中華民国成立後の中国人が、黒人奴隷に代わる安価な労働力として世界各地に送られていった。当時は、自国民が海外で酷使され搾取されることを防ぐ国力も法律制度も、清、そしてその後に成立した中華民国には不足していた。ブローカー結社により国外に二束三文で送り出された中国人労働者は、劣悪な環境下において安価で重労働に従事することを余儀なくされていった。こうした辛い労働を余儀なくされる中国人労働者は、本来インド人労働者などを指すタミル語である「クーリー」という単語に、辛い苦役を示す「苦力」の漢字をあてて称されるようになった。

しかし、中華人民共和国（以下、「中国」という。）成立後は、こうした余剰労働力は海外に送り出されるよりも国内への労働に振り向けられた。こうして「苦力」にあたる人々は次第に姿を消していった。

この稿で紹介する法律の枠組みは、中国が更に改革開放に踏み出して経済的に急速な発展を始めた1990年代に整えられていった制度である。当然この時期には、中国という国は、外交的にも十分な国力を持ち法的な規制を行う能力も有していたため、かつての中国にとっては汚点ともいえる「苦力」の歴史を繰り返さないようかつてのブローカー結社のような中間搾取者を取り締まり、労働者に十分な経済的報酬が残るよう制度設計がされている。

具体的には、労働力を送り出せるのは、法律に従って資格許認可を取得した機関に限られ、こうした機関も後述する関連政府部門を通して、監督がなされる。受入れ先の機関についても送出し側に十分に調査を行う義務を課し、実際に海外に送り出した後も酷使・搾取がないかを監視する枠組みとなっている。

このような中国の労働力の越境・送り出しの形式は多岐にわたるが、その中で主な分類として次の①～③の３種類が挙げられる（概要として次頁の図参照）。

【図１】

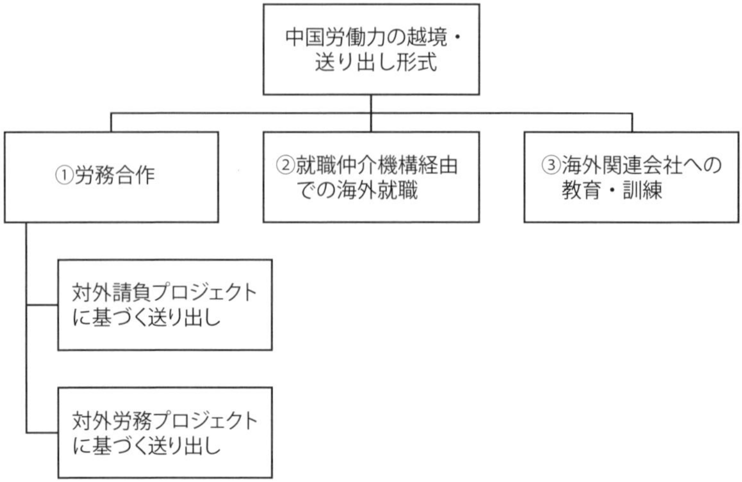

①　まずは国外に対する請負業務を行う会社又は「労務合作」を営む会社が送出機関となり、国外で準備したプロジェクトについて国境を越えて就業させる形式が挙げられる。中国のインフラ輸出政策である一帯一路に基づいてアジア、アフリカ諸国のインフラ工事が次々に実施されているが、こうした国外の建設現場に中国公民を送り出すような「対外請負プロジェクト」に基づくものがこの類型の典型例として挙げられる。この他、今回の調査の対象である技能実習のように、後述の「対外労務合作管理条例」（2012年中華人民共和国国務院令第620号）による「対外労務プロジェクト」に基づく労務人員の送出しの形もある。

ここで以降において主題となる「労務」及び「合作」について簡単に解説しておく。

「合作」とは、複数の主体がともに一つのプロジェクトを行う協業形態を指す。

「労務」については、中国労働関係法では「労働」とは少し異なったニュアンスで使われることが多い。例えば日本の労働基準法、労働契約法にあたる一般的な労働法規の保護の対象となる「労働契約」とは異なる「労務契約」という概念が中国では存在する。「労務契約」は、外国会社との直接の契約、定年後の日本でいう嘱託契約に近い契約などが典型的な例として挙げられる。

この仕組みにおいて中国の関係法が「対外労働合作」との用語を使用せず「対外労務合作」という表現をしている理由としては、中国国内で雇用主と労働者との２者間で締結される労働契約と異なり、後述する送り出し機関と海外雇用主との契約に基づいて、労働者が労働力を提供する形式であるためと推察される。

②　近年増加しているのは、国外への就職仲介機構が国外での就職先を紹介して直接国外の会社などに就職させる形である。IT、法律といった高度な専門知識を有する中国公民が直接中国で設立した国外就職仲介機構の紹介を受けて、海外の企業に就職先を決めて転職するような場合が典型例として挙げられる。このように①のような送り出し機関を通さず仲介会社の紹介した海外の会社などに直接就職する例は増えている。海外での就職を仲介する会社の資格などについては、「国外就業仲介管理規定」(2002年労働及び社会保障部、公安部、国家工商行政管理総局令第15号)に基づいた管理がされることになる。

③　もう一つは、中国の会社の海外の関連会社への研修又は訓練などの形式である。例えば日系企業の中国における関連会社から日本の本社に技術習得のために一時的に出向して就業する、又は日本へ進出する中国企業が、日本の拠点へ人員を送り出すなどの例が挙げられる。①②と比較すると数は多くはないようである。

中国国内の①の類型によって実際に国外に送り出されている規模は、2021年１－８月に新たに派遣された人数の合計は21万人で同年同期から2.7万人増えている。このうちインフラ工事などの「対外請負工程」に基づき送り出した人員が8.7万人で、「対外労務合作」に基づいて送り出された人員は12.3万人である[1]（国外の労務人員の合計はこの時点で60.3万人）。

①のうち「対外労務合作」については、商務部の対外投資及び経済合作司[2]が国外に対する請負業務を行う会社又は労務合作経営会社を管理監督してこの「対外労務合作」の仕組みを維持している。この「労務合作経営会社」が、日本の技能実習制度でいう「送出機関」にあたる。

なお、「商務部」とは日本の経済産業省にあたる経済産業にかかる分野を管轄する政府機関であり、この稿の主題となる「対外労務合作」についての主管部門である。そして後述の「対外労務合作経営資格」の申請承認業務は、商務部の監督管理の下で、省又は市レベルの地方政府の「商務主管部門」が本地区における具体的な承認業務を行う形になっている[3]。

なお、「商務主管部門」とは、「商務部」が中央政府に設置された経済産業にかかる分野を管轄する政府機関であるのに対して、地方政府における省、省級市、市、県などの級別の地方政府ごとにそれぞれ経済産業にかかる分野を管轄する機関である「商務局」、「商務庁」などの総称である。ただし、文脈によっては商務部と地方政府の上述の機関を合わせて「商務主管部門」と呼称している法律法規もあるのでご留意いただきたい。

②については、人力資源管理及び社会保障部門（旧労働及び社会保障部、いわゆる「労働部」）が審査認可をする国外就業仲介機構が関する仕組みとなる。この仕組みについては、最後の10においてまとめて紹介を行う予定である。

①と②との相違点としては、①は送り出される労働者の個別の特性は余り重視しておらず、プロジェクトや受入れ先の業務に応じて、送出機関が人を募集してくるが、②は仲介機関を通して個別に労働者の職歴や学歴に基づいて労働契約を締結するという点が相違点として挙げられる。

1　商務部
〈http://fec.mofcom.gov.cn/article/tjsj/ydjm/lwhz/202109/20210903201586.shtml〉

2　商務部対外投資及び経済合作司〈http://hzs.mofcom.gov.cn/〉

3　「対外労務合作経営資格管理に関連する業務に関する商務部レター」商务部关于对外劳务合作经营资格管理有关工作的函（商合函〔2012〕644号）

なお、①についての仕組みは先述のとおり「対外労務合作」と呼ばれるが、後記の「対外労務合作管理条例」は「対外労務合作」について、「労務人員を組織してほかの国又は地区に派遣し、国外の企業又は機構のために業務させる経営的活動をいう」としている（対外労務合作管理条例２条１項）。またこの管理条例は「国外の企業、機構又は個人」は、中国国内において労務人員を募集し国外業務に派遣してはならない」としており（同条例２条２項）、②のような国外派遣業務は後述の国外就業仲介管理規定に基づいて特別な許認可を得た中国国内の派遣企業が対応をするという建付になっている。

⑵　中国における関連法令法規の制定の流れ

中国における関連する法令法規の流れは次のとおりである。

西暦	法令法規	備考
1992	労務輸出及び国外就業労務管理業務を適切に行うことに関する通知（労力字（1992）37号）	労務輸出、国外就業労務管理業務を強化するために国務院各部門で業務の進め方などをまとめた通知
	国外就業サービス機構管理規定（労働部1992年 既に失効済）	国外への就業仲介会社などに関する最初の規定。現在効力は失効している。
	娯楽業労務輸出の管理強化に関するレター（労力字（1992）35号）	風俗産業などへの労務輸出が増えてきたためにこうした業務業界への労務管理を強化するために出されたレター
1994	対外派遣労務人員の合法的権益の保護を適切に強化することに関する通知（外経貿合発（1994）654号）	対外貿易経済合作部と労働部門が共同で出した労務人員の保護の強化のために通知
	国外派遣労務訓練の費用徴収標準の規定の通知（外経貿合函字（1996）８号、失効済）	訓練に関する費用徴収の標準
1995	国外就業業務において違法活動に従事させることを厳格に禁止する通知（労部発（1995）205号）	労働部の出した女性や青少年を性風俗産業などの場所で就業させることを禁止する通知

1996	労務合作の管理の一本化に関する問題の通知について（外経貿合発285号）	国外に労務人員を派遣することを「対外労務合作」と総称することにし、以降「労務輸出」などの表現を使わなくした。
	「労務輸出契約主要条項内容」の印刷発行に関する通知（対外貿易経済合作部（1996）105号）	労務輸出契約書の主要規定
1997	対外経済合作企業国外派遣人員給料管理弁法の補充規定の通知（財務外字（1997）８号、一部失効）	国外に派遣される人員の給料の管理に関する補充規定。一部のみ失効している。後述5⑵参照。
2000	対外労務合作管理をより一層強化することに関する緊急の通知（外経貿合発（2000）459号）	企業の信用財務調査、規定に基づいて費用を徴収しているかについて、合法的に海外に送る手続をしているかについて、及び労務人員の待遇についてなどの審査認可の手続を規定する。
2002	国外就業仲介管理規定（労働及び社会保障部、公安部、国家工商行政管理総局令15号）	国外への仲介会社などを管理する規定
2004	対外労務合作経営資格管理弁法（商務部、工商総局2004年３号令、2019年廃止）	「対外労務合作」を行う会社などの経営資格条件、必要な提出資料、申請手続などを規定。2019年に廃止されている。
	対外労務合作経営資格証書管理弁法（商合発（2004）474号）	資格証書の申請などの手続を規定
2005	国外労務人員安全保障業務の強化に関する通知（商合発（2004）459号）	労務人員の安全保障に関する通知
2012	対外労務合作管理条例（国務院令620号）	これまでの対外労務合作に関する仕組みを統合した管理弁法。現在も有効である。

2012年に施行された「対外労務合作管理条例」は、現在のところ中国の対外労務合作における中核な法令として運用されている。

これらの法令においては、当初は、「労務輸出」という用語が使用されていた（なぜ「労働輸出」でないかについては、前記⑴①の「労働」と「労務」の用語についての解説を参考にされたい。）。

その後、1996年には対外労務合作という用語を使用するようになった。

また海外での風俗産業を中心とする違法産業への労働者の搾取が問題となった1995年以降から労働者を保護するための通知などが出されるようになった。2002年頃には海外への仲介業を規制する「国外就業仲介管理規定」が定められて、2004年には「対外労務合作経営資格管理弁法」が定められた。これにより、上記のとおり前者の海外就業については人力資源管理及び社会保障部門が海外への就職仲介企業を管理し、後者の対外労務合作については商務部がそれぞれ管理を行う大枠の形が定められた。

その後、2012年に「対外労務合作管理」についての様々な規定をまとめた「対外労務合作管理条例」が同年5月16日国務院第203回常務会議において採択され、6月4日に公布、8月1日に施行された。

なお、「対外労務合作経営資格管理弁法」は2019年には効力を失い、必要な規定は「対外労務合作管理条例」及び関連規定に統合されている。

この統合で変更された点は幾つかあるが、例えば対外労務合作企業について資本金が500万人民元(一部地域については300万人民元)であったものが、600万人民元に増加された。また労務人員への賠償などを想定して国から積み立てが求めれられる「対外労務合作危険処置準備金」についても100万人民元から300万人民元に増額された。このように送り出し機関となる対外労務合作企業が責任に値する資力を有する機構となるように調整がされた点が特徴であるといえよう。2013年6月には以前の資格に基づいた送出しができなくなり、再度経営資格の登録手続が行われた。

「対外労務合作管理条例」に関する地方の条例は、すべての省又は省レベルの地方政府が有しているわけではなく、確認できたものとして、以下の地方条例がある。

地方	規定名	施行日
上海市	上海市対外労務合作管理暫行弁法	1992年12月1日執行、 2007年11月30日に廃止
吉林省延辺 朝鮮族自治州	延辺朝鮮族自治州対外労務合作管理 条例	2001年4月28日

四川省	四川省「対外労務合作管理条例」実施弁法	2017年1月11日
江蘇省	江蘇省対外労務合作管理弁法	2019年7月29日

なお、これまで述べてきたように、中国法の法源には、憲法のほか、①法律、②行政法規、③地方性法規・自治条例及び単行条例、④部門規章・地方政府規章、⑤特別行政区の法令などがあり、それぞれ、「法」、「条例」、「規定」、「弁法」、「細則」、「実施弁法」などの呼称がされている。これらの主な違いは次の表のとおりである。

名称	例	制定の主体
法律	法	全国人民代表大会
行政法規	条例、規定、弁法、細則、暫行規定、暫行弁法	国務院
地方規定	条例、自治条例、細則、実施弁法	省、自治区、直轄市の人民代表大会及び常務員会
部門規章・地方政府規章	弁法、規程、細則	国務院の中の部（日本でいう省に該当）又は地方人民政府

上述の表のものについては、原則として、内容に矛盾がある場合は上列のものが上位規範として優先されるが、地方規定と部門規章との間に矛盾・抵触がある場合には、国務院が意見を提出するものとし、国務院が地方規定を適用すべきであると認めるときは当該地方においては地方規定の規定を適用する旨決定し、部門規章を適用すべきであると認めるときは全国人民代表大会常務委員会の裁定を求めなければならない。また、部門規章と地方政府規章との間に矛盾・抵触がある場合には、国務院が優先順位を決定することとなっている（立法法95条）。

⑶　中国における送出機関の管轄部門及び取扱い業務実施団体について

2017年から施行された「技能実習法」の施行以降、日本においては、送出国との間で２国間取決めを締結して送出認可機関の監督を行っていくという実務的な取扱いが主流となってきている。しかし、日本と中国との間においては協議は行われているが、未だに２国間取決めの締結までには至っていない状況である。

日本の公益財団法人国際人材協力機構（以下、「JITCO」という。）のホームページにおける記載によれば、1991年又は1992年に国務院（日本の内閣府に相当）の直轄組織であった中国国家外国専家局（State Administration of Foreign Experts Affairs、以下、「専家局」という。）及び中国中日研修生協力機構（Sino-Japan Trainee Cooperation Organization of China、以下、「中日機構」という。）は、日本（正確にはJITCO）との間でそれぞれ討議議事録（Record of Discussions、以下、「R/D」という。）を調印した（なおこれらR/Dは2010年に改定されている。）。その後は、当該R/Dに基づいて送り出しを行う仕組みが継続して行われてきた。このR/Dは取り消されていない一方で、2017年以降主流となっている２国間取決めについては未だに日中間での締結がされていないことは上述のとおりである。

この日本側の記載にある中国側の組織「専家局」及び「中日機構」についての中国における位置付け及び現状については、確認できた範囲では以下のとおりと理解される。

まず「専家局」については、2018年に行われた国務院機構改革によって、科学技術部に吸収統合されて同部の下の「外国専家服務司」という内部機構となっている。この外国専家服務司の現在の機能・役割は科学技術部の内部規定[4]によれば、「外国専門家管理弁法の制定、外国トップ科学者及びチームを引きつけるシステムの構築、及び外国専門家サービス業務」とされている。しかし、「対外労務人員の送出し」、「技能実習生の送出し」といった機能・役割は明記されていない。

また、JITCOのホームページの「定期協議等一覧[5]」においては「専家局」との協議は、複数記載されていたが、明確に記載があったのは2011年6

4　「科学技術部職能配置、内部設立機構及び人員編成規定（2018年9月10日）」〈http://www.most.gov.cn/zzjg/kjbzn/201907/t20190709_147572.html〉
5　〈https://www.jitco.or.jp/ja/regulation/consultation/4141/〉

月のものが最後である。

これらから考えると、「専家局」又はこれを受けた「外国専家服務司」の役割・管轄は、あくまで科学者のような専門家などの受入れであり、この稿の主題である日本に対する労務送り出し・技能実習制度に関しては、2012年以降は、対外労務合作条例の施行に伴い、「専家局」の役割から外され、もう一つの「中日機構」（後述）が大きな役割を果たしていると推察される。

なお、JITCOのページによれば、「専家局」が認定する送出機関は、８つである。例えば、そのうちの一つの中国国際人材交流協会（中国における呼称は中国国際人才交流中心）は、科学技術部直属の事業単位である[6]。中国で最も一般的な有限公司の形式をとっている組織は８つの専家局が認定する送出機関の中にはない。

次に「中日機構」については次のとおりと理解される。

JITCOのページによれば中日機構が認定する送出機関の数は230を超えており、その多くは有限公司の形式となっている。地域も18の省、３つの直轄都市に広く設立されている。

この「中日機構」は、中国における実体としては、社会団体である中国対外承包工程商会[7]（以下、「承包工程商会」という。）のホームページにおける記載[8]などによれば、承包工程商会の常設管理機構の一つにあたると解される。

2000年１月１日、当時の管轄部門である対外経済貿易部は、対日研修生送出しを含めた一部の対外労務の送出し業務を、承包工程商会に引き継

6　「事業単位」とは、「事業単位登記管理暫定条例」２条によれば、国が社会福祉を目的として、国家機構が組織した又はそのほかの組織が国有資産を利用し組織した社会サービス組織で、教育、科学技術、文化、保健などの活動に従事しているものをいう。ホームページによれば、国際人材交流などに従事している社会サービス機構である。

7　同団体のホームページ
〈https://www.chinca.org/〉

8　承包工程商会の組織機構図
〈https://www.chinca.org/CICA/democraticDo/index〉

がせており、その旨の通知[9]も明らかにしている。上記の同紹介のホームページによれば、「中日研修生協力機構」は、この承包工程商会の常設管理機構の一つとして、対日労務を現在も担当・管理しているとのことである。

JITCOの記載においても「承包工程商会」は、「政府の窓口として商務部の指導の下で事業を展開」しているとされている[10]。

この点、対外労務合作の管轄を有する「商務部」と「承包工程商会」との間に当該記載のような関係があるか否かについて電話ヒアリングなどで確認を試みた。しかし、これらの点について、コメントを得ることはできなかった。

しかし、前述のように承包工程商会は、商務部とともに「中国対外労務合作発展報告」（以下、「対外労務合作レポート」という。）を2017年以降も発表しているという実体、及び承包工程商会が対外経済貿易部から対外労務の送出し業務に関して一定の業務を引き継いだ点は前述の通知からも明らかであり、これらを総合すると、承包工程商会と商務部との間においては、現在も対外労務合作に関連して、一定の関係が存することが推察される。

なお、技能実習生は、送出機関のアレンジにより、日本語、必要な専門技能、安全知識などに関する訓練を受けた後、地方の商務主管部門の実施する「外派労務試験」を受けて、国外労務派遣（研究生）訓練合格証を取得した上で、その後、日本の技能実習法にかかる手続を進めていくことになるとされている。

⑷　日本の技能実習生制度と中国及び他国の状況

国別の技能実習生送出し人数については、かつて最も送出しの人数が多かった中国は、2016年を境にベトナムにその座を譲り、以降はベトナム人技能実習生が大幅に増加傾向にある。具体的には2015年で中国は3万9,327人、ベトナムは3万2,652人であった。しかし、2016年にはベトナ

9　外経貿合発〔1999〕671号
10　〈https://www.jitco.or.jp/ja/regulation/consultation/3838/〉

ムが4万3,774人であるのに対して中国は3万2,895人となった[11]。以降2017年は3万4,072人、2018年は3万3,640人、2019年は3万4,685人と大きな増減はなく横ばいの状況である[12]。

ベトナムには抜かれたものの国別では中国は2位の座は維持しており、少なくない技能実習生が中国から来日しているのも事実である。

技能実習生の減少の原因としては、為替レートの推移と国内の平均賃金の上昇が挙げられる。2011年11月には1人民元が約12.2円であったものが2021年9月30日の段階では17.3円となっている。仮に3年間で平均300万円程度日本で貯金できると仮定したとしても、中国人民元に換算すれば約28％目減りしている。一方で中国の平均賃金は上昇しており、経済的に発展している上海の場合、2011年に4,311人民元であったものが、2020年度の平均賃金は、1万338人民元となっている。

日本で働くことで得られる中国元が為替レートの関係で目減りする一方で、上海などの中国国内の都市部で働くことで得られる賃金が上昇しているため、かつては技能実習生を選択したであろう層が中国国内都市部での労働を選択している可能性がある。

実習生の送出先の国でみると「中国国家統計局貿易外経統計司」発表の「中国貿易外経統計年鑑」によれば2019年の海外で業務に従事した労務人員は62万4,077人であるところ、日本での労務人員は14万3,662人とアジアの地域の中で一番の送出先である。経済的に成長したため中国からの技能実習生が減少したといわれるが上述の数字を見ると中国国内の平均賃金の上昇に比べて人数の減少は一定程度での減少で止まっており、今後どのような変化となるか、更なる注視が必要である。

11　出入国管理庁「出入国在留管理をめぐる近年の状況」より

12　中国対外労合作発展報告2019－2020の39の記載によれば2018年が3万2,695人で2019年が3万5,295人

⑸　日本への労務人員の送出しについての中国における捉え方

商務部門と既述の承包工程商会は、連名で対外労務合作レポートを作成して公表している[13]。

対外労務合作レポートは、「対外労務合作」を管轄する商務部と実務的に「対外労務合作」を取り扱っている承包工程商会によるレポートであり、中国の「対外労務合作」について理解する上で非常に参考になる内容となっている。

対外労務合作レポートの構成としては、対外労務合作の当該時点における概要、各国（日本のほか、シンガポール、インドネシア、タイ、韓国、イギリスなど30か国余り）に対する対外労務の状況がそれぞれの国別に紹介され、さらに送出し元である中国の各省ごとの分析も行われている。

以下、対外労務合作レポートの内容を幾つか紹介することで、中国が「対外労務合作」の視点から日本の技能実習制度への労働力の送り出しをどのように捉えているかの参考となる情報を提供したい。

対外労務合作レポートにおける「日本」の取扱いとしては、第２編の国及び地域別の紹介において「香港」の次に紹介されている。全編249ページの当該報告においてこの「日本」の紹介は15ページにわたって詳細に報告がされている。割当としては２－３ページの国又は地域が多い。その中でも日本は、一番多くの分量が割かれている国の一つであり、対外労務合作の中では重要度が高いことがうかがわれる。

対外労務合作レポートにおける日本の紹介の記載振りとしては、日本経済の発展はかつてに比べれば落ち着いているものの比較的好調であるとして、GDP成長率、有効求人倍率、完全失業率、各地域の有効求人倍率、各業界の有効求人倍率などのデータがグラフとともに紹介されている。

ほかに興味深い点としては、日本の人口構成、人口の減少の状況について細かくデータを挙げた上で、日本の少子高齢化による労働力の不足につ

13　2019年－2020年版について
〈http://images.mofcom.gov.cn/am/202101/20210120130302813.pdf〉

いて触れている点である。やはり日本の少子高齢化による労働力のニーズが高い点は中国の送出側も着目しているポイントであるといえる。

また業種別の技能実習生の分布図も併せて指摘されている。この中でも実習生の勤務する企業分野の分布及び企業の経営業績が、建設業など労働集約型な単純労働に偏っている事実もグラフとともに紹介されている。

⑹　労務人員の送出機関の実体

対外労務合作レポートによれば、労務人員の送出し機関の中国における分布については、主に山東省、遼寧省、江蘇省などの沿海部に偏っており、中西部の内陸部に少ないとされている。上述の３省において、2019 年には 293 社の対日労務派遣業務を行う企業が存在しており、全国における対日労務を行う送り出し業務の労務合作企業の総数（498 社）の 58 %余りを占めている状況である。これらの企業で年間３万人前後を送り出しており、中国全土からの日本への送出総数の 75 %近くとされている。

送出機関である労務合作企業の実績については次のとおりとされている。

2019 年対日労務協力業績ランキング（上位 10 位）[14]

（単位：人）

番号	企業名称	累計派遣人数	月末海外滞在人数
1	煙台国際経済技術合作集団有限公司	1,744	4,305
2	山東日昇国際経済技術合作有限公司	1,615	4,512
3	威海市聯橋国際合作集団有限公司	1,323	2,927
4	中国大連国際経済技術合作集団有限公司	1,289	2,631
5	威海万方人材合作股份有限公司	1,148	2,209
6	山東斯凱特経貿発展有限公司	909	2,079
7	中国国際技術智力合作有限公司	771	1,262
8	江蘇中瀾境外就業服務有限公司	711	1,453

14　「対外労務合作レポート」より

9	牡丹江対外経済技術合作有限公司	710	175
10	遼寧省国際経済技術合作集団有限責任公司	686	1,031

これらの送出機関についての法的な根拠、資格については後記２以降で、根拠となる対外労務合作経営管理条例などにそって詳述する。しかし、具体的な実体としては、上述の表で挙げられた沿海部の有力な労務合作企業が、それぞれ多数の労務人員を日本に技能実習生として送出し、全体として中国側の対外労務合作及び日本側の技能実習制度をリンクさせて機能させていると理解すれば概要としては間違いないといえよう。

2　送出機関の許可要件・手続

(1)　申請の要件

先述のように、実習生の送出しについては、対外労務合作経営資格という資格を有する国外に対する請負業務を行う企業又は労務合作経営を行う企業など、すなわち対外労務合作企業が送出機関となり、国境を越えて就業をさせるという仕組みになっている。こうした対外労務合作企業などの許可及び手続については、現在「対外労務合作管理条例」に基づいて管理が行われている。当該条例は、2012年に国務院（日本における内閣府に相当）によって制定された当該制度の中核となる行政法規である。

まず送り出し機関としての資格要件については、次の５つの要件が挙げられている（対外労務合作管理条例６条）。

①　企業法人の条件に適合すること。
②　払込登録資本が600万人民元を下回らないこと。
③　対外労務合作業務を熟知した管理人員を３名以上有すること。
④　健全な内部管理制度及び突発事件応急処置制度を有すること。
⑤　法定代表者に故意犯罪の記録がないこと。

このうち、①の「企業法人」について中国の制度を簡単に記載する。企業法人登記管理条例２条によれば、法人の条件を満たした全民所有制企業、

集団所有制企業、聯営企業、中外合資経営企業、中外合作経営企業、外資企業、及び私営企業は、企業法人として登記することができるとされている。外資が一部又は全部の出資により設立した中外合資経営企業、中外合作経営企業及び外資企業（合わせて、「外商投資企業」という。）は、対外労務の送り出し機関としてよいかについては、2020年１月１日より施行する現行の「外商投資法」によれば、外商投資ネガティブリストに記載される分野については、外国からの投資を制限又は禁止していたが、最新版の2020年版の外商投資ネガティブリストにおいては、対外労務に関して外国からの投資を制限又は禁止する記載は見当たらない。

また中国の会社法によれば、会社を設立する場合、有限責任会社、股份有限会社との分類があり、商務部が公示する対外労務合作企業リストに載っている送出機関[15]は、ほとんど有限責任会社の形式をとっている[16]。

②は、単なる登録資本ではなく払込みまで求められており、労務合作企業の資本力を担保させるための要件と思われる。

③の「熟知」については、法律上は明確な資格要件はないが、対外労務合作経営資格許可申請ガイドライン[17]の申請条件の一つには「大学以上の学歴又は中級以上の職務資格を有する対外労務合作の専門人員」といった要件があり、これと類似した知識が求められると解される。なお、④の「突発事件」としては戦争、暴動、重大自然災害などの事件が想定されている（同条例18条）。

さらに対外合作経営資格許可を管轄する商務部のページ[18]によれば、次の①～⑧のような更に詳細な要件が定められている。要件の多くは、2019年に廃止された対外労務合作経営資格管理弁法６条の規定と重なっている。当該記載は、現在も商務部のホームページにあるが、資格判断の補充

15　商務部対外労務合作企業リスト〈http://femhzs.mofcom.gov.cn/fecpmvc_zj/pages/fem/CorpLWList.html〉
16　ほかに企業の例としては、国有独資有限公司、全民所有制企業等が挙げられる。
17　〈http://lwhz.mofcom.gov.cn/〉
18　商務部のページの例として〈http://lwhz.mofcom.gov.cn/〉

的な要件として地方の商務主管部門がそれを参考にする可能性があると思われる。ただし、①については対外労務合作管理条例で600万人民元以上と明らかに変更され、幾つかの地方の商務主管部門のページにおいて、600万人民元以上と更新・記載されているため、商務部の当該ページは、2012年以降より更新されていないのではないかと推測される。

商務部のページにある記載は、基本的には2019年に廃止された弁法に記載された要件であるが、未だにホームページでも記載がなされているため、念のために参考としてここに記載しておく[19]。

① 法により登記された企業法人で登録が３年以上、登録資本金が500万人民元以下で中西部地区の企業は300万人民元以下（この要件が改正された点については後述する。）

② 相当な経済能力を有し、資産負債率が50％を超えて、不良行為の記録がないこと。

③ 固定の経営場所を有し、オフィスの面積は300㎡を下回らないこと。

④ 健全な管理制度を具備し、ISO9000の品質管理システム認証を通過していること。

⑤ 対外労務合作準備金を納付する財務能力を有すること。

⑥ 大学以上の学歴又は中級以上の職歴を有する対外労務合作専門人員を少なくとも５名以上有し、かつ専門の訓練管理及び財務人員を共に少なくとも２人以上有し、法律人員を少なくとも１人以上有すること。

⑦ 関連する市場開拓能力と管理能力を有すること。

⑧ 一定の業務基礎を有し、この３年間で対外労務合作経営資格を有する企業に対して派遣人員を少なくとも300人提供したこと。

⑵　申請の手続

上記の要件を満たす企業は、審査認可につき責任を負う地方の商務主管

19　この点についても商務部等に電話ヒアリングを試みたが確認はできなかった。

部門（所在地の省級又は区が設ける市級人民政府の商務主管部門）に対し、当該企業が後述の条件に適合している旨の証明資料を提出しなければならない（対外労務合作管理条例５条、７条）。省級又は区のある市級の商務主管部門は、企業の申請資料を受領後、20営業日（同条例７条）以内に申請資料を審査し、対外労務合作経営資格を許可するか否かの決定をするものとし、許可すると決定した場合には、対外労務合作経営資格証書を発行し、許可しないと決定した場合には、書面にてその理由を説明しなければならない[20]。対外労務合作経営資格証書を取得後、法により市場監督管理部門[21]に対し登記を行う。なお、実際に申請を行う時、審査認可を管轄する地方の商務主管部門の裁量により、審査認可の期間を短縮したりすることもある。

地方の商務主管部門は、対外労務合作経営資格証書を法により取得し、かつ、登記を行った対外労務合作企業のリストを国務院の商務主管部門に報告しなければならず、国務院の商務主管部門は遅滞なく国外に駐在する中国の大使館又は領事館に通報しなければならない。対外労務合作経営資格証書を法どおりに取得して登記しなかった場合には、対外労務合作に従事してはならない。

省級の商務主管部門は、企業の申請した全ての資料を審査して合格とした後に、商務部のページの「ネット公示」の欄において、企業の関連状況について公示を行う（ただし、ネット公示は行われていない地域もある。）。公示の期間は５営業日とされている。この期間内においてもし社会公衆から疑義が出されない場合には、地方の商務主管部門は企業の申請を認可する。

流れとしては概要を次のように整理することができる。図２のプロセスとともに理解の参考にされたい。

20　なお2019年に廃止となった対外労務合作経営資格管理弁法は次のように定めている。「地方商務主管部門は、経営会社の全部の申請資料を受け取った後、商務部の審査・承認にかかる対外労務合作経営資格許可文書に基づき、10営業日以内に「資格証書」を発行する。」
対外労務合作経営資格証書に関する規定は2004年からあり、本文のような業務が行われており、これは対外労務合作管理条例の記載と矛盾する内容の手続ではないと考えられる。

21　同条例では、工商行政局とされているが2018年中国国務院が実施した機構の改革により、現在工商行政局は市場監督管理局となり、当該市場監督管理局が企業の管理について管轄をしている。

①　地方商務主管部門に対し、対外労務合作経営資格を申請

②　地方商務主管部門は、申請資料受領後20営業日以内に審査、批准又は批准しないことを決定

③　地方商務主管部門は審査合格と決定した場合、商務部のウェブサイトにおいて、申請者の情報を公示。公示期間：５営業日

④　公示後、地方商務主管部門は対外労務合作経営資格を発行

⑤　資格取得後、市場監督管理部門への登記

⑥　設立登記後５営業日以内に、商務主管部門が指定した銀行で専門口座を開設、300万人民元より下回らない予備金（リスク対応用）を入金

【図２】

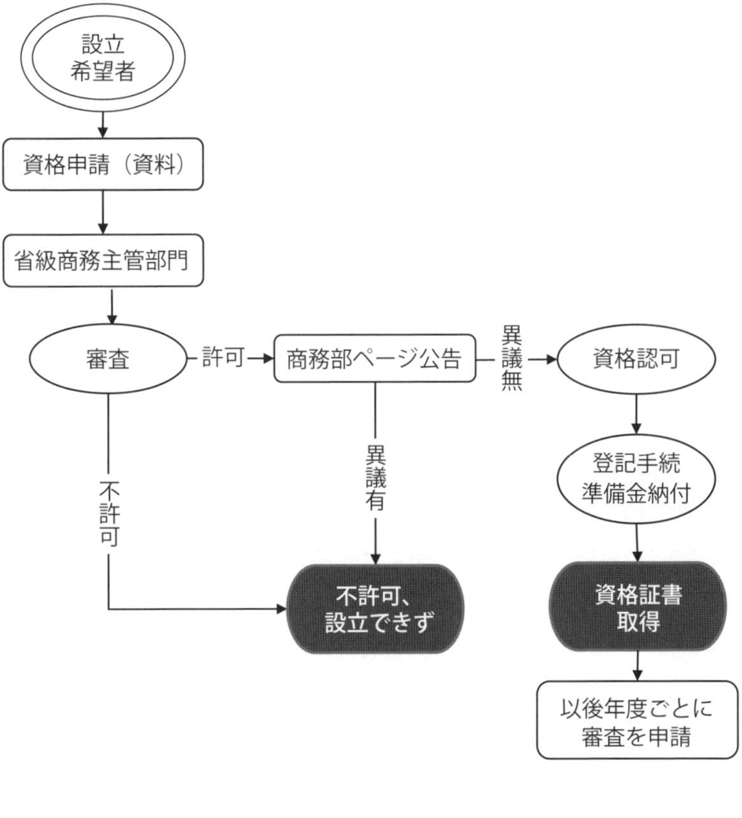

資格証書の統一的な印刷及び制作については、商務部が責任を有しており、商務部の授権を受けた地方の商務主管部門が、具体的に発行を行うことになる。労務合作企業は、資格が認可された後に一定の期間内に地方商務主管部門に対し「資格証書」の受領を申請しなければならない。

また、資格の取得後、市場監督管理局に対して経営範囲変更に関する登記をしていくことになる。

変更登記完了後、労務合作企業は、商務主管部門の指定した銀行において専門口座を開設し、対外労務合作予備金と呼ばれる、当該企業の財務状況を担保するための予備金を納付する必要がある。銀行が発行する満額納付にかかる保証状を提出する形でもよいとされている（対外労務合作経営資格証書管理弁法８条）。

地方商務主管部門は、全部の申請資料を受け取った後、20 営業日以内に「資格証書」を発行する。

申請者は対外労務合作経営資格証書を取得した後に、市場監督管理部門（旧工商行政管理部門）において登記手続を行う。一方で、審査認可を行った商務部門は、対外労務合作企業について、中央政府の商務部にリストを報告しなければならず、さらに国外に駐在する中国の大使館又は領事館にも通報して、適法に資格を有する労務合作企業のみが送り出し機関として業務が行えるよう情報の共有を行う仕組みとなっている（同条例７条３項）。

なお、この予備金を預け入れた対外労務合作企業のリストについて、商務部は、社会に対し公表する義務を負っている（同条例９条２項）。予備金は、対外労務合作企業が負担することを拒絶し、又は負担する能力がない場合の次の費用の支払いに用いられることになる。

①　対外労務合作企業が国の規定に違反して収受した、労務人員に返還すべきサービス費

②　法により、又は約定に従い対外労務合作企業が労務人員に対し支払うべき労働報酬

③　労務人員の損害を法により賠償するために必要な費用

④　突発事件が発生したことにより、労務人員が帰国し、又は緊急救助を受けるために必要な費用

また、上記手続で交付された資格証は次のような内容となっており、毎年の審査を行っているか否かを一目で判断できるようになっている。

【図３】 対外労務経営資格証書サンプル

「中華人民共和国対外労務合作経営資格証書」

サンプル

中華人民共和国
対外労務合作経営資格証書

番号：

企業名称：＿＿＿＿＿＿＿＿＿＿＿＿＿＿＿＿＿＿＿＿

英語名称：＿＿＿＿＿＿＿＿＿＿＿＿＿＿＿＿＿＿＿＿

審査により、本証書を保有する企業は、本証書の登録した範囲において対外労務合作業務を実施することができる。本証書を保有する企業は、毎年所定の期間内において、本証書の発行機関に対し、対外労務合作経営資格に関する年度審査を行わなければならない。

中華人民共和国商務部

二〇　　年　月　日

企業法人営業許可証 登　録　番　号	
企　業　コ　ー　ド	(注：管理のために登記時に付与されるコード)
法　定　代　表　者	(注：代表権限を有する者)

企業性質	
営業住居	
登録資本	
経営範囲	(注：中国において企業は経営範囲における活動しかできないものとされている)
商務部門批准書類番号	

発行機関		
資格証書有効期間	20　年　月　日から20　年　月　日まで	
年度審査状況		
(公印) 年　月　日	(公印) 年　月　日	(公印) 年　月　日
承認・発行者：	承認・発行者：	承認・発行者：
(公印) 年　月　日	(公印) 年　月　日	(公印) 年　月　日
承認・発行者：	承認・発行者：	承認・発行者：

⑶　送出機関が違反した場合の行政罰などの責任

対外労務合作管理条例においては、企業が同条例の規定に従わず資格を取得しなかった場合、その他同条例上の義務に違反した場合についても規定がされている（同条例39条以下）。

まず前者の企業が対外労務合作経営資格を取得せずに、対外労務合作に従事した場合には、商務主管部門は市場監督管理局に対して、無許可証書経営に関する規定に従い調査・処理して取り締まるよう要請することとされている（同条例39条）。

次に対外労務合作企業が前記１⑵で紹介した対外労務合作危険処置準備金を預け入れることができず、補充もできない場合には是正命令を経て、当該企業の対外労務合作経営資格証書が行政罰として取り消されることになる（同条例41条）。

対外労務合作企業が、①ビジネス[22]、旅行、留学などといった（対外労務合作以外の）名義で労務人員を海外業務に派遣した場合、②ほかの単位[23]又は個人に名義を貸して海外業務派遣をした場合、③労務人員を国外派遣して賭博、色情活動と関連する業務に従事させた場合には、商務主管部門は、当該企業の対外労務合作経営資格証書を行政罰として取り消し、違法所得がある場合には、これを没収するとしている（同条例40条）。

どの行為も対外労務合作企業に禁じられている行為であり、行政罰の対象となりうる。

さらに、次の場合には、商務主管部門は、対外労務合作企業に対して罰金を含む行政罰を科すことができる。

22　原文は「商務」

23　企業に限らず、政府機構等も含めた社会組織を指す用語。改革開放前においては農民を除いて中国の全就業人員は何らかの「単位」に属しており、当該呼称はその頃の名残である。

次の行為について是正命令を出して、是正されない場合には、5万人民元以上10万人民元以下の過料を処し、且つ、その主たる責任者に対し1万人民元以上3万人民元以下の過料を処する（同条例42条）。
①　労務人員に訓練を受けさせるよう手配せずに、労務人員を組織して国外業務に派遣したとき。 ②　この条例の規定どおりに、労務人員のために国外業務期間における人身傷害保険に加入しなかったとき。 ③　この条例の規定どおりに、管理人員の随行を手配しなかったとき。

是正を命じた上で是正されない場合には、10万人民元以上20万人民元以下の過料を処し、且つ、その主たる責任者に対し2万人民元以上5万人民元以下の過料を処する（同条例43条）。
①　国外雇用主と労務合作契約を締結せずに、労務人員を組織して国外業務に派遣したとき。 ②　この条例の規定どおりに労務人員とサービス契約又は労働契約を締結せずに、労務人員を組織して国外業務に派遣したとき。 ③　この条例の規定に違反し、認可を得ていない国外雇用主又は国外の個人と労務合作契約を締結し、労務人員を組織して国外業務に派遣したとき。 ④　労務人員とサービス契約又は労働契約を締結し、関係情報を隠ぺいし、又は虚偽の情報を提供したとき。 ⑤　国外において突発事件が生じた場合に、遅滞なく処理しなかったとき。 ⑥　対外労務合作の展開を停止したにもかかわらず、当該企業が派遣し、なお国外において業務する労務人員に対し手配をしなかったとき。

上記の行為によって国外において重大な労務紛争若しくは突発事件をもたらし、又はその他の重大な結果をもたらした場合には、商務主管部門は当該企業の労務合作経営資格証書を行政罰として取り消すものとされている。

是正を命じた上で是正されない場合には、1万人民元以上2万人民元以下の過料を処し、かつ、その主たる責任者に対し2,000人民元以上5,000人民元以下の過料を処する（同条例45条）。
①　サービス契約又は労働契約及び労務合作契約の副本並びに労務人員リストを商務主管部門に届け出なかったとき。 ②　労務人員を組織して出国させた後、関係状況を労務人員使用プロジェクト所在国に駐在する中国の大使館若しくは領事館に報告せず、又はこの条例の規定どおりに随行する管理人員のリストを審査認可につき責任を負う主管部門に届け出なかったとき。 ③　突発事件応急事前案を制定しなかったとき。 ④　対外労務合作の展開を停止したにもかかわらず、その労務人員に対する手配案を商務主管部門に届け出なかったとき。

上記はすべて商務主管部門による行政罰の規定であるが、商務主管部門などはこの条例に違反する行為を調査する過程において、違法行為が犯罪を構成する嫌疑に関わることを発見した場合には、法により司法機関に遅滞なく移送して処理させなければならない（同条例46条）とされている。

⑷　その他地域への適用

この対外労務合作管理条例における対外労務合作の仕組みについては、中国大陸の労務人員を香港特別行政区、マカオ特別行政区又は台湾地区での業務に派遣する場合にも準用するとされている（同条例50条）。

なお、対外労務合作管理条例との関係でいえば、香港特別行政区、マカオ特別行政区又は台湾地区は、「対外」の対象であり、同条例の枠組みで、労務人員が送り出されることになる。実際に対外労務合作レポートでも、「香港」について国及び地域別の送出しの状況が紹介されている。

3　派遣する労働者のリクルート方法に関する規制

繰り返しになるが、「対外労務合作」とは、労務人員を組織してほかの国又は地区に派遣し、国外の企業又は機構、すなわち国外の雇用主のために業務をさせる一連の経済活動をいう。

対外労務合作企業は前記１で確認してきたように、厳格な資格審査、準備金の納付を経て資格証の取得が求められており、かつ、１年に１度の審査が行われている。したがって、ほかの単位又は個人が当該企業の名義によって労務人員を組織して国外業務に派遣すること、すなわち名義貸し行為については厳格に禁止されている（対外労務合作管理条例８条）。

実際の派遣後の業務内容が賭博又は性風俗などの色情的な産業と関連する業務に従事させる行為も禁止されている（同条例11条）。

これらのいずれに違反しても前記２⑶の行政罰に処されることになる。

4　送出機関と日本側の機関との間の契約の規制と内容

(1)　労務合作契約の締結

対外労務合作企業は、国外の雇用主と「書面」による労務合作契約を締結しなければならない。書面で当該契約を締結せずに、労務人員を組織して国外業務に派遣することは禁止事項とされている。

次の①又は②の場合には、対外労務合作企業に対して１万人民元以上２万人民元以下の過料、かつ、その主たる責任者に対し 2,000 人民元以上 5,000 人民元以下の過料の行政罰に処されることになるため注意が必要である（対外労務合作管理条例 45 条）。

① サービス契約若しくは労働契約及び労務合作契約の副本を商務主管部門に届け出ることを拒絶し、かつ、契約にこの条例所定の必要事項を記載していない。

② 契約の届け出後に、商務主管部門の要求を拒絶して契約の必要事項を補正しない。

(2)　労務合作契約についての準備、要件

対外労務合作企業は、国外の雇用主と契約を締結する場合には、事前に国外の雇用主及び労働者を使用するプロジェクトの状況並びに当該プロジェクト所在国又は地域の関連する法律を把握しなければならないとされている（対外労務合作管理条例 22 条１項）。

もしこれら国外の法律に、企業又は機構による外国籍の労務人員の使用には認可を得る必要がある旨の規定がある場合には、対外労務合作企業は、認可を得た企業又は機構とのみ労務合作契約を締結することができるとされており、こうした資格のない国外の企業と契約を締結することはできない。また、国外の個人と労務合作に関する契約を締結することもできないとされている（同条例同条２項）。

当該規定の趣旨は、資格のない企業（又は個人。以下同様）や資力のない

企業に対して労務人員を送り出すことによって労務人員が苦境に立たされることを防ぐことを目的とした規定と思われる。

⑶　労務合作契約の具体的内容

労務合作契約には、労務人員の権益保障に関連する次の事項を記載しなければならない（対外労務合作管理条例21条）。

① 労務人員の業務内容、業務場所、業務時間及び休憩・休暇
② 契約期間
③ 労務人員の労働報酬及びその支払方法
④ 労務人員の社会保険料の納付
⑤ 労務人員の労働条件、労働保護、職業訓練及び職業危害防護
⑥ 労務人員の福利待遇及び生活条件
⑦ 労務人員の国外における居留及び業務許可など手続の取扱い
⑧ 労務人員の人身傷害保険の加入
⑨ 国外の雇用主の原因により労務人員との契約を解除する場合における労務人員に対する経済補償
⑩ 突発事件が生じた場合における労務人員に対する協力及び救助
⑪ 違約責任

⑷　労務人員と対外労務合作企業との間のサービス契約について

対外労務合作企業と労務人員との間には、「書面」によるサービス契約が締結される必要がある。書面によるサービス契約を締結しなかった場合には、労務人員を組織して国外業務に派遣することはできない（対外労務合作管理条例23条１項）。サービス契約には、前記⑶記載の労務合作契約における労務人員の権益保障に関する事項のほか、サービス項目、サービス料及びその受領方法並びに違約責任が記載されなければならない。なおサービス料の上限が原則として手取り給料の25％に制限される点については、後記５記載のとおりである。

ただし、対外労務合作企業と労務人員との間に労働関係が確立されている場合には、サービス契約の代わりに労働契約が書面で締結されることになる（同条例同条２項）。この場合は労働契約を締結した労務人員からサー

ビス料を受け取ることはできない（同条例25条2項）。

⑸　労務合作契約及びサービス契約に関する対外労務合作企業の義務など

対外労務合作企業は、労務合作契約及びサービス契約に関して、契約において合意した義務を全面的に履行しなければならない。

対外労務合作企業は、労務人員との間で、上記のサービス契約又は労働契約を締結する場合には、労務合作契約における労務人員の権益保障に関する事項及び労務人員が把握することを要求するその他の状況を労務人員にありのままに告知し、かつ、労務人員に対し人身に関する安全リスクを含む国外業務への派遣にかかるリスクを明確に提示しなければならない。労務人員に対し、関係情報を隠ぺいしたり、虚偽の情報を提供することは禁止されている（対外労務合作管理条例24条）。なお、労務人員も個人の基本状況をありのままに説明しなければならないとされている。

対外労務合作企業は、労務人員とサービス契約又は労働契約を締結した日から10営業日以内に、サービス契約又は労働契約及び労務合作契約の副本並びに労務人員リストを審査認可につき責任を負う商務主管部門に届け出なければならない。審査認可につき責任を負う商務主管部門（地方の商務局が想定される。）は、労働者使用プロジェクト、国外の雇用主の関係情報及び労務人員リストについて、中央政府の商務部に報告しなければならない。商務主管部門は、サービス契約若しくは労働契約又は労務合作契約について、この条例の規定どおりに必要事項が記載されていないことを発見した場合には、対外労務合作企業に対し補正するよう要求するとされている。

対外労務合作企業は、労務人員が国外の雇用主との間で労働関係を確定する契約を締結するのに協力し、かつ、契約における労務人員の権益保障に関する条項と労務合作契約の相応する条項の内容が一致することを保障する責任を負う（同条例27条）。

⑹　契約違反があった場合の対外労務合作企業の義務

労務人員の国外における権利利益が上記の労務合作契約、サービス契約、及び労務人員と国外の雇用主との間で締結した労働契約の内容に適合しない場合には、対外労務合作企業は、労務人員が適法な権益を維持・保護するのに協力し、国外の雇用主に対し合意した義務を履行し、必要に応じて損害を賠償するよう要求しなければならない。

もし労務人員が、しかるべき賠償を得られなかった場合には、対外労務合作企業に対し相応する賠償責任を負うよう要求する権利を有している（対外労務合作管理条例29条１項）。労務人員が国外雇用主に対し賠償を要求するのに対外労務合作企業が協力しない場合には、労務人員は、直接に対外労務合作企業に対し賠償を要求することもできる。こうして労務人員は海外において訴訟、紛争を解決せずとも中国国内の対外労務合作企業から救済を受けることが可能となる。

同様に契約の内容にはないものの、労務人員が国外で受ける権利利益が労務人員使用プロジェクトの所在国又は地区の法律の規定に適合しない場合には、対外労務合作企業は、やはり労務人員が適法な権益を維持・保護するのに協力し、国外雇用主に対し法律所定の義務を履行し、損害を賠償するよう要求しなければならない（同条例同条２項）。

この場合については、労務人員が対外労務合作企業に対して直接賠償を要求できるという内容までは規定されていない。ただし、関係情報を隠ぺいし、又は虚偽の情報を提供したなどの原因による場合には、賠償責任を負わなければならないとされている（同条例同条３項）。

5　送出機関・労働者・日本側の機関（使用者）との間の費用の規制と内容

⑴　サービス費用受領に関連する注意事項

対外労務合作企業は、労務人員と前記４⑷のサービス契約を締結した場合には、サービス料及び受領方法を規定して受領することができる。ただし、対外労務合作企業と労務人員との間の契約が労働契約である場合にはこうした費用を受領することはできない（対外労務合作管理条例25条2項）。この規定に違反した場合には、労働契約法の規定に基づいて処罰を受けることになる。

また、対外労務合作企業はいかなる名目においても保証金を受け取り、又は労務人員に対し財産担保を提供するよう要求することもできないとされている。

もし上記の規定に違反した場合には、国務院の価格主管部門より行政罰を受けることになる（同条例44条）。

⑵　サービス費用の上限に関する規定

対外労務合作管理条例には、具体的なサービス費用、労務人員が外国に行ってから必要となる費用についての具体的な規定はない。この点については、1995年に財政部及び対外貿易経済合作部（国務院の1部門。2003年に国務院の機構改革で廃止された。）から公表された「対外経済合作企業の国外派遣人員給料の管理弁法の通知（財外字（1995）259号）（以下、「派遣人員給料管理弁法」という。）」及びその補充規定（財外字（1997）8号）に規定が置かれている。

まず各送出機関（人員送出機関を含む。）は、海外の雇用主との契約において定めた給与の一定割合に応じ管理費・手数料を請求することができるとしている。ただし、請求する管理・手数料の総額は、労務人員の契約上の給与（居住国で支払うべき個人所得税を控除した後の金額）の25％を超えてはならないとされている。この25％がサービス費用に関する一つの上限となっている（派遣人員給料管理弁法4条2項1号）。

当該弁法の補充規定の通知（財外字（1997）8号）4条もサービス費用に関連して同様の規定を置いている。

> 送出機関において原業務単位（筆者注：送出前に当該労務人員が所属していた単位）と労働契約関係を保持している対外送出し労務人員について、企業（筆者注：送出機関のこと）はサービス費用（すなわち管理費及び手続費用）を当該人員から受領することができるものとし、原業務単位はサービス費用から補償を得ることができる。サービス費用の総額は労務契約の給料（駐在国の個人所得税を控除するものとし、以下同様とする。）の25％を超えることはできない。補償費用受取の比率は企業と原業務単位が協議して定める。
>
> 業務単位がなく、又は送出機関において原業務単位と労働契約関係を保持しない対外送り出し人員については、企業が受領するサービス費用は労務契約（企業と労務人員との間で締結された国外送出機関の契約をいう。以下同様）の給料の12.5％を超えることはできない。
>
> 企業と労働契約を有する対外送出人員について、企業の取得するサービス費用は、労務契約の給料の25％を超えることができない。

以上から、送出機関は、対外労務合作送出しに関連して、サービス費用を取得することができ、その金額は、労務人員の給料の控除した後の金額の25％を超えることができないことがわかる。ただし、この25％には、送出機関が、当該労務人員との間で労働契約などを締結していた企業に対して支払う補償費用に一部が充てられることが予定されている。したがって、このような補償費用の支払いが不要である場合には、12.5％が上限になると考えられる。

⑶　労務人員の待遇に関する規定

サービス契約に基づく管理費・手数料を支払った後の手取りの給料、ボーナス及び残業代などは当然のことながら労務人員に帰属することになる（派遣人員給料管理弁法４条２項２号）。

プロジェクトを実施する労務人員の生活待遇水準に関して、プロジェクト内で入札や交渉を行う際に、財務外字412号の規定[24]に基づいて、当該プロジェクトの人件費の入札見積を算出することができるとされている。プロジェクトの実施に際し、プロジェクト実施中に締結された内部請負契

24　1995年に対外貿易経済合作部から発表された「対外援助出国人員生活待遇管理弁法」の通知４条を指す。具体的には、手当についての計算基準が規定されていたが、現在廃止されている。

約の総額の中で、プロジェクトの経済的利益などの実情に応じて、請負単位が自ら見積もりを制定するものとされている（同弁法5条）。

各送出機関は、労務人員を海外に送り出す前に、契約又は協議書を締結し、公証機構の公証を受けなければならず、必要に応じて労務人員に保証又は担保の提供を求めることができるものとされている（同弁法6条）。

労務人員に給与制度が適用された後、海外にいる期間における人身に関する保険手続は送出機関が行うものとされ、保険料は送出機関が負担するものとされている。

また、労務人員が海外で使用する個人的住宅は、送出機関が統一して管理しなければならない。送出機関がまとめて賃貸をする場合には、賃貸料に応じて、労務人員それぞれに対して賃貸料を請求することになる。送出機関が購入又は建設した住宅を労務人員に使用させる場合には、原則として現地の同類の住宅賃貸基準にしたがって、労務人員に賃貸料を請求するものとされている。送出機関は、具体的な管理策を策定し、実施前に管轄部署に報告して承認を得るものとされている（同弁法7条）。

一方、労務人員の配偶者が赴任に同行し、又は配偶者が親族を訪問するために発生する全ての費用は、本人が全額負担するものとされる（同弁法8条）。どのような名義であっても、配偶者を送出機関又は関連企業に属する海外機構内において勤務させることをしてはならないとされている。

6　送出機関が送出国行政に負っている報告義務

(1)　送出前の報告義務

対外労務合作企業は、労務人員と前記4(4)記載のサービス契約又は労働契約を締結した日から10営業日以内に、サービス契約又は労働契約及び労務合作契約の副本並びに労務人員リストを商務主管部門に届け出る報告義務を負う（対外労務合作条例26条）。

なお、商務主管部門は、当該労務人員リストを中央の商務部に報告する義務を負う。

⑵　送出後の商務主管部門及び大使館・領事館への報告義務

対外労務合作企業は、労務人員を組織して出国させた後、出国先の中国の大使館又は領事館に対し、関係状況を遅滞なく報告しなければならない(対外労務合作条例 14 条)。

その後も、労務人員の国外における業務及び生活状況をフォロー・把握し、労務人員の業務及び生活における困難及び問題の解決に協力し、国外雇用主に対して、労務人員の合理的な要求を遅滞なく報告しなければならないとされている(同条例 16 条)。

もし対外労務合作企業が同一の国又は地区に対し派遣する労務人員の数が 100 人を超える場合には、管理人員を随行させるよう手配し、かつ、随行する管理人員のリストを当該国に駐在する中国の大使館又は領事館に対し届け出なければならない。

また、対外労務合作企業は、突発事件応急事前案を制定する義務を負っているが、突発事件が発生した場合には、遅滞なく、適切に処理し、かつ、直ちに当該国駐在の中国の大使館又は領事館及び国内の関係部門に対し報告しなければならない(同条例 17 条)。既述であるが、突発事件としては戦争、暴動、重大自然災害などの事件が想定されている。

⑶　その他の報告義務

もし、対外労務合作企業について、経営上の問題などが生じ、対外労務合作業務の展開を将来に向けて停止する場合であっても、当該企業が既に派遣し、なお国外において業務する労務人員に対しては適切な手配をしなければならない。この手配案は審査認可を行った商務主管部門に届け出なければならない。

これは、既に海外に派遣された労務人員が企業の経営の都合で海外において苦境に立たされることを防ぐことを目的とする規定と思われる。

7　送出機関が海外に送り出されている労務人員へ負っている義務

⑴　契約関連

対外労務合作企業は、前記4⑷記載のとおり、労務人員との間で締結したサービス契約（場合によっては労働契約）の内容について、契約上の義務を負っており、この内容は遵守されなければならない。

また、対外労務合作企業は、労務人員の国外の雇用主との間でも労務合作契約を締結しているが、もし、この労務合作契約の内容と労務人員が国外の雇用主との間で締結する労働契約との間で不一致がある場合には、労務人員の権利が保障されるよう条項を一致させる責任を負っている（労務合作管理条例27条）。

⑵　その他の義務

まず対外労務合作企業は、労務人員の国外における業務及び生活状況をフォロー及び把握し、労務人員の業務及び生活における困難及び問題の解決に協力しなければならないという国外において全面的に労務人員をバックアップする義務を負わされている（労務合作管理条例16条）。

また派遣の前に、労務人員に対し、国外業務への派遣に必要な職業技能、安全のための知識、外国語派遣先の国の法律、宗教・信仰、風俗習慣などの知識の訓練を受けさせるよう手配もしなければならない（同条例12条）。

国外に派遣される期間においては、対外労務合作企業は労務人員のために人身障害保険に加入しなければならない（同条例13条）。ただし、国外雇用主が労務人員のために加入することに契約などで合意している場合を除くとされている。

8　帰国後の支援の要否

帰国後の支援に関しては、「対外労務合作管理条例」において送出機関などに具体的な義務は特に定められていない。人的な繋がりや個別の対外労務合作企業の支援やコミュニケーションはあることをうかがわせる情報は確認できたが、帰国後の支援制度として制定・実施されているものは確認できなかった。

9　送出国の負う義務など

「対外労務合作」については、中国の国内外の貿易及び国際経済合作を管轄する商務部が管轄権を有し管理を行っていることは既述のとおりである。地方政府においても、これに対する商務主管部門を有しており、これら地方政府の商務主管部門が実際に対外労務合作資格の審査などを行うことは前記１及び２で述べたとおりである。

中央政府商務部、地方政府、そして労務人員の送出先である各国に駐在する大使館が負うことになる義務については整理すると大枠として次のとおりとなる。

⑴　中央政府商務部の義務

商務部は、人力資源及び社会保障部門（日本でいう厚生労働省の労働部分を管轄する部門）とともに労務人員訓練に対する指導及び監督を強化するという一般的な義務が定められている。「対外労務合作条例」の規定に違反し、労務人員を組織して国外業務に派遣する行為及びこの条例の規定に違反するその他の行為に対しては、公安、市場監督管理などの関係部門とともに、こうした行為に対して管理及び制止していかなければならないとされている（対外労務合作管理条例38条）。

また、国務院の関係部門とともに、対外労務合作リスクモニタリング及び評価メカニズムを確立し、関係する国又は地区の安全状況の評価結果を遅滞なく公表して、事前警告情報を提供し、対外労務合作企業が安全リスク防御を適切に行うよう指導しなければならないとされている（同条例31条）。

同時に、商務部は、国務院の関係部門とともに、対外労務合作の情報収集及び通報制度[25]を確立して、対外労務合作企業及び労務人員のために情報サービスを無償で提供する（同条例30条）とされている。

ほかに情報の公表については、国務院の商務主管部門は、国務院の関係部門とともに、対外労務合作不良信用記録及び公表制度を確立し、対外労務合作企業及び国外雇用主が契約の合意内容を履行しない、労務人員の適法な権益を侵害するといった行為についてはこれを公表するとしている。対外労務合作企業の違法行為に対する処罰決定も公表されることになっている（同条例37条）。具体的には、商務部が設置している「走出去」（海外への進出を意味する。）公共プラットフォームにおいて不良信用記録が公表されており、当該プラットフォームにアクセスすることで当該情報を確認することができる[26]。

また商務部は、国務院の統計部門とともに、対外労務合作について統計を行って、対外労務合作の発展状況を遅滞なく把握、総括、分析するとされている。

この他、商務部は、関係する県級（中国では省の下に市があり、その下に県がある。）以上の地方人民政府とともに、対外労務合作突発事件事前警告、防御及び応急処置メカニズムを確立する義務及び対外労務合作突発事件応急事前案を制定する義務を負っている。

なお、商務部又は地方政府の商務主管部門などの業務人員が対外労務合作監督管理業務において次の行為のいずれかをした場合には、法により処

25　具体例として「対外投資合作国外安全リスク事前検討及び情報通報制度の通知」（商合発〔2010〕348号）。商務部のホームページにおいても主要職責としても挙げられている〈http://www.mofcom.gov.cn/mofcom/zhize.shtml〉。

26　〈http://fec.mofcom.gov.cn/〉

分を受けることになる（同条例47条）。

①	この条例所定の条件に適合しない対外労務合作経営資格申請に対し認可を与える行為
②	対外労務合作企業がこの条例所定の条件を具備しなくなったにもかかわらず原認可を取り消さない行為
③	この条例の規定に違反し、労務人員を組織して国外業務に派遣する行為及びこの条例の規定に違反するその他の行為に対し法による調査をしない行為
④	その他職権濫用、職務懈怠、私情にとらわれた不正行為、監督管理職責を法どおりに履行しない行為

⑵　地方政府の負う義務

県級以上の地方人民政府は、当該地区において展開する対外労務合作の実情に応じて、関連規定に従って、対外労務合作サービスプラットフォームを組織して確立し、対外労務合作企業及び労務人員のために関連サービスを無償で提供し、対外労務合作企業がサービスプラットフォームを通じて労務人員を募集することを奨励し、及び指導するものとされている。

この点、先述の商務部の「走出去」公共プラットフォームによれば、対外労務派遣者が1,000人を超えた県級人民政府については、サービスプラットフォームの設立が必要とされている[27]。実際に多くの省、市、県級のサービスプラットフォームが存在していることが確認できている。

また、突発事件が生じた場合の緊急対応の措置について、対外労務合作企業又は当該企業所在の省、自治区又は直轄市の人民政府が責任を負うものとし、労務人員の戸籍所在地の省、自治区又は直轄市の人民政府もこれに協力しなければならないとされている（対外労務合作管理条例36条１項）。

⑶　国外の中国大使館などの負う義務

突発事件（送り出し先の国における天災、軍事衝突などが想定される。）が生じた場合の緊急対応については、国外に駐在する中国の大使館又は領事館

27　〈http://fec.mofcom.gov.cn/article/qyml/lwhz/201512/20151201208394.shtml〉

も、これに協力する義務を負う（対外労務合作管理条例２項）。

このほか、国外駐在の中国の大使館又は領事館は、対外労務合作企業のために、国外雇用主及び労働者使用プロジェクトの状況並びに労働者使用プロジェクト所在国又は地区の法律を把握して必要な協力を提供し、職責により対外労務合作企業及び労務人員の国外における正当な権益を維持・保護するとされている。

もし、この条例の規定に違反する行為を発見した場合には、国務院の商務主管部門及び関係する省、自治区又は直轄市の人民政府に対し遅滞なく通報しなければならず、労務人員も、大使館又は領事館に対し、通報できるとされている。ただし、大使館又は領事館の正常な業務秩序に干渉してはならないとも同時に規定されている（同条例35条）。

10　国外就業仲介企業に関して

⑴　もう１つの人材送出ルート

上述してきたように、今回の主な調査の対象である技能実習の送り出しに関する中国法上の仕組みは「対外労務合作」に基づくものである。しかし、中国の労働力の送出しのルートとしては、この「対外労務合作」又は「対外請負工程」に基づく送り出しのように、送出機関を通して労働力を送り出す方法のほか、「国外就業仲介企業」を通して、中国の労働者と国外の企業とが直接労働契約を締結して、労働力が国外において直接就業（国外就業）する仕組みも存在する。

「国外就業」とは、中国公民が国外雇用主と労働契約を締結し、国外において労働を提供し、かつ、労働報酬を取得する就業行為である。そして「国外就業仲介」とは、中国国民が国外において就業するために、又は国外雇用主が中国国内において募集した中国国民を国外において就業させるために、関連サービスを提供する活動をいう。

この国外就業仲介の制度は、能力の比較的高い人材を外国企業が「一本釣り」する形であり、労働集約型の業界において多く使われている「対外労務合作」又は「対外請負工程」に基づく送出しとは一線を画している。日本でも単なる集約型の労働力ではなく、技術や言語の要請から能力の高い中国人人材が必要な場面も増えている。そこでこのような能力に応じた人材を仲介する「国外就業仲介企業」を通じた「国外就業」の制度についても概要を紹介する。

当該制度については、「国外就業仲介管理規定[28]」（以下、国外就業仲介企業を紹介する部分において「本件管理規定」という。）において定めが置かれている。そして主な管轄部門は、労働に関して管理を行う人力資源管理及び社会保障部及び地方政府の労働保障行政管理部門となる。

⑵　国外就業仲介企業の資格要件

派遣仲介の制度の中核となるのは、「国外就業仲介企業」である。この「国外就業仲介企業」については、本件管理規定において、資格要件などの詳細が定められている。具体的には、次の資格要件が必要であるとされている（本件管理規定５条）。

①　企業法人設立の条件に適合すること ②　法律、外国語及び財務会計の専門資格のある専任の業務人員を有し、健全な業務制度及び業務人員規則を有すること ③　予備金が50万人民元以上であること ④　法律又は行政法規に定めるその他の条件

上記の資格要件を満たさず、必要な許認可を取らずに、国外機関、個人及び中国に駐在する外国機関は、中国国内において国外就業仲介活動に従事してはならないとされている（同規定６条３項）。

しかし、実務上、中国外の人材紹介会社が中国の人材に直接コンタクトして国外の企業を紹介するというケースは少なくない。こうした活動は、労働保障行政部門の認可及び工商行政管理機関の登記登録を経ずに、無断

28　2002年７月１日施行
〈http://gkml.samr.gov.cn/nsjg/bgt/202106/t20210628_331633.html〉

で国外就業仲介活動に従事したとして、労働保障行政部門・工商行政管理機関に法により取り締まりを受ける可能性がある。また、その経営に用いられた物品及び所得が没収される可能性がある（同規定33条）。

⑶　手　続

国外就業仲介活動に従事するための手続は、おおよそ次の流れである（本件管理規定6条）。

① 所在地の省級労働保障行政部門に対し申請を提出し、初歩的審査での同意を得る。

② 同所在地の省級公安機関の同意も併せて取得する。

③ 人力資源管理及び社会保障部に報告し審査認可を受ける（60日以内に回答）。

④ 認可がされると国外就業仲介許可証が交付される。

当該許可証の有効期間は3年とされている。

なお、政府各部門の管轄責任であるが、労働保障部門は、国外就業活動の管理及び監督検査につき責任を負い、公安機関は、国外就業仲介活動にかかる出入国秩序の管理につき責任を負い、工商行政管理部門は、国外就業仲介機関の登記登録及び国外就業仲介活動の市場経済秩序の監督管理につき責任を負うとされている。

申請には次の資料の提出が必要であるとされている。

①	完全に記載された国外就業仲介資格申請表
②	企業名称事前承認通知書
③	法定代表者又は任命予定候補者及び主たる業務人員又は採用予定候補者の略歴及び関係資格証明
④	法定資格を有する出資検査機関の発行にかかる出資検査報告
⑤	機関の定款並びに内部の関係する規則及び制度
⑥	国外就業仲介活動を展開する予定の行政区域及びフィージビリティ報告
⑦	住所及び経営場所使用証明
⑧	省級労働保障行政部門の認定にかかる予備金預入証明
⑨	労働及び社会保障部の定めるその他の資料

発行された国外就業仲介許可証については年に１回年度審査が実行される点、予め専用口座に予備金を預け入れて専用資金として使用することを求められる点は、対外労務合作企業の手続と類似している。

⑷　国外就業仲介機関の義務と内容

国外就業仲介機関は、まず、法により国外雇用主の次の資料を審査して、海外雇用主が必要な資格、資金などを有していることを確認する義務を有する（本件管理規定10条１項）。

①　適法な開業証明

②　資金信用証明

③　国外雇用主の所在国若しくは地区の移民部門又はほかの関係する政府主管部門の認可にかかる外国籍人員採用許可証明

国外就業仲介機関及び国外就業人員は、就業仲介サービスに関するサービス契約書を締結しなければならない。この契約書には、双方の権利及び義務、サービス項目、費用収受標準、違約責任、賠償条項などの内容について、明確な規定が設けられなければならない（同規定11条）とされている。そして、国外就業仲介機関は、締結した国外就業仲介サービス合意書及び派遣会社と後記⑹記載の労働者と国外雇用主との間の国外就業労働契約（仲介機関が確認したもの）を地方政府の省級労働保障行政部門に届け出るものとされている。当該届け出を行わないと出入国の手続に必要な国外就業確認書が交付されない（同規定12条）。

なお、禁止事項として、国外就業仲介機関は、次の行為をしてはならないとされている。

①　請負、下請などの方法により、認可を得ていないほかの仲介機関又は個人に引き渡して国外就業仲介活動を展開させてはならない。

②　不法な出入国を組織してはならず、中国国民を組織して国外において中国の法律が禁止する違法犯罪活動に従事させてはならない。

⑸　国外就業仲介機関の権利

国外就業仲介機関は、国外就業人員又は国外雇用主から合理的な仲介サービス料を受け取ることができるとされている。ただし、その価格について、機関の存在する地区の物価部門の監督を受けるともされている（本件管理規定17条）。

⑹　国外就業仲介機関、派遣する労働者との間の契約及び規制と内容

この制度においては、国外就業人員は国外雇用主と直接労働契約を締結する。この締結の際に国外就業仲介機関は、労働契約の内容について確認を行うのに協力及び指導を行う。この労働契約の内容には、契約期間、業務場所、業務内容、業務時間、労働条件、労働報酬、社会保険、労働保護、休憩・休暇、食事・住居条件、契約の変更又は解除の条件及び労働紛争処理、違約責任などの条項が含まれなければならないとされている（本件管理規定10条2項）。

⑺　その他

国外就業仲介サービスに関する広告を掲載する場合には、掲載前に、必ず仲介機関所在地の省、自治区又は直轄市の工商行政管理局の認可を得なければならないとされている（本件管理規定16条）。

また、内地の公民のために香港及びマカオ特別行政区並びに台湾地区における就業に、仲介サービス活動を提供する場合には、この規定を適用しないとされている（同規定42条）。

第2節　ベトナム

1　概　要

契約によるベトナム人労働者の海外派遣は、ベトナムの国家及び党の重要な政策であり、30年以上にわたり実施されており、2006年11月29日付の契約によるベトナム人労働者海外派遣法（Law On Vietnamese Working Abroad Under A Contract（No.72/2006/QH11）、以下、「旧法」という。）により、2007年以降労働者海外派遣が制度化されてきた。これに代わり、2020年11月13日付の新法((Law on Vietnamese Working Abroad Under A Contract（No. 69/2020/QH14）、以下、「新法」という。))が2022年1月1日に発効している。

旧法において、契約により海外で働く労働者（以下、「派遣労働者」又は「労働者」という。）は、ベトナムに居住するベトナム国民であって、ベトナム法及び受入国法に定める全ての要件を満たし、旧法に基づき海外で働く者と定義されてきた[1]。かかる労働者は、次のいずれかの形態により海外で働くことができると整理されていた[2]。

①　労働者を外国に派遣する事業を行うためのライセンスを受けた労働者の派遣を行う企業（以下、「派遣サービス企業」という[3]。）又は政府当局から労働者の海外派遣のための指定を受けた非営利組織との間の契約に基づくもの。

②　請負契約を受注した企業、海外投資機関又は個人と締結した契約に

1　旧法３条１項
2　旧法６条
3　なお、本レポートで「派遣サービス企業」と呼称している企業については、旧法及び新法等の法文では「サービス企業（doanh nghiệp dịch vụ）」、日本に派遣される労働者にかかる規律を定めるOfficial Letter（通知）等においては、法文では「派遣企業（doanh nghiệp phái cử）」と２通りの方法で呼称されている。

基づくもの。

③　労働者が雇用契約を有する企業（以下、「雇用主である派遣企業」という。）と締結した技能実習のために海外派遣する内容の契約に基づくもの。

④　個別の契約（労働者の海外での就労に関して労働者と外国法人などとの間で直接合意された書面による契約）によるもの。

ベトナムと日本の間の「技能実習に関する協力覚書」[4]及び「特定技能に関する協力覚書」[5]を確認する限り、技能実習に関しては、上記①及び③、特定技能に関しては、上記①の形態による労働者の海外派遣を想定しているものと考えられる。このため、本稿ではこの２類型を検討の対象とする。

また、政府監察院による2021年３月３日付契約によるベトナム人労働者海外派遣の分野における国家管理の監査結果の通知（Official Letter No. 351/TB-TTCP of the Government Inspectorate dated 3 March 2021 on notice of inspection conclusion of State management in the field of sending Vietnamese workers to work abroad under contracts（351/TB-TTCP号））（「通知351号」）によれば、現在、上記①の類型のうち、派遣サービス企業について多くの問題が生じている旨が報告されている。従って、上記①の類型については、本報告書の対象を、派遣サービス企業に限定し、派遣を行う非営利組織については、取り扱わない。

以下では、派遣サービス企業と、雇用主である派遣企業について解説を行い、両企業を合わせ「労働者海外派遣企業」という。

4　厚生労働省ウェブサイト（https://www.mhlw.go.jp/content/11800000/000476131.pdf）より参照可能。

5　法務省ウェブサイト（https://www.moj.go.jp/isa/content/930004427.pdf）より参照可能。

2　労働者海外派遣企業に必要とされる要件及び手続

(1)　派遣サービス企業について

ベトナムでは、外国に労働者を派遣するサービスを行う事業には制限が課されている[6]。外国に労働者を派遣する事業を行う企業は、必須条件を満たし、労働者を外国に派遣する事業を行うためのライセンスを取得する必要がある。ライセンスを受けた後、派遣サービス企業は、労働者を海外に派遣するサービスを直接提供しなければならず、ライセンスを他人に使用させるために譲渡することは許されない。旧法上、派遣サービス企業がライセンスを取得するために必要とされていた要件と新法による改訂点を以下のとおり整理する[7]。

ア　企業形態及び法定資本に関する要件

旧法では、企業法（Law on Enterprise（No. 59/2020/QH14））に基づき設立・運営される (a)有限責任会社、(b)株式会社、及び (c)組合の３種類の企業が派遣サービス企業となることができるとしていた[8]。同時に、派遣サービス企業は、以下の資本に関する規制を満たさなければならないとされていた[9]。

①　法定資本が50億ベトナムドン以上であること。

②　全ての出資者（出資社員又は株主）が投資法上の内国投資家であること[10]。

新法では、上記①につき、「法定資本」から「定款資本」へと文言が変更

6　投資法（Law on Investment（No. 61/2020/QH14））付録IV No.68

7　旧法７条２項

8　企業法46条１項、74条１項、111条１項、177条１項

9　政令38/2020/ND-CP号６条

10　旧法が公布された時点では、投資法59/2005/QH11号が施行されていたものの、投資法59/2005/QH11号及びその他細目を定める文書に「内国投資家」の定義はなかった。投資法67/2014/QH13号が公布され、2015年７月11日に投資法59/2005/QH11号が廃止されて以降、「内国投資家」については、「内国投資家はベトナム国籍を有する個人、外国投資家を社員又は株主としない経済団体である。」と公式に定義された。現行の投資法でも「内国投資家」の定義は投資法67/2014/QH13号と同様である。

され[11]、派遣サービス企業の資本条件が、「定款資本が50億ベトナムドン以上であること。」となっている[12]。

イ　労働者の海外派遣に関する活動計画を有すること

旧法の内容を定める政令である政令38/2020/ND-CP号7条では、労働者の海外派遣に関する活動計画の内容は、ベトナム法及び受入国の法令の規定に従う旨記載されていたが[13]、新法では活動計画に関する規定は廃止されている[14]。

ウ　労働者を海外に派遣する活動及び渡航前の労働者に必要な知識を養わせるための専業部署を設けること

旧法では、ライセンスを初めて受けた派遣サービス企業は、ライセンスを受けた日から90日以内に、必要な知識を養い、労働者を国外に派遣する専業部署を組織する計画を実施しなければならないと定められていた。新法では、専業部署に関する規定は存在せず[15]、法令の定めるサービスの内容を遂行するのに十分な数の専門職員を置かなければならないとのみ定められている[16]。サービスの内容は、海外労働市場の開拓、海外における求人情報の提供、広報及び助言、並びに派遣される労働者への職業能力訓練、外国語研修、オリエンテーション教育などが含まれ[17]、旧法における専門部署の機能[18]に類似したものとされている。

派遣労働者への必要な知識訓練を行うための物理的施設は、派遣サービス企業が所有するか、又は派遣サービス企業が契約に基づいて永続的に借りているものでなければならず、かつ、次の最低条件を満たすものでなければならない。

11　現行の企業法においては「法定資本」という用語が用いられなくなったことに伴う技術的な変更である。
12　新法10条1項(a)
13　政令38/2020/ND-CP号7条
14　新法10条
15　新法10条
16　新法10条1項(d)、9条
17　新法9条2項及び9条4項
18　内容は政令38/2020/ND-CP号8条に規定。

① 労働者 100 人を一度に収容できる教室及び部屋があること。

② 平均的な教室の区は派遣される労働者１名あたり $1.4m^2$、平均的な居間は派遣される労働者１名あたり $3.5m^2$ で、学習や宿泊に使用される基本的な設備を伴うこと。

新法の一部の条文の定義に関する政令 112/2021/ND-CP（以下、「新法政令 112 号」という。）では物理的施設に関して上記に加えて、「各部屋の学生は 12 名を超えてはならず、各部屋には基本的設備を備えなければならない。宿泊区域は男女の区画に分かれていなければならず、十分な数のトイレと便器を備えなければならない。」と新たな要件が追加されている[19]。

エ　適格な専門職員及び運営指揮者を有していること

(ア)　適格な専門職員[20]

旧法では、専業部署の専門職員は、次の要件を満たさなければならないとされていた。

① 派遣サービス企業との間で有期又は期間の定めのない労働契約を締結していること[21]。

② 刑事責任を問われ、裁判所の下した刑に服する期間内ではなく、一定の職位、職業又は職務に就くことを禁止されている期間内ではないこと。

③ 大卒又はそれ以上の専門的素地を有すること。

④ 海外の労働市場の開拓、労働者の募集、派遣労働者の管理及び必要な知識の養成に従事する専門職員は、法律、経済・経営、外国語の専攻過程を修了し、かつ、労働者を海外に派遣する分野において１年以上の実務経験を有しなければならない。この点をさらに明確にするために、新法政令 112 号では、専門職員の要件を厳格化し、

19　新法政令 112 号５条１項（c）

20　政令 38/2020/ND-CP 号９条１項

21　期間の定めのない労働契約とは、両当事者が契約の期間又は契約の効力の終了時点を定めないものをいう。有期労働契約とは、両当事者が契約の期間を定めた契約をいい、その有効期間は契約の効力発生日から 36 か月を超えてはならない（労働法 20 条１項）。

契約担当の専門職員は以下の基準のいずれかを満たさなければならないとしている（㋐法律、人文科学、社会福祉、社会・行動科学、ビジネス・マネジメントの分野で大学学位以上を取得、または㋑ ㋐で述べた分野以外で大学学位以上を取得後、契約に基づきベトナム人を海外に派遣した経験が最低2年以上あることを追加している）[22]。

(イ)　運営指揮者[23]

運営指揮者は、派遣サービス企業の法定代理人であり、以下の条件を満たさなければならない[24]。

①　大卒以上の者で、海外への労働者派遣又は国際協力関係の分野について3年以上の経験を有する者[25]。

②　刑事責任を問われ、裁判所の下した刑に服する期間内ではなく、一定の職位、職業又は職務に就くことを禁止されている期間内ではないこと[26]。

新法では、派遣サービス企業の法定代理人としての基準が厳しくなり、以下要件が加重された[27]。

①　経験年数が3年から5年へ増加。

②　法定代理人としての品位に関する条件が強化[28]。

22　新法政令112号4条1項

23　政令38/2020/ND-CP号9条2項

24　企業法において、企業の法定代理人とは、企業を代表して企業の取引に起因する権利を行使し及び義務を履行し、並びに、企業を代表して、原告、被告又は仲裁手続若しくは法廷における利害関係及び義務を有する者として、民事事件の解決を求める訴状を提出する者として行動し、及び、法律に従ってその他の権利を行使し及び義務を履行する個人を意味するとされている（企業法12条1項）。

25　旧法9条3項

26　政令38/2020/ND-CP号9条1項（b）

27　旧法10条1項（c）

28　具体的には、刑事訴追の対象となっておらず、国家の安全を害する罪、人命・健康・尊厳及び名誉を害する罪、詐欺罪、財産の横領罪、信託財産の濫用、虚偽の宣伝、顧客の欺罔、他人をベトナムに不法に出入国させ又は滞在させることの組織又は仲介、他人を外国に逃亡させ又は不法に滞在させることの組織又は仲介の罪、不法に外国に逃れること又は滞在することを他人に強要する罪のいずれかについて、有罪判決を受けた前歴がないことが要件となっている。

オ　10億ベトナムドンの預託金[29]

なお、新法では、上記の要件に加えて、派遣サービス企業に対し、ドメイン名が「.vn」の公式ウェブサイトを持つことが要件とされている[30][31]。派遣サービス企業は、公式ウェブサイトを利用して、ライセンスに関する情報[32]、法定代理人に関する情報、専門職員の名簿、本店の住所、事業所の所在地、海外就労前の従業員のためのオリエンテーション教育活動のための物理的施設、その他法令が必要と定める内容を公表しなければならない[33]。

新法、旧法いずれにおいても、派遣サービス企業は、ライセンスの発行日から10日以内に、ライセンスの写しを同封した書面による通知を派遣サービス企業の本店が所在する省又は市の人民委員会に送付し、派遣事業者の本店にライセンスの写しを掲示しなければならないとされている[34]。また、旧法ではライセンスの発行日から30日以内に、ライセンスの内容を、中央の紙面の新聞又は電子新聞のいずれか１紙に３号連続して掲載しなければならないとされていたが[35]、新法では、従来の紙面の新聞又は電子新聞に代えて、公式ウェブサイトにライセンスの内容を掲載することが派遣サービス企業に義務付けられている[36]。

新法上、旧法に基づきライセンスを付与された派遣サービス企業であっても付与されたライセンスに基づいて業務を継続することができる。ただし、当該派遣サービス企業が新法10条１項a号、b号、d号、dd号及びe号で規定された条件を満たさない場合には、当該派遣サービス企業は12か月以内に以下のライセンス発行要件を補完する必要がある[37]。

29　派遣サービス企業の預託金については、後記⑹イ㋐で詳述する。
30　新法10条１項(e)
31　新法政令112号６条１項
32　新法15条２項
33　新法26条２項(b)
34　旧法13条１項及び新法15条１項
35　旧法13条２項
36　新法15条２項
37　新法74条１項(a)

① 50億ベトナムドン以上の定款資本を有し、全ての所有者、会社社員及び株主が投資法の定めるところより国内投資家であること。

② 新法24条の規定に従って預託金を納付したこと。

③ 法定代表者はベトナム国民であり、大学卒業以上の学位を有し、契約によるベトナム人労働者海外送出又は人材紹介に5年以上の経験を有し、刑事責任を追及されていないこと。

④ 新法9条で規定する内容を実行する十分な専門職員の人数を有すること。

⑤ 契約により海外へ働きに行くベトナム人労働者に対するオリエンテーション教育の要件を満たすための施設が整っていること。

⑥ ウェブサイトを有すること。

派遣サービス企業が要件を補完しない場合、当該派遣サービス企業のライセンスは取り消される[38]。なお、旧法の規定に基づきライセンスを取得した派遣サービス企業は、上記の新法上の要件を満たす場合、現在のライセンスを新法上の新形式のライセンスに変更するための申請書を提出することができる[39]。

⑵ 雇用主である派遣企業について

雇用主である派遣企業にはライセンス取得は不要である。以下の条件を満たす場合、技能実習の形式で労働者を海外に派遣することができる[40]。

① 雇用主である派遣企業が、外国の受入機関との間で締結する技能実習形態による派遣労働者の海外派遣に関する当事者（派遣労働者及び当該労働者のベトナムの雇用主である派遣企業）の権利及び義務を規定する

---

38 新法74条1項(a)

39 新法74条1項(b)及び新法規則112号11条。なお、新法及び新法政令112号の下でのライセンスのフォームは、旧法の下で規定されているフォームとは異なる。新しいライセンスフォームには、オリエンテーション教育を行う物理的施設の住所、派遣サービス企業のウェブサイトが記載される。また、派遣サービス企業の責任もライセンスに記載される（新法政令112号附属書Ⅰ）。

40 旧法34条及び新法36条1項

契約（以下、「実習生受入契約」という。）を締結しており、かつ、当該実習生受入契約が管轄当局に登録されていること[41][42]。

② 雇用主である派遣企業が、派遣労働者との間で、実習のために労働者を海外に派遣することを内容とする契約（以下、「実習生海外派遣契約」という。）を締結しており[43]、加えて、雇用主である派遣企業が、派遣労働者との間で、労働法（Labor Code（No. 45/2019/QH14））に基づく労働契約も締結していること[44]。

③ 派遣労働者が海外で技能向上実習の形で就労する職業及び業務は、雇用主である派遣企業の生産分野及び事業分野に適合すること[45]。

④ 法令により規定された預託金を有すること[46]。

3　派遣する労働者のリクルート方法に関する規定

(1)　派遣労働者の形態

前記１で述べたように、旧法では、４つの形態が定義されていた[47]。新法でも実質的な変更はないが、以下のとおり条文がより詳細になっている[48]。

① 国際的合意の実施のために非営利組織との間で締結された契約に基づくもの。

② 次の企業／機関／個人との間で締結された契約に基づくもの。

(i)　派遣サービス企業

41　旧法35条１項、35条２項及び新法36条１項

42　実習生受入契約の登録については、後記(6)３で詳述する。

43　旧法35条３項、新法36条３項及び新法38条。なお、新法上は、「実習生海外派遣契約」は、「外国における職業訓練契約」と呼称されている。

44　旧法34条２項及び新法36条３項

45　旧法34条３項及び新法36条４項

46　旧法34条４項及び新法36条２項。雇用主である派遣企業の預託金については、後記７(2)イで詳述する。

47　旧法６条

48　新法５条

(ii)　請負契約を受注した企業

(iii)　雇用主である派遣企業

(iv)　海外投資機関又は個人

③　海外の使用者との間で直接締結された契約に基づくもの。

(2)　労働者海外派遣企業（派遣サービス企業を通じた派遣及び雇用主である派遣企業による派遣の双方）に関係する規定

ア　海外派遣労働者の要件

旧法上、労働者海外派遣企業より派遣される労働者（いずれも含む）について、以下の要件が規定されていた[49]。

①　完全な民事上の能力を有すること。

②　自由意思により海外で稼働すること。

③　遵法精神があり、道徳的であること。

④　ベトナム法及び受入国法上の要件に沿った良好な健康状態にあること。

⑤　受入国が要求する外国語能力、専門知識、技術、技能及びその他の条件に関する要件を満たすこと。

⑥　必要な知識を得るための研修の修了証を取得していること。

⑦　ベトナム法による出国禁止の事案に該当しないこと。

新法では、必要な知識を得るための研修の修了証の取得に関する要件（上記⑥）が削除され、オリエンテーション教育コースの修了証を有することという要件になっている[50]。オリエンテーション教育コースは、新法に基づく労働者海外派遣企業の必須要件である[51]。

イ　海外派遣労働の申請

旧法上、派遣労働者は、海外派遣労働の申請をしなければならないとさ

49　旧法42条
50　新法44条4項
51　新法65条

れていた。申請書類は、次のとおりである[52]。

①　海外派遣労働申請書

②　当該労働者が常時居住している市町村の人民委員会、又は当該労働者を管理する当局、組織若しくは企業により認証された履歴書、並びにその遵法精神及び道徳性に関する所見

③　資格を有する医療機関が発行した健康診断書

④　卒業証書、外国語、専門知識又は技能に関する証明書、並びに必要な知識の取得に関する証明書

⑤　受入国の要請するその他の書類

新法では、上記の派遣労働者の申請の条件に加え、必要な知識の取得に関する証明書に代えて、オリエンテーション教育コースの修了証の提出が求められている[53]。その他の申請書類は、新法の下でもおおむね同様である[54]。

ウ　派遣労働者の権利及び義務

旧法上、労働者海外派遣企業より派遣される労働者の権利は、次のとおり定められていた[55]。

①　派遣労働者に関するベトナムの政策及び法令に関する情報、受入国の政策、法令、慣習及び実務に関する情報、並びに海外で就労する際の両当事者の権利及び義務について、労働者海外派遣企業に対して提供するよう要請すること。

②　ベトナムが加盟している条約、並びに省庁及び同レベル又は政府付属の機関が署名した国際的な協定において明記されている、給料、賃金、その他の収入、診療及び治療の制度、社会保険並びにその他の給付を享受すること。

③　ベトナム法、受入国法、国際法及び海外就労中の実務に従って、労

52　旧法43条
53　新法45条４項
54　新法45条
55　旧法44条

働者海外派遣企業、受入国所在のベトナム在外大使館及び領事館並びにそれらの正当な権利と利権による保護を受けること。労働契約上及び実習契約上の権利を行使し利益を享受することについて労働者海外派遣企業による助言と支援を受けること。

④　ベトナム法及び受入国法に従って、個人の給料、賃金、収入及びその他の資産を母国に向けて送金すること。

⑤　法律に従って、海外雇用支援基金から給付を受けること。

⑥　労働者海外派遣における違法な行為について、不服を申し立て、弾劾し又は訴訟を提起すること。

上記に加え、新法では、派遣労働者が虐待を受け、就業を強いられ、又は就業期間中に生命身体に対する直接の脅威若しくはセクシュアル・ハラスメントを受ける危険のあることが明らかな場合には、一方的に契約を解除できるとされている[56]。また、ベトナムと受入国の間に社会保険に関する協定や二重課税回避の協定のある場合には、両国で社会保険や個人の所得税を重ねて支払う必要はないとされている[57]。さらに、派遣労働者は、労働者海外派遣企業より、帰国後に就職の斡旋や起業について、希望すれば社会心理カウンセリングサービスを受けることの支援を受けられるとされている[58]。

旧法上、海外派遣労働者の義務は、次のとおり定められていた[59]。

①　ベトナムの良好な伝統の維持及び促進、受入国の慣習及び実務の尊重、並びに受入国の労働者及び他国の労働者との連帯をとること。

②　職業訓練、外国語の習得、法令の理解に率先して取り組むこと。

③　海外派遣前に必要となる知識の習得のためのコースに参加すること。

④　ベトナム法及び受入国法を遵守すること。

⑤　適切な場所で就労すること。就業規則を遵守し、労働契約又は実習

56　新法6条1項(dd)
57　新法6条1項(g)
58　新法6条1項(i)
59　旧法45条

契約（後記４⑶で定義）の終了後は受入国の規制に従って帰国すること。

⑥　署名した契約の違反による損害については、ベトナム法及び受入国法に従って責任を取ること。

⑦　ベトナム法に従って社会保険に加入し、受入国の規制に従ってその他の形態の保険に加入すること。

⑧　ベトナム法及び受入国法の規定に従って所得税を納付すること。

⑨　ベトナム法に従って海外雇用支援基金に対する拠出をすること。

上記に加え、新法の下では、派遣労働者に対してより厳格な義務が求められている。具体的には、派遣労働者は、（必要な知識の習得のためのコースに代えて）オリエンテーション教育コースを修了しなければならないこと、新法規定により、サービス料及び預託金の定めがある場合、これを支払わなければならないこと、派遣サービス企業からの派遣については派遣労働者と外国の受入機関との間で締結される労働契約、雇用主である派遣企業については外国における職業訓練契約（実習生海外派遣契約が改称されたもの。後記４⑶で詳述。）の終了後は直ちに帰国しなければならないこと、海外派遣前には居住地について、帰国後は居住地法に従って入国の日から15日以内に新居住地について、それぞれ居住登録事務所に届出を行わなければならないことが定められている[60]。

⑶　派遣サービス企業を通じた派遣の場合のみに適用される規定

ア　派遣サービス企業と派遣労働者間の預託金

労働者供給契約及び労働者海外派遣契約の様式及び内容を規定する通達（Circular providing the forms and contents of labor supply contract and sending worker to work abroad contract（No. 22/2013/TT-BLDTBXH））（以下、「通達22/2013/TT-BLDTBXH号」という。）にて、派遣サービス企業は、派遣労働者と、業種、職種、労働者の受入国に応じて、法令に定める預託金の

60　新法６条２項（c）、（d）及び（g）

上限額を超えない範囲で預託金について合意することと定められている[61]。派遣労働者による預託金に関する詳細は後記7(3)のとおりである。雇用主である派遣企業と労働者に関しては、旧法及び新法において、預託金に関する規定は存在していない。

イ　派遣サービス企業との派遣労働者間の権利義務[62]

旧法上、派遣サービス企業と派遣労働者の間の権利義務に関しては前記3(2)ウで説明した権利義務に加え、次の権利義務が規定されていた。

① 派遣サービス企業と派遣労働者の間で、派遣労働者及び派遣サービス企業の権利及び義務を定めた契約（以下、「労働者海外派遣契約」という。）を締結すること。

② 労働契約上の要件に従った職能を備え、外国語ができること。

③ 海外に派遣され就労するための資金を金融機関から法律に従って借り受けること。

④ 派遣サービス企業が労働者海外派遣契約に違反した場合、損害について賠償を受けること。

⑤ 受入国の法律に従って、労働契約の延長又は新たな労働契約の締結をすること。

⑥ 派遣サービス企業に対してサービス料を支払い、存在する場合は仲介手数料を返済すること。

⑦ 契約に従った労働者の海外派遣を確実に行うため、派遣サービス企業との合意に従って、預託金を預け入れること、又は保証人を紹介すること。

⑧ 労働契約の終了日から180日以内に、派遣サービス企業との労働者海外派遣契約を精算すること。

なお、上記⑥について、新法では仲介手数料という用語は廃止され、使

61　通達21/2013/TT-BLDTBXH21号の付録1
62　旧法46条

用されなくなっている[63]。また、仲介手数料の徴収は新法で禁止行為とされている[64]。さらに、新法は、派遣サービス企業が締結した労働者海外派遣契約上の義務を履行しない場合、派遣労働者の側から派遣サービス企業との労働者海外派遣契約を終了させることを認めている（両当事者が別段の合意をした場合を除く。）[65]。

⑷　雇用主である派遣企業による派遣の場合の規定

旧法では、雇用主である派遣企業からの派遣労働者は、次の権利義務を遵守しなければならないとされていた[66]。

①　実習生海外派遣契約を締結すること。

②　雇用主である派遣企業が実習生海外派遣契約に違反した場合の損害について賠償を受けること。

③　実習生海外派遣契約を清算すること。

新法では、雇用主である派遣企業からの派遣労働者の新たな権利として、派遣労働者は、雇用主である派遣企業によりベトナムへ帰国させられた後、再び受け入れられ、適切な職務を手配されることが定められている[67]。

4　派遣労働者が締結する契約の類型と内容

⑴　派遣形態ごとに派遣労働者が締結する契約の類型

旧法上、派遣労働者が派遣サービス企業を通じて海外で就労する場合には、派遣労働者は次の契約を締結する必要があるとされていた。

①　労働者海外派遣契約[68]

②　派遣労働者と外国の受入機関との間で締結される派遣労働者及び使

63　仲介手数料に関する更なる情報については後記７⑴アを参照。
64　新法７条８項
65　新法46条４項
66　旧法48条
67　新法48条４項
68　旧法３条３項、17条２項及び46条１項

用者の間の権利義務を定めた労働契約(以下、「外国労働契約」という。)[69]

また、旧法上、派遣労働者が雇用主である派遣企業を通じて海外で就労する場合には、派遣労働者は次の契約を締結する必要があるとされていた。

① 実習生海外派遣契約[70]

② 派遣労働者と雇用主である派遣企業との間で締結されるベトナムの労働法に従った内容の労働契約[71]

③ 派遣労働者と外国の受入機関との間で締結される技能実習契約(以下、「実習契約」という。)[72]

新法では、派遣労働者が雇用主である派遣企業を通じて海外で就労する場合の契約類型のうち、①の実習生海外派遣契約は、「外国における職業訓練契約」に改称され(後記4⑵ウで詳述。)、③の派遣労働者と海外の受入機関との間の実習契約は、締結不要とされている。

⑵ 派遣サービス企業を通じた派遣の場合の契約の内容と労働者海外派遣契約の内容

ア 労働者海外派遣契約の内容

旧法上、労働者海外派遣契約は、派遣労働者及び派遣サービス企業の権利及び義務を定めるものであるとされていた[73]。新法においても、労働者海外派遣契約の位置付けは旧法と同様である[74]。労働者海外派遣契約の雛形は、通達22/2013/TT-BLDTBXH号により公布されていた[75]。同通達上、労働者海外派遣契約の内容は、派遣サービス企業と外国の受入機関との間の、ベトナム人派遣労働者の供給及び受入れに関する条件及び両当事者間

---

69 旧法3条5項、46条5項及び48条1項。なお、旧法上、「労働契約」とは、労働者と使用者との間で締結される、労働関係における両当事者の権利及び義務を定めた書面による合意と定義されている(旧法3条5項)。

70 旧法34条2項及び35条3項

71 旧法34条2項

72 旧法35条4項

73 旧法3条3項、通達22/2013/TT-BLDTBXH号7条

74 新法21条

75 通達22/2013/TT-BLDTBXH号付録2

の義務を定める書面による合意（「労働者供給契約」という。後記５で詳述。）の内容に適合している必要があり、具体的には次の内容が記載されていなければならないとされていた[76]。

① 契約当事者の情報

(i) 派遣サービス企業の情報：派遣サービス企業名及び取引上の名称、派遣サービス企業の代表者、登録上の住所又は取引上の住所、企業登録証明書の発行日、企業コード、口座番号、電話番号、ファックス番号、電子メールアドレス並びにその他の関連情報

(ii) 派遣労働者の情報：氏名、生年月日、本籍地、現住所、電話番号、身分証明書番号、旅券番号及び緊急連絡先

② 派遣労働者を雇用する会社名及び住所

③ 派遣労働者が派遣先で遂行する職種又は業務

④ 以下を含む労働者の労働条件、生活条件及びその他制度

(i) 契約期間、労働時間及び休憩時間、給与、その他の手当及び賞与（存在する場合）、給与の支払方法、時間外勤務手当、労働安全衛生及び保護、宿泊、医療、保険

(ii) ベトナムから受入国の入国地点、及び受入国の入国地点から勤務地間の派遣労働者の移動手段の手配及び旅費の支払義務

(iii) 契約期間満了前における派遣労働者のベトナムへの帰国事由及び当該場合における両当事者の旅費の支払義務

(iv) 派遣労働者にかかる費用（存在する場合）：仲介手数料、サービス料、預託金、その他の費用（航空運賃、外国語コース受講費、職業訓練コース受講費など）、これらの費用の金額、通貨及び支払いの詳細（日程、日時、支払方法）

⑤ 派遣サービス企業の権利及び義務

労働者海外派遣契約には、派遣労働者の選定及びベトナム出国前にお

76　通達 22/2013/TT-BLDTBXH 号８条及び付録２

ける研修、派遣労働者の海外派遣にかかる各手続の実施、海外勤務中における派遣労働者への支援及びリスク対応、並びに契約終了に関する派遣サービス企業の権利及び義務が規定されていなければならない。

⑥　派遣労働者の権利及び義務

労働者海外派遣契約には、研修期間中、出国手続期間中、海外派遣期間中、契約満了及びベトナム帰国時における、派遣労働者の権利及び義務が規定されていなければならない。

⑦　損害賠償規定

当事者は、損害賠償事由及び損害を与えた当事者が相手方当事者に対して支払うべき損害賠償額を規定しなければならない。

⑧　契約の終了

当事者は、契約終了事由、契約終了の手順及び手続、契約終了後の当事者の責任について規定しなければならない。

⑨　準拠法及び紛争解決

労働者海外派遣契約は、ベトナム法に準拠し解釈される。契約当事者間の紛争は有効な労働者海外派遣契約に基づき解決され、当該契約に規定のない紛争については、関連法令に従い解決されなければならない。

新法においても、労働者海外派遣契約の位置付けは旧法と同様である[77]。また、新法では、通達22/2013/TT-BLDTBXH号に代わり新法についての事項を定める労働傷病兵社会省の2021年12月15日付通達21/TT-BLDTBXH（以下、「通達21号」という。）で労働者海外派遣契約の内容が定められている[78]。通達21号の示す契約内容は、通達22/2013/TT-BLDTBXH号とほとんど同一であるが、①仲介手数料に関する規定がなくなったこと、②「労働契約の期間、産業、職務内容、職場、雇用主に変更があった場合、サービス企業と派遣労働者は、契約の継続または契約の延長に合意することができる」という契約更新に関する規定が

77　新法21条
78　通達21号付属書I様式番号03の14.1条

新たに設けられたこと[79]が変更点である。

イ　派遣労働者と外国の受入機関との間で締結される労働契約の内容

旧法上は、派遣労働者と外国の受入機関との間で締結される労働契約は、その内容が労働者供給契約（後記6で詳述。）の内容に適合したものでなければならないなど、一定の規律が存在した[80]。また、派遣労働者は、受入国の法令に定めるところにより、本国に帰国することなく労働契約の期間の延長又は労働契約の更新を行うことができ、その旨を受入国所在のベトナム在外ベトナム大使館又は領事館に報告しなければならないとされていた[81]。

新法では、派遣労働者が受入国の法令に定めるところにより労働契約の期間の延長又は労働契約の更新を行うことができる旨の規定を除き、派遣労働者と外国の受入機関との間で締結される労働契約に関する規定は撤廃された[82]。派遣労働者と外国の受入機関との間の労働契約の履行地は受入国であることから、当該労働契約の内容については、受入国の法令が適用されるものと考えられる。

ウ　雇用主である派遣企業による派遣の場合の契約の内容

(ア)　実習生海外派遣契約の内容

実習生海外派遣契約とは、旧法で定められていた契約類型であり、雇用主である派遣企業が、外国の受入機関との間で締結する技能実習形態による派遣労働者の海外派遣に関する当事者（派遣労働者及び当該労働者のベトナムの雇用主である派遣企業）の権利及び義務を規定するものである[83]。実習生海外派遣契約の内容は、雇用主である派遣企業と外国の受

79　通達21号付属書I様式番号03の8条

80　旧法17条2項

81　旧法46条5項、旧法並びに旧法の一部条項の細則及び指針に関する2007年8月1日付政令126/2007/ND-CP号の一部条項の施行細則及び指針に関する通達（Circular detailing and guiding the implementation of a number of articles of the Law on Vietnamese Working Abroad Under A Contract and the Governments Decree No. 126/2007/ND-CP dated 1 August 2007 on detailing and guiding a number of articles of the Vietnamese Working Abroad Under A Contract（No. 21/2007/TT-BLDTBXH））IV条5項

82　新法46条5項

83　旧法6条3項及び35条3項、通達22/2013/TT-BLDTBXH号7条

入機関との間で締結される実習生受入契約（後記6で詳述。）の内容に適合したものでなければならないとされていた[84]。

新法では、実習生海外派遣契約は、外国における職業訓練契約に改称されている[85]。外国における職業訓練契約の内容は、実習生受入契約の内容に適合したものであるほか、ベトナム労働法を遵守する必要がある[86]。したがって、新法上の外国における職業訓練契約には、主に次の内容が記載されていなければならない[87]。

訓練を受ける職業	訓練費用及びその返済責任
訓練場所、期間及び訓練期間中の給与	使用者の責任
訓練後の勤務を誓約する期間	労働者の責任

㈠　派遣労働者と雇用主である派遣企業との間で締結される労働契約の内容

旧法上、派遣労働者と雇用主である派遣企業との間の労働契約は、労働に関する法令に従うものと規定されていた[88]。当該労働契約はベトナムの労働法の適用を受けるものと考えられる。労働法上記載されなければならない主な内容は次のとおりである[89]。

使用者の氏名、住所、使用者側において労働契約を締結する者の氏名及び役職	昇級及び昇給制度
労働者側において労働契約を締結する者の氏名、生年月日、性別、居住地、身分証明書番号又は旅券番号	労働時間、休憩時間
職務内容及び勤務場所	従業員の個人用保護具
契約期間	社会保険、健康保険、失業保険
職務又は役職に応じた給与、給与の支払方法、給与の支払時期、手当及びその他の追加支払金	受けることのできる基礎及び上級訓練、職業能力開発

84　旧法35条3項
85　新法38条1項
86　新法38条2項
87　労働法62条2項
88　旧法34条2項
89　労働法21条1項

新法では、雇用主である派遣企業は、労働契約を締結しており、実習生受入契約に基づく訓練、職業技能向上のための外国における職業訓練契約を有する労働者のみを、海外の受入先に派遣することができる旨が規定されている[90]。本規定以外には、派遣労働者と雇用主である派遣企業との間の労働契約を定める規定は、設けられていない。ただし、派遣労働者と雇用主である派遣企業との間の関係を規定する労働契約は、ベトナムで締結及び履行されるものであることから、ベトナム労働法の適用を受けるものと考えられる[91]。したがって、新法における派遣労働者と雇用主である派遣企業間の労働契約も、旧法下と同様に上記の内容を含むものでなければならないものと考えられる。以上より、新法においても、現行法からの変更点は基本的には存在しないものと考えられる。

㈭　実習契約の内容

旧法上、実習契約は、派遣労働者が技能実習形態により海外で就労する期間中の、派遣労働者及び海外の受入機関の権利及び義務を規定するものであったが[92]、新法により、実習契約に関する規定は撤廃された。

5　労働者海外派遣企業と日本側の受入機関との間の契約に関する規制と内容

⑴　派遣形態ごとの契約の類型と規律

新法、旧法いずれにおいても、派遣サービス企業を通じた労働者派遣の場合、派遣サービス企業と外国の受入機関の間では労働者供給契約が締結され[93]、雇用主である派遣企業による派遣の場合、雇用主である派遣企業と外国の受入機関の間で、実習生受入契約が締結される[94]。

労働者海外派遣企業と外国の受入機関との間の契約の内容については、

90　新法36条３項
91　労働法１条及び２条
92　旧法35条４項
93　旧法17条１項及び新法19条２項
94　旧法34条１項、旧法35条１項、新法36条１項及び新法37条

労働傷病兵社会省の通知により、具体的な指針が示されている。

(2) 派遣サービス企業を通じた派遣の場合の契約（労働者供給契約）の内容と規制

ア　新法及び旧法における規制

旧法上、労働者供給契約とは、派遣サービス企業と外国の受入機関との間の、ベトナム人派遣労働者の供給及び受入れに関する条件及び両当事者間の義務を定める書面による合意をいうとされており[95]、労働者供給契約は、労働傷病兵社会省に提出される必要があり、その承認を受けて発効するものとされていた[96]。派遣サービス企業は労働傷病兵社会省の中の部局であり海外において稼働するベトナム人に関する管轄を有する海外労働管理局に労働者供給契約の登録のための書類[97]を提出することとされ、海外労働管理局は、有効な申請書類一式を受領後10日以内に、派遣サービス企業に対して理由を記載した書面による回答を行うものとされていた[98]。

新法では、労働者供給契約の内容として、旧法で規定が必要と定められている主な事項が踏襲されるとともに、幾つかの事項が追加されている。具体的には、以下の内容が含まれるべきとされている[99]。

契約期間	労働者の人数、業務内容、労働者の年齢
労働者受入国	外国における使用者と契約を締結する場合には、就労場所
労働条件、労働環境	勤務時間、休憩時間

95　旧法3条2項及び通達22/2013/TT-BLDTBXH号4条。なお新法では、19条1項にこの内容が規定されている。

96　旧法18条。なお、新法では20条1項にこの内容が規定されている。

97　旧法19条及び通達21/2007/TT-BLDTBXH号VI条1項によると、登録のための提出書類は次のとおりである。
i. 法定の様式による登録申請書、ii. 労働者供給契約書の写し（ベトナム語訳添付）、iii. 労働者の海外派遣が受入国の法律に従っていることを証明する文書（ベトナム語訳添付）、iv. 労働者供給契約の履行計画、その他各労働市場に関連する文書

98　通達21/2007/TT-BLDTBXH号VI条1項

99　新法19条2項

労働安全、労働衛生	賃金、報酬、その他の制度及び賞与（ある場合）、残業手当、労働者受入国の規定による賃金からの控除金額
食事、宿泊、生活、通勤手段等の条件	健康診断・治療制度、妊娠・出産制度
社会保険、健康保険、労働災害保険、職業疾病保険	契約の有効期間が終了する前の労働者による契約解除の条件と損害賠償責任
外国の労働者受入機関によって支払われるサービス料（存在する場合）	ベトナムと就労場所の間の往復交通費の負担責任
外国で働く期間中の労働者が直面するリスクに関わる各当事者の責任	外国で働く期間中の労働者に発生する問題を解決する際の各当事者の責任
紛争解決のためのスキーム、手続、適用法	法律及び社会倫理に反しない範囲内でのほかの合意

また、新法において仲介手数料の一部又は全部を派遣サービス企業に支払う派遣労働者の義務がなくなったことから、労働者供給契約における仲介手数料関連の規定は削除されている[100]。また、新法では海外労働管理局が申請書類受領後に回答を行う期間が５日間に短縮されている[101]。

通達21号では、上記に加えさらに、技能実習生制度及び特定技能制度を利用し日本に派遣される労働者に関する労働者供給契約の詳細な内容が定められている。通達21号では、技能実習生制度の下で派遣される労働者に関する労働者供給契約について、上記表のうち、労働安全、労働衛生、食事、宿泊、生活、通勤手段等の条件、外国の労働者受入機関によって支払われるサービス料、ベトナムと就労場所の間の往復交通費の負担責任及び法律及び社会倫理に反しない範囲内でのほかの合意の詳細が定められている[102]。特定技能制度を利用し、日本に派遣される労働者についても、労働安全、労働衛生、外国の労働者受入機関によって支払われるサービス料、ベトナムと就労場所の間の往復交通費の負担責任及び法律及び社会倫理に反しない範囲内でのほかの合意の詳細が定められている[103]。また、いずれ

100　新法22条
101　新法20条３項
102　通達21号付属書Ⅱの項目Ⅰ
103　通達21号付属書Ⅱの項目Ⅱ

の制度に基づく場合でも、「法律及び社会倫理に反しない範囲内でのほかの合意」として、日本法の規定及びベトナムと日本との間の国際協定がある場合には、これらが適用されることも定められている[104]。

イ　労働者供給契約の雛形

労働者供給契約の雛形は、通達22/2013/TT-BLDTBXH号で別紙として定められている[105]。旧法上、労働者供給契約は、ベトナム法及び受入国法に準拠し、以下の主要な内容を含むものでなければならないとされていた[106]。新法制定後、労働者供給契約の雛形について定める通達は発出されていないので、新法下でも別途の通達が発出されるまでは、本通達のうち新法の内容に矛盾する下記④の仲介手数料の部分以外は契約内容を考える際の参考となるものと考えられる（新法上の仲介手数料の位置付けについては6(1)ア参照）。

① 契約当事者に関する情報：契約当事者の氏名、取引上の名称、当事者の代表者、登記上の住所又は取引上の住所、企業登録証明書の発行日、企業コード、口座番号、電話番号、ファックス番号、電子メールアドレス及びその他の関連情報

② 労働者の送出し及び受入れの条件に関する内容：

(i) 派遣期間、派遣労働者の数、予定されている職種及び業務

(ii) 勤務地、勤務期間、勤務条件及び勤務環境、勤務時間及び休憩時間、労働安全及び保護、給与、賃金、その他の手当及び賞与（存在する場合）、時間外勤務手当

(iii) 生活条件、医療関連制度、保険制度

(iv) 契約の中途解約及び賠償責任の条件

(v) ベトナム及び勤務先間の旅費負担義務

(vi) 海外派遣労働者の死亡に関する関係者の責任

104　通達21号付属書Ⅱの項目Ⅰ及び項目Ⅱ

105　通達22/2013/TT-BLDTBXH号付録1

106　旧法17条1項及び通達22/2013/TT-BLDTBXH号5条

(vii)　ベトナムへの送金を支援する責任

③　契約当事者の権利及び義務

労働者供給契約には、労働者の選定及びベトナム出国前における研修、海外で就労するベトナム人労働者の派遣及び受入れにかかる各手続の実施、並びに労働者の海外勤務中に発生した問題への解決に関する契約当事者の権利及び義務が規定されなければならない。

④　仲介手数料（存在する場合）

労働者供給契約には、仲介手数料（存在する場合）の水準、支払責任、使用通貨、支払いの詳細（日程、時間及び方法）が規定されなければならない。

⑤　紛争解決

派遣サービス企業と外国当事者の間の紛争は、締結された契約に基づき解決されるものとする。当該契約に記載されていない紛争については、ベトナム法、受入国法又はベトナムが加盟する国際条約に基づいて解決することができる。

⑥　契約期間及び更新

労働者供給契約には、契約期間及び契約更新条件が規定されなければならない。

⑦　中途解約

両当事者は、契約の中途解約事由、両当事者による中途解約の手順及び手続、解約後の両当事者の責任、その場合の派遣労働者の権利について合意し、労働者供給契約に規定しなければならない。

ウ　日本の受入機関と締結される労働者供給契約の内容に関する規律

2019年5月20日付の労働傷病兵社会省と日本の法務省、外務省、厚生労働省及び警察庁との間で締結された日本で働くベトナム人特定技能労働者の送出しに関する協力覚書を実施するため、海外労働管理局は、労働傷病兵社会省及び海外労働管理局による2020年3月27日付日本への労働者供給契約及び労働者海外派遣契約に関する通知（Official Letter No. 606/

QLLDNN-NBDNA of MOLISA and Department of Overseas Labor dated 27 March 2020 on the Labor Supply Contract and Guest Labor Contract to work in Japan）（以下、「通知606号」という。）において日本の受入機関と締結される労働者供給契約の内容に関する指針を示している。指針では、派遣サービス企業と日本側の受入機関との間で締結される労働者供給契約の内容につき、前記の通達22/2013/TT-BLDTBXH号を参照しつつ、以下のとおり定めている。

① 派遣労働者の外国語及び専門技能に関する研修費用は、日本側の受入機関が全額提供する。派遣サービス企業は、派遣労働者から研修費を徴収してはならない。研修費用は、労働者供給契約の規定に従い、派遣サービス企業の口座に振り込まれる。

② 日本側の受入機関はベトナムから日本への派遣労働者の航空券の支払いをする。契約終了後の日本からベトナムまでの航空券については、派遣労働者と日本側の受入機関との間の交渉による。

③ 派遣労働者は、日本における就労期間中、日本の被用者と同様の給与を受け、保護と安全が保証され、保険などの便宜を受けることができる。日本側の受入機関は、外国労働契約の履行中、派遣労働者のために安全で衛生的な住居を手配する責任を負い、派遣労働者は実際の月額賃料のみを支払う。派遣労働者が一時帰国を希望する場合、日本側の受入機関は、当該派遣労働者に対して、規則に定めるところにより、自国に帰るための休暇を与えなければならない。

④ 派遣労働者が負傷し、業務を継続することができず又は死亡した場合、日本側の受入機関は、当該労働者、そのお骨又は亡骸の本国への送還を支援し、かつ、規則の定めるところにより保険に関する必要な手続を行う責任を負う。

⑤ 日本側の受入機関は、派遣労働者とサービス料を分担する責任を負う。分担金額は、日本側の受入機関と派遣サービス企業で合意するも

のとするが、契約[107]で定める派遣労働者1名の1か月分の給与を下回ってはならない。当該金額は、労働者供給契約で規定される派遣サービス企業の口座に一括で支払われる。

(3) 雇用主である派遣企業による派遣の場合の契約（実習生受入契約）の規制と内容

新法、旧法いずれにおいても、実習生受入契約とは、技能向上のための実習という形態で就労する労働者の供給及び受入れに関する関係当事者の権利及び義務について、雇用主である派遣企業と外国の受入機関との間で締結される書面による契約であると定義されている[108]。前記6(2)で扱った労働者供給契約と同様、実習生受入契約も、実習期間に応じて労働傷病兵社会省又は労働傷病兵社会局に登録する必要がある。具体的には、実習期間が90日未満の場合、労働傷病兵社会局に実習生受入契約を登録する。実習期間が90日以上の場合、労働傷病兵社会省に実習生受入契約を登録する[109]。雇用主である派遣企業は、実習生受入契約の登録申請書類一式を労働傷病兵社会局又は海外労働管理局に提出する[110]。旧法上は、有効な申請書類一式の受領後10日以内に、労働傷病兵社会局又は海外労働管理局は、雇用主である派遣企業に書面で回答し、拒否する場合は、その理由を記載するとされていた[111]。新法では、この期間が5日に短縮されている[112]。

新法、旧法いずれにおいても、実習生受入契約は、ベトナム及び受入国

107　法律上定めはないものの、労働者供給契約を指すものと考えられる。

108　旧法35条1項及び新法37条1項

109　旧法36条1項及び新法39条1項

110　旧法37条及び通達21/2007/TT-BLDTBXH号VI条2項によると、実習生受入契約の登録のための提出書類は次のとおりである。
(i)法定の様式による登録申請書、(ii)実習生受入契約書の写し及びそのベトナム語翻訳、(iii)労働者の海外派遣が受入国の法律に従っていることを証明する文書及びそのベトナム語翻訳、(iv)企業登録証明書の写し、(v)雇用主である派遣企業が預託金を預け入れる商業銀行が発行する預託金証明書
新法40条1項でも同様の書類が提出必要書類として定められている。

111　通達21/2007/TT-BLDTBXH号VI条1項

112　新法39条2項

の法律に準拠し、以下の主要な内容を含むものでなければならないとされている[113]。

実習期間	労働者の人数、実習の技能、労働者の年齢
実習場所	実習条件、実習環境
実習時間、休憩時間	労働安全、労働衛生
賃金、報酬	食事、宿泊、生活、通勤手段などの条件
健康診断、治療制度	社会保険、健康保険、労働災害保険、職業疾病保険、その他保険（存在する場合）
契約有効期間満了前の終了の条件と損害賠償責任	ベトナムと実習場所の間の往復交通費の負担責任
外国での実習期間中の労働者がリスクに直面する際の各当事者の責任	外国での実習期間中の労働者に発生する問題を解決する際の各当事者の責任
紛争解決のためのスキーム、手続、適用法	法律及び社会倫理に反しないほかの合意

6　労働者海外派遣企業・派遣労働者・日本側の受入機関との間で発生する費用などに関する規律

(1)　労働者海外派遣企業と派遣労働者間の諸料金の内容と規制

雇用主である派遣企業と派遣労働者間の派遣に伴う費用については旧法及び新法上いずれも規律が存在しないため、以下では、派遣サービス企業と派遣労働者の間で発生する費用に関して扱う。

ア　仲介手数料

旧法上、仲介手数料とは、労働者供給契約の締結と履行のために派遣サービス企業により仲介業者に対して支払われる金銭をいうものと定義されていた[114]。旧法20条などに基づき規定された契約によるベトナム人労働者海外派遣事業における仲介手数料及びサービス料についての詳細を定める合同通達16/2007/TTLT-BLDTBXH-BTC号（Joint Circular No. 16/2007/TTLT-BLDTBXH-BTC of MOLISA and Ministry of Finance dated 4 September

113　旧法35条2項及び新法37条2項
114　旧法20条1項

2007 on detailing the brokerage fee and service fee in the activities of sending worker to work abroad、以下、「合同通達16/2007/TTLT-BLDTBXH-BTC号」とする。）II条１項では、派遣労働者は、労働傷病兵社会省の規制に従って、派遣サービス企業に対して仲介手数料の全部又は一部を返還する義務を負うものとされてきた[115]。

一方、前記３(3)イで述べたとおり、新法では、「仲介手数料」という用語が使用されておらず、「仲介契約上の報酬」という新しい用語が使用されている[116]。仲介契約とは、労働者供給契約を締結することで受け入れる派遣労働者を外国の受入機関に紹介する内容の、派遣サービス企業と仲介機関又は個人（仲介業者）の間の書面による合意を意味する[117]。仲介契約上の報酬は、両当事者間で合意され仲介契約において明記されるが、労働傷病兵社会省の定める上限を超えてはならないとされている[118]。仲介契約上の報酬の上限について、通達21号では、報酬は労働契約期間12か月ごとに0.5か月分の契約給を超えないこと、労働契約期間が36か月以上の場合は1.5か月の契約給を超えないこととするという新たな定めを設けている[119]。派遣国や派遣職種等に応じた仲介契約上の報酬の基準の詳細も通達21号に定められている[120]。

新法では、派遣サービス企業は派遣労働者から仲介手数料を収受することが許されない旨規定されている[121]。この規定と、上記の新法の規定ぶりに鑑みると、新法では、仲介契約上の報酬（従前の仲介手数料）は、派遣サービス企業と仲介業者の間の問題にすぎず、派遣労働者はこの手数料を派遣サービス企業に対して返還する義務を負わないことを前提としているように考えられる。労働傷病兵社会省は今後この点の指針となる通達を発出す

115　合同通達16/2007/TTLT-BLDTBXH-BTC号II条１項
116　新法22条
117　新法22条１項
118　新法22条２項及び３項
119　通達21号１条４項及び７条
120　通達21号付属書X
121　新法７条８項

る可能性が高い。

イ　サービス料

旧法上、サービス料とは、労働者海外派遣契約の履行の対価として、派遣労働者が派遣サービス企業に対して支払うべき金銭であるとされていた[122]。

また、サービス料の上限に関し、旧法20条などに基づき規定された合同通達16/2007/TTLT-BLDTBXH-BTC号は以下のとおり規定していた[123]。

① 派遣労働者は、1年間の就労のための労働者海外派遣契約について、派遣サービス企業に対して1か月分の給料（又は研修手当）を超えない範囲でサービス料を支払う。サービス料の合計は、1名1契約につき3か月分の基本給を超えてはならない。

② サービス料は、労働者海外派遣契約に明記しなければならない。

③ サービス料算定の基礎となる契約上の給料とは、時間外手当、賞与及びその他の手当を除く、基本給をいう。

サービス料の支払方法と返還に関する規律は以下のとおりであった[124]。

① 派遣サービス企業は、派遣労働者と話し合い、派遣労働者が出国する前又は労働者海外派遣契約の履行中に分割で、サービス料を回収する。

② 不可抗力又は派遣労働者の責めに帰すべきでない事情により、期間満了以前に帰国しなければならない派遣労働者については、派遣サービス企業は、派遣労働者が海外で実際に就労した期間（月数）に応じた範囲でのみ、サービス料を回収する権利がある。

③ 派遣労働者が(i)労働者海外派遣契約に違反し又は受入国法に違反し、期間満了前に帰国しなければならない状況にさせられた場合又は

122　旧法21条1項及び合同通達16/2007/TTLT-BLDTBXH-BTC号III条1項
123　合同通達16/2007/TTLT-BLDTBXH-BTC号III条2項
124　合同通達16/2007/TTLT-BLDTBXH-BTC号III条3項

(ii)受入国に不法滞在するために労働者海外派遣契約を自発的に放棄した場合、派遣サービス企業は締結した契約上の期間に従ってサービス料を派遣労働者から回収する権利を有する。

新法では、サービス料に関して大きな改正がなされている。以下が主要な改正点である。

① 新法では、サービス料の定義が見直され、派遣労働者及びこれを受け入れる海外の当事者が、派遣サービス企業に対して、諸費用、労働市場の調査及び開拓、労働者供給契約の交渉及び締結、並びに海外での就労期間中の労働者の管理の対価として支払う金額を意味するものとされている[125]。

② 派遣サービス企業は、労働者供給契約が労働傷病兵社会省の承認を受け、労働者海外派遣契約が締結された後でなければ、サービス料を回収することができない[126]。

③ 不可抗力又は派遣労働者の責めに帰すべきでない事情により、労働者海外派遣契約の期間満了以前に帰国しなければならない派遣労働者については、派遣サービス企業は、労働者海外派遣契約の残存期間に比例して、サービス料及び利息を派遣労働者に返金する[127]。

④ 派遣労働者を受け入れる外国の当事者がサービス料を支払う場合、派遣サービス企業は、合意されたサービス料と比較して支払われていない金額に限り、派遣労働者から回収する権利を有する[128]。

⑤ 派遣労働者のサービス料の基準額は、労働期間12か月ごとに契約賃金の１か月分を超えてはならない。労働者海外派遣契約で36か月かそれ以上の期間が合意されている場合、サービス料は、派遣労働者の契約上の給料の３か月分を超えてはならない[129]。なお、サービス料

125　新法23条１項
126　新法23条２項(c)
127　新法23条３項
128　新法23条２項(d)
129　新法23条４項(a)

については、新法上で発出された通達21号にも規定がある。通達21号では、日本において、第2号技能実習生から第3号技能実習生に切替えを行い、滞在を継続する場合や第2号技能実習生又は第3号技能実習生から特定技能制度に切替えを行い、滞在を継続する場合、サービス料は徴収されないものと規定している[130]。

⑵　労働者海外派遣企業による預託金

ア　派遣サービス企業による預託金

派遣サービス企業による預託金とは、派遣サービス企業が労働者の海外派遣にあたりその義務を履行せず又は遵守することを怠ったことから生じる問題に対応する権限を有する当局の使用に供するために、派遣サービス企業が支払うべき金額をいう[131]。

前記2で述べたとおり、派遣サービス企業による預託金は、ライセンスの取得のための要件の1つである。旧法下の政令では派遣サービス企業は、ベトナムで営業ライセンスを有する商業銀行に10億ベトナムドンの金員を預託するものと規定されていた[132]。新法に関する政令案ではこれが20億ベトナムドンに増額されている[133]。

イ　雇用主である派遣企業による預託金

雇用主である派遣企業による預託金とは、雇用主である派遣企業が労働者の海外派遣にあたりその義務を履行せず又は遵守することを怠ったことから生じる問題に対応する権限を有する当局の使用に供するために、雇用主である派遣企業が支払うべき金額をいう。雇用主である派遣企業は、商業銀行と締結した預金契約に基づいて、商業銀行の口座に預金を行う[134]。

130　具体的には、通達21号では、第3号技能実習生（第2号技能実習から移行する技能実習生）については、派遣サービス企業及び監理団体を変更しない場合、特定技能労働者については、第2号技能実習生又は第3号技能実習生から移行した場合にサービス料が徴収されないと規定されている（通達21の附属書XI）。

131　旧法22条1項及び新法24条1項

132　政令38/2020/ND-CP号10条

133　新法政令112号23条1項

134　政令38/2020/ND-CP号15条2項及び3項

前記２で述べたとおり、雇用主である派遣企業による預託金は、実習の形態による労働者の海外派遣を行う雇用主である派遣企業の満たすべき要件の一つである。

雇用主である派遣企業による預託金の水準は、実習生受入契約における派遣労働者の数に応じて計算された、派遣先の国からベトナムまでの雇用主である派遣企業による預託時の片道のエコノミークラスの航空運賃の10％とされている[135]。

地方人民委員会の長と労働傷病兵社会省大臣は、法律の規定に従って雇用主である派遣企業による預託金の利用及び管理をする[136]。新法政令112号では、雇用主である派遣企業は、預託金が利用された場合、利用日から30日以内に、利用金額を所定の銀行口座に返済し、定められた預託金を確保することが求められている。また、雇用主である派遣企業が預託金を完全に返済することを怠った場合、預託金受入銀行は労働傷病兵社会省に速やかに報告する責任を負う旨が規定されている[137]。

⑶　派遣労働者による預託金

派遣労働者による預託金は、労働者海外派遣契約の履行を確実にするための金員である。前記３で述べたとおり、派遣労働者からの預託金は、業種、職種、受入国に従って派遣労働者と派遣サービス企業の間でなされる合意によるが、法定の上限を超えることができない[138]。なお、雇用主である派遣企業から派遣される労働者に関しては、派遣労働者による預託金に関する規則は存在しない。以下では派遣サービス企業により派遣される労働者による預託金について説明する。

派遣労働者は、派遣サービス企業が商業銀行において開設する口座に預

135　政令38/2020/ND-CP号16条及び新法政令112号26条２項

136　政令38/2020/ND-CP号17条。新法政令112号27条及び28条において、雇用主である派遣企業による預託金の管理、利用及び返還に関する詳細な指針が定められている。

137　新法政令112号28条２項

138　通達21/2013/TT-BLDTBXH21号付録１

託金を預け入れるにあたり、直接又は派遣サービス企業を通じて行うことを選択することができる[139]。ただし、新法政令112号によると、派遣労働者、派遣サービス企業及び銀行の間で、法令の定める主な内容について、労働者海外派遣契約上の義務を履行するための預託金契約を締結することに合意することになる[140]。この預託金の預入れは、派遣サービス企業及び派遣労働者が労働者海外派遣契約に署名し、当該派遣労働者が海外の当事者に受け入れられるかビザの発行を受けた後に行われる[141]。

派遣労働者が預託金を預け入れない場合又は預託するだけの金銭を有しない場合、派遣サービス企業は、労働者との間で保証について合意することができる。保証人の条件、保証の範囲、保証契約の内容については、法令に従う[142]。

⑷　日本に派遣労働者が派遣される場合の前記⑵イ及び⑶の料金に関する特別な規律

ア　預託金の上限に関する規律

旧法下では、日本に派遣される派遣労働者の場合、派遣労働者が派遣サービス企業へ支払う預託金上限額は3,000米ドル、沖合、近海漁船、輸送船の乗組員には1,500米ドルと規定されていた[143]。上記預託金の上限は他国に比較して高額であった。新法の下では、日本へ派遣する派遣労働者の預託金の上限規制に言及する法律や文書は未だ発出されていない。労働傷病兵社会省が、上限についての指針を示す通達を近いうちに発出する可能性もあるかと考えられる。

イ　仲介契約上の報酬の上限額に関する規律

通達21号では、日本に労働者を派遣する場合に、仲介契約上の報酬は

139　合同通達08/2007/TTLT-BLDTBXH-BTP号Ⅲ条1項(c)
140　新法政令112号30条1項
141　合同通達08/2007/TTLT-BLDTBXH-BTP号Ⅲ条1項(a)及び新法政令112号30条2項
142　合同通達08/2007/TTLT-BLDTBXH-BTP号Ⅲ条1項(a)及び新法3章3部
143　通達21/2013/TT-BLDTBXH21号付録1

徴収されないことを定めている[144]。

ウ　派遣サービス企業に支払われる料金に関する規律

㈠　日本に「特定技能」の在留資格で派遣される労働者から支払われるサービス料に関する規律

日本に「特定技能」の在留資格で派遣される労働者に対してはサービス料について別途の規定が設けられている。通知606号においても、労働者は、勤務１年ごとに契約に基づく給与１か月分を超えない金額をサービス料として、派遣サービス企業に支払うこととされているが、サービス料の総額は、労働者１名あたり一つの契約につき、契約に基づく給与３か月分の額を超えてはならないとされている[145]。この規律は、上記で言及した合同通達16/2007/TTLT-BLDTBXH-BTC号の規制に類似した規制ぶりとなっている。通知606号では、労働者が派遣サービス企業に支払うサービス料について、派遣労働者を受け入れる日本の受入機関が少なくとも１か月分の契約で定められた給与を派遣サービス企業に補助することとされており派遣労働者が派遣サービス企業に支払うサービス料は、３か月分の契約給と、派遣サービス企業が派遣労働者を受け入れる日本の受入機関から労働者１名あたりの契約で定められた給与として受け取った金額との差額に限定される旨が規定されている[146]。上記規定は新法下で発出された通達21号でも引き続き踏襲され、派遣労働者を受け入れる日本の受入機関は少なくとも１か月分の契約で定められた給与を派遣サービス企業に補助することとされている。

㈡　日本に技能実習生として派遣される労働者から派遣サービス企業に支払われる料金に関する規律

日本に技能実習生として派遣される派遣労働者から派遣サービス企業が回収を許されている諸料金の上限については、次のように定めてい

144　通達21号付属書X
145　通知606号2.2項
146　通知606号2.2項

る[147]。

① 3年契約の場合は1名あたり3,600米ドルを超えてはならず、1年契約の場合は1名あたり1,200米ドルを超えてはならない[148]。

② 日本語研修の授業料は1講座（520コマに相当）あたり5,900,000ベトナムドンを超えてはならない[149]。

通達21号は、技能実習生という形で日本に派遣される派遣労働者を受け入れる受入機関が、派遣サービス企業に支払わなければならない料金について、以下のように明確な規定を設けている。

① 技能実習生を受け入れる受入機関は技能実習生を管理するために、介護職種以外の場合、少なくとも1人あたり1か月5,000円（介護職種の技能実習生の場合は、少なくとも1人あたり1か月10,000円）の料金を派遣サービス企業に支払わなければならない[150]。

② 受入機関は、技能実習生の日本語研修及びベトナムでのオリエンテーション教育の費用（1人あたり160時間15,000円以上）を派遣サービス企業に支払うものとする[151]。介護職種の実習生については、受入機関は、日本語N4レベルまでの日本語教育費用の全額（1人あたり10万円以上）を負担するものとする[152]。

2013年から2018年の間、ベトナムでは、契約による労働者の海外派遣に関する管理の上で、多くの不十分な点や違反が見られた。多くの派遣サービス企業が、日本へ派遣される労働者1名あたり7,000～8,000米

147 労働傷病兵社会省による2016年4月6日付日本へのベトナム人研修生の送出しの是正措置の継続に関する通知（Official Letter No. 1123/LDTBXH-QLLDNN of MOLISA dated 6 April 2016 on continuing to take corrective measures to bring Vietnamese trainees to Japan）I条4項

148 派遣サービス企業は、派遣労働者が日本側から在留資格を付与され、派遣労働者と労働者海外派遣契約を締結した後にはじめて、法定の諸料金を回収することができる。いかなる形態であれ、派遣労働者から前金で回収することは厳禁とされている。

149 出国前の研修に関係する書類は、派遣労働者が帰国し、労働者海外派遣契約が解消されるまで、派遣サービス企業において派遣労働者ごとのファイルで保存しなければならない。

150 通達21号付属書Ⅱ項目Ⅰの3

151 通達21号付属書Ⅱ項目Ⅰの5

152 通達21号付属書Ⅱ項目Ⅰの5

ドルの超過料金を回収してきた[153]。政府監察院による2021年３月４日付契約によるベトナム人労働者海外派遣の分野における国家管理の監査結論の通告に関する通知（Official Letter No. 2112/KL-TTCP of the Government Inspectorate dated 4 March 2021 on notice of inspection conclusion of State management in the field of sending Vietnamese workers to work abroad under contracts）では、このような違反を防ぐため、政府監察院並びに労働傷病兵社会省及び労働傷病兵社会局の監察官は、派遣サービス企業の運営について監督を強めており、運営に関する要件を満たすことができなかったり、規制に違反した派遣サービス企業は、労働傷病兵社会省からライセンスの取消しを受ける又は法律の定める行政罰を受ける旨が規定されている。

7　労働者海外派遣企業がベトナム当局に負う報告義務

(1)　派遣サービス企業の報告義務

ア　派遣サービス企業の運営に関する報告義務

省の人民委員会へのライセンスの発行、更新、返却又は取消しの報告に関しては以下のとおりである。

前記２(1)で述べたとおり、旧法上、派遣サービス企業は、ライセンスの発行日から10日以内に、ライセンスの写しを同封した通知書を派遣サービス企業の本店が所在する省又は市の人民委員会に送付しなければならないものとされていた[154]。ライセンスの更新の場合においても、派遣サービ

153　通知351号。このような派遣サービス企業が派遣労働者から回収した料金の種類については、情報がない。公開されているメディアで調査したところ、派遣サービス企業によっては次のような料金の支払いを派遣労働者に要求している。(i) 健康診断料、(ii) 職業訓練料、(iii) 日本語研修費、(iv) サービス料及び仲介手数料、(v) 不法滞在を回避するための預託金、(vi) 書類翻訳料、(vii) 航空運賃及び入国ビザなどの手数料。法律上では限定された種類の費用につき上限を設けているにすぎない（例えば、日本語研修の受講料やサービス料）。派遣サービス企業はそれ以外の料金を増額することができることから、総額はきわめて高額となっているという現状が存在する。

154　旧法13条１項

ス企業は、上記と同様の報告手続を行う必要があった[155]。

また、ライセンスの返却又は取消しの場合については、以下のとおり規定されていた[156]。

① 雇用主である派遣企業は、労働傷病兵社会省大臣がライセンスを取り消す決定を下した日から15日以内に、ライセンスを海外労働管理局に返却し、有効な契約、派遣労働者数、派遣労働者の拠出額、海外雇用支援基金への拠出額、有効な契約に対する責任の履行計画を報告しなければならない。

② 派遣サービス企業は、所定の義務を履行した後、義務の履行状況を証拠書類とともに労働傷病兵社会局に書面で報告しなければならない。

新法では、報告手続に関する規定が若干改訂され、派遣サービス企業はライセンスの写しを人民委員会に通知書を送付する際に同封する必要がなくなった。労働傷病兵社会省は、同省のウェブサイト上でライセンスを公表し、発行日から10日以内に派遣サービス企業の本店が所在する地方の人民委員会に通知を行う規定に変更されている[157]。

同様に、新法下では、ライセンスの返却又は取消しの場合についても、労働傷病兵社会省が、派遣サービス企業の本店が所在する地方の人民委員会に通知する規定となっている[158]。

解散又は破産の場合における報告に関しては以下のとおりである。

① 解散の場合における報告

旧法上、派遣サービス企業は、解散の決定を承認した日から10日以内に、労働傷病兵社会省に対し、派遣労働者の状況及び有効な労働者供給契約又は労働者海外派遣契約に定める派遣サービス企業の義務の履行に関する計画を報告しなければならないとされていた[159]。新法では、本

155 旧法13条1項
156 旧法15条3項及び通達21/2007/TT-BLDTBXH号I章7（b）
157 新法15条2項
158 新法16条3項
159 旧法25条2項

報告義務の期限は、５営業日に短縮されている[160]。

旧法上、派遣サービス企業はライセンスを有するほかの派遣サービス企業との間で、有効な労働者供給契約又は労働者海外派遣契約に定める権利及び義務の譲渡について合意し、労働傷病兵社会省の承認を受けた場合、派遣サービス企業は、譲渡完了後に労働傷病兵社会省に通知しなければならないとされていた[161]。新法では、この最終報告の具体的な期限が明記され、譲渡に必要となる手続が完了してから５営業日以内と規定されている[162]。

②　破産の場合における報告

旧法上、派遣サービス企業は、裁判所による破産手続開始決定日から10日以内に、労働傷病兵社会省に対し、派遣労働者の状況及び有効な労働者供給契約又は労働者海外派遣契約に定める派遣サービス企業の義務の履行に関する計画を報告しなければならないとされていた[163]。新法では、本報告義務の期限は、５営業日に短縮されている[164]。

旧法上、派遣サービス企業がライセンスを有するほかの派遣サービス企業との間で、有効な労働者供給契約又は労働者海外派遣契約に定める権利及び義務の譲渡について合意に達し、労働傷病兵社会省の承認を受けた場合、派遣サービス企業は、譲渡完了後に労働傷病兵社会省に通知しなければならないとされていた[165]。新法では、この最終報告の具体的な期限が明記され、譲渡に必要となる手続が完了してから５営業日、三つの異なる省又は市の三つ以下の支店に業務を委託することができるとされていた[166]。また、派遣労働者の派遣業務を支店に委託した日から15日以内に、海外労働管理局及び当該支店が所在する労働傷病兵社会局に対し、必要な添付

160　新法28条２項
161　旧法25条３項
162　新法28条３項
163　旧法26条１項
164　新法29条１項
165　旧法26条３項(a)
166　旧法16条１項、16条２項

書類を同封の上、必要事項を書面で通知しなければならないとされていた[167]。新法では、本報告義務の期限は支店に業務を委託した日から5営業日に短縮され、本期限は支店への委託を終了する場合及び支店が事業活動を終了する場合にも適用されている[168]。また、上記の期限内に、ベトナム人派遣労働者に関するデータベースシステム上の支店情報を更新するよう義務付けられている[169]。

上記以外の報告義務については以下が存在する。

(i)　派遣サービス企業の支店の活動を変更又は終了する場合、派遣サービス企業は、海外労働管理局及び支店が所在する労働傷病兵社会局に対し、その変更内容及び変更に伴い生じる問題の解決案を通知しなければならない[170]。

(ii)　派遣サービス企業の支店は、毎年6月20日及び12月20日までに、支店が所在する労働傷病兵社会局に対し、派遣サービス企業から委託された業務の遂行状況を報告し、労働傷病兵社会局の要請に応じて臨時報告を行わなければならない[171]。

イ　労働者海外派遣事業に関する報告義務

旧法上、派遣サービス企業は、半年及び1年ごとに、労働傷病兵社会局に対し労働者の選定結果及び派遣労働者の人数を報告しなければならないとされていた[172]。具体的には、以下のとおり規定されていた。

①　派遣サービス企業は、標準の様式[173]に基づき、派遣労働者のリスト及び帰国又は契約を終了する労働者のリストを作成し、毎月20日までに海外労働管理局に送付しなければならない[174]。

167　旧法16条4項及び通達21/2007/TT-BLDTBXH号Ⅱ条1項
168　新法17条4項
169　新法17条4項
170　通達21/2007/TT-BLDTBXH号Ⅱ条2項
171　通達21/2007/TT-BLDTBXH号Ⅱ条3項
172　旧法27条2項(b)
173　通達21/2007/TT-BLDTBXH号に添付される付録10及び11に規定される様式
174　通達21/2007/TT-BLDTBXH号Ⅵ条1項(a)

② 派遣サービス企業は、標準の様式[175]に基づき、労働者の海外派遣に関する財務報告書を添付した労働者の海外派遣状況に関する報告書を作成し、毎年12月20日までに海外労働管理局に送付しなければならない[176]。

③ 派遣サービス企業は、標準の様式[177]に基づき、海外で就労する選定された派遣労働者数に関する報告書を作成し、毎年6月20日及び12月20日までに、海外労働管理局及び派遣サービス企業が派遣労働者を募集した地域の労働傷病兵社会局に送付しなければならない[178]。

④ 派遣サービス企業は、派遣労働者が海外で就労するために出国した日から15日以内に、受入国所在のベトナム在外大使館領事館に対し、標準の様式[179]に基づく派遣労働者のリストを報告しなければならない[180]。

新法及び通達21号でも、派遣サービス企業の報告義務は継続している。通達21号では、毎年12月20日までに、通達21号付属書XIIIで新しく定める様式に従い、労働者を海外に派遣した状況について、海外労働管理局に直接またはオンラインで報告を行うべき旨が規定されている[181]。

(2) 雇用主である派遣企業に関する報告義務

雇用主である派遣企業は、派遣労働者の法律上の権利と利益を管理・保護するために、受入国所在のベトナム在外大使館及び領事機関に対する報告業務を果たし、これらの機関との調整業務を行う。また、実習生受入契約が90日未満の契約で登録されている場合、雇用主である派遣企業は、派遣労働者が出国してから5日以内に、登録された契約に基づく派遣労働

---

175 通達21/2007/TT-BLDTBXH号に添付される付録13に規定される様式
176 通達21/2007/TT-BLDTBXH号VI条1項(b)
177 通達21/2007/TT-BLDTBXH号に添付される付録14に規定される様式
178 通達21/2007/TT-BLDTBXH号VI条1項(c)
179 通達21/2007/TT-BLDTBXH号に添付される付録9に規定される様式
180 旧法27条2項(g)
181 新法26条2項(m)、通達21号15条1項・2項及び通達21号付属書XIII

者のリスト（労働傷病兵社会省による2007年10月8日付旧法並びに旧法の一部条項の細則及び指針に関する2007年8月1日付政令126/2007/ND-CP号の一部条項の施行細則及び指針に関する通達（Circular No. 21/2007/TT-BLDTBXH of MOLISA dated 8 October 2007 on guiding some articles of Law on Vietnamese Working Abroad Under A Contract and Decree 126/2007/ND-CP on detailing and guiding some articles of the Law on Vietnamese Working Abroad Under A Contract（21/2007/TT-BLDTBXH号）（以下、「通達21/2007/TT-BLDTBXH号」という。）の付録16の書式））を、労働傷病兵社会局又は海外労働管理局に報告しなければならないとされ、実習生受入契約が90日未満の契約で登録されている場合、雇用主である派遣企業は、実習生受入契約（通達21/2007/TT-BLDTBXH号のAppendix 17にある書式）が終了した後、派遣された労働者の状況を労働傷病兵社会局又は海外労働管理局に報告しなければならない[182]。

新法及び通達21号でも、派遣サービス企業の報告義務は継続している。通達21号では、毎年12月20日までに、通達21号付属書XIIIで新しく定める様式に従い、労働者を海外に派遣した状況について、海外労働管理局に直接またはオンラインで報告を行うべき旨が規定されている[183]。

⑶　報告義務不履行の場合における行政処分

派遣サービス企業・雇用主である派遣企業いずれに関しても、法令の定めに従い派遣労働者に関する定期的若しくは臨時的報告を行わなかった場合又は不正な報告を行った場合には、1,000万ベトナムドンから2,000万ベトナムドンの罰金が科せられる[184]。

法令の定めに従い出国した派遣労働者のリストを受入国所在のベトナム

182　通達21/2007/TT-BLDTBXH号のVI条4項（b）
183　新法41条2項（1）、通達21号15条1項・2項及び通達21号付属書XIII
184　労働、社会保険及び契約によるベトナム人労働者海外派遣に関する行政違反処分に関する政令（Decree on sanctioning administrative violations in the field of labor, social insurance, sending Vietnamese workers to work abroad under contracts（No. 28/2020/ND-CP））5条1項及び42条1項

在外大使館及び領事機関に報告しない場合には、4,000万ベトナムドンから8,000万ベトナムドンの罰金が科せられる[185]。

8　労働者海外派遣企業が派遣労働者へ負う義務

⑴　派遣サービス企業が派遣労働者へ負う義務

旧法上、派遣サービス企業は派遣労働者に対して以下のような義務を負うと定められていた。

ア　派遣前の義務

㈠　労働者への情報提供及び派遣労働者との労働者海外派遣契約の締結

① 派遣サービス企業及びその支店は、一切の費用を徴収することなく、直接労働者を募集する義務を負う[186]。また、派遣サービス企業及びその支店は、労働者を募集するにあたり、募集する労働者の数、性別、年齢、労働者が従事する仕事、職場、契約期間、健康、職業上の技能及び外国語に関する条件、国外で働くために労働者が支払う費用、国外での就労期間中の労働者の基本的権利及び義務の情報を事務所に掲示しなければならない[187]。

② 海外へ派遣される労働者が募集された後、派遣サービス企業は、出国するまでの間、出国を撤回することのできる期間（以下、「待機期間」という。）を約束しなければならない。待機期間中に労働者が国外で稼働することをやめた場合は、派遣サービス企業は書類を返却しなければならず、労働者は海外就労手続を処理するために派遣サービス企業が支払った費用（書類、健康診断、必要な知識の訓練、訓練期間中の教材及び宿泊、及び入国ビザに関する費用を含む。）があれば負担しなければならない。待機期間を経過しても派遣サービス企

185　政令28/2020/ND-CP号５条１項及び46条１項(a)
186　旧法27条２項(b)
187　旧法27条２項(c)、通達21/2007/TT-BLDTBXH号Ⅵ条１項(a)

業が労働者を国外に派遣していない場合、派遣サービス企業は、その理由を労働者に通知しなければならない。この場合において、労働者が国外で労働することを希望しなくなったときは、派遣サービス企業は、当該労働者から通知を受けた後15日以内に、書類一式及び当該労働者が納付した費用（書類作成費用、訓練手数料、ビザ手数料、航空券の費用、サービス手数料及び労働者への仲介手数料を含む。）を当該労働者に返還し、かつ、当該労働者の預託金の払い戻しを受けるための手続を行わなければならない[188]。

③　派遣サービス企業は、出国の少なくとも5日前に労働者と契約を締結し、その海外稼働関連の書類を管理しなければならない[189]。

(イ)　海外派遣前の派遣労働者の研修

派遣サービス企業は、労働者を海外に派遣する前に各労働市場の要請に応じて労働者に職業訓練を提供し、外国語の教育を行うにあたり、必要な知識を提供し、又は職業訓練機関又は訓練施設と提携しなければならない[190]。

イ　派遣労働者の海外就労中の義務

(ア)　派遣労働者の管理、権利及び利益の保護[191]

①　派遣サービス企業は、海外就労のための労働者の出国後15日以内に、受入国所在のベトナム在外大使館及び領事館に派遣労働者の名簿を提出しなければならない。

②　派遣サービス企業は、多数の労働者を派遣している国・地域又は海外労働管理局の定める労働市場における派遣労働者を管理するための人員を任命しなければならない[192]。

188　通達21/2007/TT-BLDTBXH号V条1項（c）

189　通達21/2007/TT-BLDTBXH号V条2項

190　旧法27条2項（d）、通達21/2007/TT-BLDTBXH号V条1項（a）

191　通達21/2007/TT-BLDTBXH号V条4項

192　日本の労働市場においては、政令38/2020/ND-CP号24条に基づき、派遣サービス企業は200人以上の労働者を日本に派遣する場合、派遣労働者を管理するために、日本に常駐するスタッフを派遣しなければならない。

③　派遣サービス企業は、派遣労働者と使用者との間の労働契約の履行を管理及び監督し、派遣労働者が自力で解決できない問題が生じた場合又は派遣労働者からの申出があった場合には、速やかに問題を解決しなければならない。

㈠　派遣労働者の死亡、損害などに対する対処

労働者が死亡し、労働災害若しくは危険に遭遇し、業務上の疾病にかかり、又は生命、健康、名誉若しくは尊厳又は財産を侵害された場合に当該事態に対処するにあたり外国の関係者と調整を行い、労働者に関連する紛争を解決しなければならない[193]。

ウ　その他の義務

㈦　派遣労働者への補償

派遣サービス企業は、派遣労働者に与えた損害について、法令に基づき、派遣労働者に補償を行わなければならない[194]。

㈠　法令に従って派遣労働者との労働者海外派遣契約を清算すること[195]。

労働者海外派遣契約の清算は、書面により行わなければならず、契約の清算の理由、当事者の債務の履行、派遣サービス企業及び派遣労働者の支払った金額、及び当事者が合意したその他の内容を含まなければならない[196]。派遣サービス企業が一方的に労働者海外派遣契約を清算する場合、清算の議事録には上記の内容に加えて、補償があれば、損害を証明する書類を添付して記載しなければならない[197]。派遣サービス企業は、労働者海外派遣契約の清算に際し、派遣労働者の供託金を返還しなければならない[198]。

193　旧法 27 条２項（f）
194　旧法 27 条２項（h）
195　旧法 27 条２項（i）
196　通達 21/2007/TT-BLDTBXH 号Ｖ条３項（a）及び（b）
197　通達 21/2007/TT-BLDTBXH 号Ｖ条３項（c）
198　通達 21/2007/TT-BLDTBXH 号Ｖ条３項（d）、2007 年９月４日付派遣サービス企業の預託金及び契約による海外派遣労働者の預託金の管理及び利用に関する合同通達（Joint Circular of MOLISA and State Bank of Vietnam dated 4 September 2007 on managing and using of deposits of enterprises and deposits of employees working abroad under contracts（No. 17/2007/TTLT-BLDTBXH-NHNVN Ⅲ条３項及びⅢ条４項））

㈹　派遣サービス企業のライセンスの返却・取消の場合

派遣サービス企業のライセンスが返却され[199]、又は権限を有する当局により取り消された場合[200]にも、労働者海外派遣契約を継続して履行しなければならない[201]。

新法では、派遣サービス企業の派遣労働者に対する義務は、基本的に前記と同様であるが、以下のとおり改訂が加えられ、派遣労働者に有利な内容となっている。

① 労働者の出国のための待機期間の誓約について、待機期間は労働者が募集された日から起算して180日を超えてはならないとされた。不可抗力以外の理由により待機期間中の誓約を遵守しない場合には、派遣サービス企業は、合意したとおりに補償を行い、かつ、労働者が支払った全ての費用を返還しなければならない[202]。

② 海外派遣前に労働者を訓練する義務について、派遣サービス企業は派遣労働者のためにオリエンテーション教育を準備し、派遣労働者に対して、オリエンテーション教育の修了証を作成・発行しなければならない[203]。また、派遣サービス企業は、社会保険に関する法令に基づき、労働者に対して社会保険への加入を指示しなければならない[204]。

③ 派遣労働者の権利及び利益を保護する義務について、海外での就労中に労働者が虐待され、搾取され、又は差別された場合には、派

---

199 旧法15条1項に基づき、派遣サービス企業は、(i)事業を終了した場合、又は(ii)労働者を海外に派遣するサービスの運営を中止した場合にライセンスを返却しなければならない。

200 旧法15条2項に基づき、派遣サービス企業は、(i)ライセンスの更新手続きを行わない、又は更新されたライセンスを取得しない、(ii)法律で定められた資本金、ライセンス、運営管理者の資格、預金に関する規定を遵守しない、又は組織機構に関する計画を実施しない、(c)ライセンス取得後12か月以内に労働者を海外に派遣しない、若しくは(d)法律で定められた禁止行為及び義務に違反し、労働者に重大な物質的又は精神的損害を与えた場合にライセンスを取り消される。

201 旧法24条

202 新法26条2項(dd)

203 新法26条2項(d)及び通達21号2項

204 新法26条2項(d)

遣サービス企業は法律上の援助を行わなければならない[205]。

④　労働者海外派遣契約の清算について、派遣サービス企業は、労働者が労働契約を終了した日から180日以内に労働者海外派遣契約を清算しなければならないとされた[206]。また、派遣サービス企業は、労働契約の終了に関連する手続、並びに送還のための権利、方針、手続に関して、労働者の話を聞き、援助しなければならない[207]。

⑤　派遣サービス企業のライセンスが返却され、又は権限を有する当局により取り消された場合には、派遣サービス企業は、選定され、技能訓練、外国語教育、オリエンテーション教育に参加している労働者に関する問題を解決する義務を負う[208]。

⑵　雇用主である派遣企業が派遣労働者に負う義務

旧法では、雇用主である派遣企業は、技能実習形態で海外で就労する派遣労働者に対して以下の義務を負うとされていた。

ア　派遣労働者の派遣前の義務

①　技能実習形態で海外で就労する労働者の条件について、労働者に十分な情報を開示し、提供しなければならない[209]。

②　海外への派遣前に、受入国の要件に応じた必要知識及び外国語に関する研修を労働者に実施しなければならない[210]。

イ　派遣労働者の海外就労中の義務

①　受入国所在のベトナム在外大使館及び領事館と連携し、派遣労働者の権利及び利益の管理及び保護を行わなければならない[211]。

②　労働者が死亡し、労働災害若しくは危険に遭遇し、業務上の疾病に

205　新法26条２項(e)
206　新法26条２項(i)
207　新法26条２項(k)
208　新法27条１項(b)
209　旧法38条２項(a)
210　旧法38条２項(b)
211　旧法38条２項(c)及び38条２項(e)

かかり、又は生命、健康、名誉、尊厳若しくは財産を侵害された場合に当該事態に対処するにあたり実習生受入機関と調整を行い、労働者に関する紛争を解決しなければならない[212]。

ウ　その他の義務

① 雇用主である派遣企業が与えた損害について、法令に基づき、労働者に補償を行わなければならない[213]。

② 法令に従って実習生海外派遣契約を清算しなければならない[214]。

③ 雇用主である派遣企業が解散又は破産した場合、労働者の利益を清算しなければならない[215]。

新法では、雇用主である派遣企業は技能実習形態で海外で就労する労働者に対して前記に加えて以下の義務を負うものとされた。

① 実習生受入契約の基本的内容（実習期間、労働者の数、事業分野、労働者の年齢、実習の場所、条件及び環境、給与など）について、適切かつ正確な情報を提供しなければならない[216]。

② 労働者を海外に送り出す前に実習生海外派遣契約に署名しなければならない[217]。

③ 派遣労働者にオリエンテーション教育コースの修了証を発行しなければならない[218]。

④ 実習後の労働者のために適切な雇用を受け取り、配分しなければならない[219]。

212　旧法38条2項（d）
213　旧法38条2項（f）
214　旧法38条2項（g）
215　旧法38条2項（h）
216　新法37条2項（b）及び41条2項（a）
217　新法41条2項（b）
218　新法41条2項（c）
219　新法41条2項（i）

9　帰国後の支援制度の有無

旧法上、帰国後の労働者が受けられる支援の詳細は以下のとおりと定められていた。

① 労働傷病兵社会局は、帰国する労働者に国内での雇用の機会を通知し、適切な雇用への応募を登録するよう指導する[220]。

② ベトナム国は、企業に対し、帰国した労働者の受入れ又は海外での就労のための送出しを奨励する[221]。

③ ベトナム国は、良好な状況を作り出し、帰国する労働者に対し、生産又は事業活動に投資を行い、自ら及び他者のために雇用を創出することを奨励する[222]。

④ 帰国した労働者のうち困難に直面している者は、法令に従って雇用創出のために優先的に資金を借り入れることができる[223]。

前記の規定は一般的なものに留まり、また、担当する地方当局、国家管理機関、派遣サービス企業、労働者輸出企業などの責任について具体的な指示がないことから考えると、帰国した労働者への支援は実際には機能していなかった。実際に労働社会科学研究所[224]の調査によれば、多くの省で帰国した労働者のデータを把握しておらず、帰国した労働者が適当な仕事を見つけるための支援や助言が行われていないとされている[225]。また、各省は、帰国した労働者を支援するための具体的な政策を有しておらず、その結果、帰国した労働者の多くは、海外での長期間の就労後、高度な訓練を受け、高度な技能を持っているにもかかわらず、適切な仕事を見つけ

220　旧法 59 条 1 項
221　旧法 59 条 2 項
222　旧法 60 条 1 項
223　旧法 60 条 2 項
224　労働社会科学研究所は、1978 年 4 月 14 日付政府評議会決定 79/CP 号により設立され、労働傷病兵社会省の傘下にある。労働社会科学研究所は、労働・人・社会分野の政策・戦略開発の基礎となる基礎研究・行動研究を行う主要な機関である。
225　http://www.molisa.gov.vn/Pages/tintuc/chitiet.aspx?tintucID=28601

ることができない状況にあるとも報道されている[226]。帰国時の就職が困難であることは、労働契約終了後に労働者が海外に不法滞在しようとする理由の１つであるとも考えられる。

新法では、帰国した労働者は、社会統合のために、自主的な社会心理学的コンサルティングサービスを利用することが奨励されている[227]。さらに、労働者の帰国にかかる関係者の責任は、新法で以下のとおり、より明確になっている[228]。

① 労働傷病兵社会省は、省庁と協力の上、省人民委員会を指導して帰国した労働者の雇用創出及び起業を支援する方針を実行させ、ベトナム人派遣労働者に関するデータベースシステムを労働市場に関するデータベースシステムと接続し、それにより使用者及び帰国した労働者が情報にアクセスし、抽出し、利用し、適切なキャリアを探すことができるようにしなければならない。

② 省人民委員会は、地方政府の社会経済的条件及び予算能力によってその地方に帰国した労働者を支援する方針を発出するよう同レベルの人民評議会に要請し、帰国した労働者の知識、技能、経験及び技能の活用を可能にするためのトレーニングコースを実施する。

③ 職業紹介所は、帰国後の労働者が、その知識、技能、経験及び技能に適した職業を選択することができるようにするため、労働市場及び使用者の採用需要に関して十分な情報を提供しなければならない。

④ 派遣サービス企業は帰国後の労働者に雇用を紹介しなければならない。

---

226 https://thoibaotaichinhvietnam.vn/chua-tan-dung-duoc-nguon-luc-tu-lao-dong-xuat-khau-ve-nuoc-67919.html
http://thanglongosc.vn/tan-dung-nguon-nhan-luc-di-xuat-khau-lao-dong-ve-nuoc/

227 新法 61 条

228 新法 60 条

第３節　インドネシア

１　派遣システムの概要

1945年インドネシア共和国憲法（*Undang-Undang Dasar Negara Republik Indonesia*/以下、「1945年憲法」という。）27条２項は、国民に「勤労及び人間として適切な生活」の権利を保障している。この規定に基づいて、1945年憲法28D条１項及び２項は、承認、保護及び法的安定性、法の下の平等な取扱いを受ける権利並びに就労し、労働関係において公正かつ適正な取扱いを受ける権利を国民に保障している。

上記の規定は、雇用の創出に関する2020年法律11号（Law No. 11 of 2020 on Job Creation、いわゆるオムニバス法）により改正された労働に関する2003年法律13号（Law No. 13 of 2003 on Manpower、以下、「労働法」という。）31条において施行されており、全ての労働者が、国内及び国外の双方において、職業を選択し、職を得て、又は変更し、かつ適正な収入を得る等しい権利及び機会を有することを規定している。労働法は、人材派遣について、公開、自由、客観性及び公正かつ平等の原則の下に、差別なく行わなければならない旨も規定している。

具体的には、海外での雇用に関する主な規定は、インドネシア人移住労働者の保護に関する2017年法律18号（Law No. 18 of 2017 on the Protection of Indonesian Migrant Workers、以下、「2017年法律18号」という。）とその実施規則に基づき規定されている。この法律は、2017年11月22日に施行されている。2017年法律18号の規定は、労働者が適正な雇用及び収入を得るための等しい権利と機会を実現することを目的としており、これは、尊厳、威信、人権及び法的保護の適切な遵守、並びに国益に応じた雇用機会の均等な分配及び労働力の提供に基づき行われる。2017年法律18号では、インドネシア人移住労働者とは、インドネシア共和国外において賃金を受け取り、雇用されることを希望する、雇用されている、又は雇用されていた全てのインドネシア国民をいう[1]。2017年法律18号は、インドネシア人移住労働者の保護及び派遣に関する一般的な規定を定めている。

インドネシア人移住労働者からは、国際機関や外交官として働く者、海外の学生及び実習生、難民、投資家、在外公館で働く者、自身の事業を行っている者は除かれる。従って、技能実習生はインドネシア人移住労働者に該当せず、インドネシア人移住労働者に適用のある規則や保護は、技能実習生には適用されない。また、インドネシア人移住労働者の仲介を行えるのは、インドネシア移住労働者保護庁（*Badan Perlindungan Pekerja Migran Indonesia*/以下、「BP2MI」という。）、送出機関、自社従業員を送り出す会社に限定されており、個人による仲介や斡旋は禁止されている。なお、インドネシア人が上記の仲介斡旋を利用せずに、自ら直接海外の雇用先を探すことは許容されている。

また、インドネシア人移住労働者は仲介斡旋に関する費用を請求されないこととされている。2017年法律18号は、すべてのインドネシア人移住労働者について、仲介斡旋に関する費用の免除する旨を規定して、詳細は細則に委ねている。この点に関する細則として2020年BP2MI規則9号があり、特定の10業種について明示的に仲介斡旋に関する費用の免除を規定している。もっとも、仲介斡旋に関する費用の免除は法律で認められた権利であるので、BP2MI規則に明記されていない業種についても、仲介斡旋に関する費用は免除されるべきと解される。なお、2021年10月時点でBP2MIのWeb Site上で公表されている情報によれば、海外に在住するインドネシア人移住労働者は6,733名おり、国別では香港、台湾、シンガポール、イタリア及びポーランドの順となっている。この人数は2019年10月の24,740名、2020年10月の9,654名よりも少なくなっている。2021

1　2017年法律18号1.2条

年10月時点のインドネシア人移住労働者の仲介斡旋ルートは送出機関を通じたものが最多となっている（6,733名中5,718名）。

日本政府とインドネシア政府は、2019年６月に特定技能制度に関する協力覚書に署名している。同協力覚書において、インドネシア人による特定技能の運用は、インドネシア政府が運用する海外労働者管理サービスシステム（SISKOTKLN）及び労働市場情報システム（以下、「IPKOL」という。）を活用することとされている。インドネシア政府は、インドネシア国籍の者を雇用しようとする日本国内の受入れ機関は、求人募集にあたり、IPKOLに登録して求人を行うことを強く希望しているとのことである。

⑴　保　　護

ア　保護の内容

インドネシア人移住労働者の保護は、インドネシア人移住労働者候補者[2]及び/又はインドネシア人移住労働者及びその家族が、法的、経済的及び社会的側面において、就労前、就労中及び就労後の全ての活動における権利の実現を保障されるよう、これらの者の利益を保護するためのあらゆる取組みと定義される[3]。

就労前の保護は、インドネシア人移住労働者がインドネシアから出発するまでのものであり、仲介斡旋に関する書面の作成補助や雇用条件の確認などが含まれる。就労期間中の保護は、インドネシア人移住労働者が国外にいる期間の保護であり、所在国のインドネシア領事館による援助が含まれる。そして、就労後の保護は、インドネシアへの帰国から出身地への帰還までが対象となり、そこでの復職への援助も含まれ、中央政府、地方政府、BP2MIにより行われる。

2　2017年法律18号1.1条によれば、インドネシア人移住労働者候補者とは「求職者としての要件を満たし、且つ、海外で雇用され、労働分野を管轄する県/市の政府機関に登録される全てのインドネシア人労働者」をいう。

3　インドネシア人移住労働者の保護の実施に関する2021年政令59号（Government Regulation No. 59 of 2021 on the Implementation of Indonesian Migrant Workers Protection、以下、「2021年政令59号」という。）1.2条

2017年法律18号に基づき、インドネシア人移住労働者候補者及びインドネシア人移住労働者には、以下の権利が保障される[4]。

① 自己の能力に応じて海外で就労し、職業を選択すること。

② 教育及び職業訓練を通じた自己能力向上のための機会を得ること。

③ 雇用市場、派遣手続及び海外での労働条件に関する正しい情報を得ること。

④ 就労前、就労中及び就労後において、専門的及び人道的なサービス並びに差別のない取扱いを受けること。

⑤ 自己の宗教及び信条に従い礼拝を行うこと。

⑥ 派遣先国において適用される標準賃金及び/又は両国の協定及び/又は雇用契約に従った賃金を得ること。

⑦ 自己の尊厳及び威信を害するおそれのある行為に対し、インドネシア及び派遣先国の法令の規定に基づく保護及び法的援助を受けること。

⑧ 雇用契約に定める自己の権利及び義務に関する説明を受けること。

⑨ 意思疎通の機会を得ること。

⑩ 就業中に旅券を所持すること。

⑪ 派遣先国で適用される法令の規定に従い、当該派遣先国で結社及び集会を行うこと。

⑫ インドネシア人移住労働者の出身地への帰還に際する安全上の保護を保証されること。

⑬ インドネシア人移住労働者候補者及び/又はインドネシア人移住労働者に関する文書及び雇用契約を取得すること。

また、2017年法律18号は、インドネシア人移住労働者の家族（裁判所の判決及び/又は決定に基づく関係を含め、夫、妻、子又は両親）であって、インドネシアに住所を有し、又は海外で当該インドネシア人移住労働者と同居するすべての者に対して、以下の権利を保障している[5]。

4　2017年法律18号6条(1)
5　2017年法律18号6条(1)

① インドネシア人移住労働者の状況、問題及び帰国に関する情報を得ること。

② 海外で死亡したインドネシア人移住労働者の全ての財産を相続すること。

③ インドネシア人移住労働者候補者及び／又はインドネシア人移住労働者に関する文書及び雇用契約の写しを取得すること。

④ 意思疎通の機会を得ること。

イ　保護を行う機関

一般的に、インドネシア人移住労働者の保護は、以下の機関により、協調的且つ統合的に行われる。

① 中央政府

② インドネシア在外公館

③ BP2MI

④ 地方政府

⑤ 村落政府

2017年法律18号に基づくインドネシア人移住労働者の保護には、規制当局／政策立案者である中央政府（すなわち、労働法に基づくインドネシアの労働問題を担当する機関である労働省（以下、「労働省」という。））と、政策実施者である庁の職務及び権限を規制する制度的保護が含まれる。この場合、「庁」とは、2017年法律18号[6]及び移住労働者保護庁に関する2019年大統領令90号に基づき設立されたBP2MIをいう。これらの規則は、中央政府としての省及び庁の職務及び権限について根拠を与えるものである。中央政府の責務は、移住労働者及びその家族の権利及び保護の保障、派遣サービスの運営の管理及び監視、情報システムの整備、苦情及び事案対応における関係各庁間の協力の調整、派遣先国における権利の確保並びに帰国の手配などである[7]。

6　2017年法律18号46条
7　2017年法律18号39条

2017年法律18号は、インドネシア人移住労働者の保護における地方政府の役割も定めている。この役割は、就労前、就労中及び就労後に至るまで、村落、県/市及び州によって実施される。送出機関が取得することが必要なインドネシア人移住労働者派遣会社許可書(以下、「SIP3MI」という。)及びインドネシア人移住労働者採用許可書（以下、「SIP2MI」という。）を発行し、取り消すのは中央政府であるが、地方政府は支店に許可書を発行することができる。また、2017年法律18号に基づき、地方政府は、インドネシア人移住労働者の派遣及び保護のためのワンストップ統合サービス（*Layanan Terpadu Satu Atap*/以下、「LTSA」という。）と称するワンストップ統合サービスを設立するとともに、インドネシア人移住労働者の出国及び帰国に助力することができる[8]。

LTSAでは、インドネシア人移住労働者候補者及び/又はインドネシア人移住労働者の派遣及び保護における文書の手配及び行政上の要件に関するサービスを提供し、中央政府と共同で採用を行い、行政上の要件に関するサービスを準備する。インドネシア人移住労働者の出国及び帰国に関して、出国するインドネシア人移住労働者は、それぞれの専門に応じたトレーニングを受けたことの証明書によって示される能力又は技能を有していなければならない。インドネシア人移住労働者が出国すると、労働担当大使館員又は任命されたインドネシア人海外駐在職員が、その使用者、業務及び労働条件の監視を担当する。当該職員は、必要に応じ、労働争議の解決に助力し、領事サービス及び法的支援を提供し、且つ本国帰国にも助力しなければならない。就労後、地方政府は中央政府と協力して、退職したインドネシア人移住労働者及びその家族に起業家研修を提供する（詳細は10を参照）。

ウ　保護を行う時期

インドネシア人移住労働者の保護の実施については、2021年政令59号

8　2017年法律18号40条

で詳述されており、派遣の仕組みにかかわらず、インドネシア人移住労働者候補者及び/又はインドネシア人移住労働者に保護が与えられることが規定されている(詳細は３を参照。)。かかる保護は、以下のものから構成される。

㈠　就労前の保護

行政上の保護及び技術的な保護を含む。行政上の保護には、少なくとも、派遣文書の完全性及び有効性並びに労働条件及び要件の確認が含まれる。一方、技術的な保護には、インドネシア人移住労働者候補者及びその家族の権利義務、海外居住手続、渡航先の国の文化や法律に関する情報の普及、社会保障登録、インドネシア人移住労働者候補者の権利の実現に関する支援、LTSAの機能、送出機関との間の仲介斡旋契約の準備、指導及び監督などが含まれる。

㈡　就労中の保護

就労中の保護は、出国から派遣先国への渡航中に提供される。在外インドネシア公館[9]により提供される。就労に関する保護の一つは、インドネシア移住労働者の権利の実現を促進することである。また、インドネシア人移住労働者の雇用条件のモニターや労使紛争の解決に助力すること、領事サービスを提供することも含まれる。

㈢　就労後の保護

中央政府、BP2MI及び地方政府により提供され、出身地への帰還の支援が含まれる。インドネシア人移住労働者の権利が満たされていない場合の精算や、本人及び家族のインドネシアへの帰国の促進も含まれる。ただし、送出機関により派遣されていたインドネシア人移住労働者が死亡した場合には、その遺体の送還は、送出機関の義務となる。

エ　LTSA

LTSAは、差別なく、安価、簡易かつ迅速な公共サービスとして統合さ

9　インドネシア公館とは、派遣先国又は国際機関において、インドネシア共和国の国民、国家及び政府の利益を公的に代表し、追求するインドネシア外交官及び領事官をいう。

れた、インドネシア人移住労働者への情報提供、要件の充足、問題の対応を行うサービスシステムである。インドネシア人移住労働者のためのLTSAの設立は、知事及び/又は県長/市長の責務である。現地報道によれば、2021年時点で全国で45のLTSAが設立されている。労働者の出身地にあるLISAの役割は、より多くの労働者に、仲介斡旋に関する情報や手続に、よりアクセスしやすくすることである。また、LTSAは、必要書類作成やパスポート発行手続の保護を行う。LTSAの活動により、Caloと呼ばれる違法なブローカーの撲滅が期待されている。

インドネシア人移住労働者のためのLTSAの運営にあたり、知事及び/又は県長/市長は、以下の義務及び責務を負う[10]。

① インドネシア人移住労働者の派遣及び保護に関する情報技術に基づくサービスシステムの推進

② それぞれの権限に従ったインドネシア人移住労働者のためのLTSAの運営予算の分配

③ 関連する地域要員を配置することによるインドネシア人移住労働者候補者のためのサービスの実施の確保

④ インドネシア人移住労働者のためのLTSAの運営管理

また、インドネシア人移住労働者のためのLTSAは、以下の窓口を有している[11]。

① 労働

② 苦情及び情報

③ 人口及び住民登録

④ 保健衛生

⑤ 入国管理

⑥ 警察

⑦ 銀行業務

10　2021年政令59号30条

11　2021年政令59号31条(1)

⑧　社会保障

インドネシア人移住労働者のためのLTSAは、以下の機能を実施するために運営される[12]。

①　以下の内容を含む、インドネシア人移住労働者の派遣及び保護

(i)　労働市場情報

(ii)　インドネシア人移住労働者の派遣及び保護に関する手続

(iii)　カウンセリング及び職業指導

(iv)　教育及び職業訓練を受けるための情報

(v)　インドネシア人移住労働者の派遣の実施に関する情報

(vi)　旅券及び犯罪経歴証明書の発行その他のサービス機能

インドネシア人移住労働者のためのLTSAは、サービス機能に加えて、出国前オリエンテーションの主催者、インドネシア人移住労働者候補者及び/若しくはインドネシア人移住労働者並びに/又はその家族の問題に関する協議、調停、擁護及び法的支援の場となることがある。

(2)　派　　遣

ア　派遣の概要

インドネシア人移住労働者の派遣とは、就労前、就労中及び就労後に開始するインドネシア人移住労働者候補者及び/又はインドネシア人移住労働者に提供されるサービス活動をいう[13]。

2017年法律18号は、原則として、インドネシア人移住労働者は、外国人労働者を保護する法令、インドネシア政府との間の書面による協定又は外国人労働者を保護する社会保障制度及び/若しくは保険制度を有する国にのみ派遣することができる旨を規定している[14]。特定の国へのインドネシア人移住労働者の派遣は、安全性、人権の保護、雇用機会の均等な分配

12　2021年政令59号31条(2)
13　2021年政令59号1.1条
14　2017年法律18号31条

及び/又は国家の労働力需要に関する問題がある場合には、停止されることがある[15]。

イ　派遣を行う機関

派遣は、以下の機関により行うことができる[16]（詳細は3を参照。）。

① BP2MI

② 送出機関

2021年10月時点で329の送出機関が登録されている。また、技能実習生の送出機関（LPK）とここで言及する送出機関は別の機関である。

③ 自社の利益のためにインドネシア人移住労働者を派遣する会社

日系企業のインドネシア現地法人が自社従業員を日本本社に派遣する場合などが含まれる。

なお、インドネシア人移住労働者は、個人ではなく海外の法人に雇用される場合に限り、上記機関を通じずに就業することが認められている（「個人インドネシア人移住労働者」）。2017年法律18号は、このような場合についての細則を定めることを求めているが、実際には当該細則は未制定であり、以前の法律（2004年法律39号）に基づく2011年BP2MI規則4号の適用があるのみである。それによれば、個人インドネシア人移住労働者には以下の条件が課されている。

① 海外の法人に雇用されること。

② 就業の機会を自ら直接探すものとし、インドネシア国内外の就労斡旋会社を使わないこと。

なお、上記②の条件で禁止されているのは労働者が就労斡旋会社に対価を支払って利用することであり、雇用者側がヘッドハンターやエージェントを使うことは制限されていない。もっとも、特定技能の対象となる労働者が独自に海外の就職先を探すことは想定しにくく、その殆どは上記の機関を通じて就労することが予想される。

15　2017年法律18号32条(1)
16　2017年法律18号49条

ウ　インドネシア人移住労働者候補者

海外で就労するインドネシア人移住労働者候補者は、次の要件を満たさなければならない[17]。

①　18歳以上であること

②　適格な能力を有すること

③　心身ともに健康であること

④　必要な登録がされており、社会保障加入者番号を有すること

⑤　必要な書類を備えていること

上記⑤に関連して、2017年法律18号13条に基づき、インドネシア人移住労働者候補者が海外派遣の資格を得るためには、次の書類を所持していることが求められている。

①　婚姻状況に関する証明書。婚姻をしている者については、婚姻証明書の写しを添付すること

②　村落長の承認を受けた配偶者、両親又は後見人の同意書

③　職能証明書

④　健康及び心理検査結果に基づく健康診断書

⑤　地方入国管理官署により発行された旅券

⑥　就労ビザ

⑦　インドネシア人移住労働者派遣契約（法令の規定に準拠した派遣先国へのインドネシア人移住労働者の派遣にかかる各当事者の権利及び義務を定めた、BP2MI又は送出機関とインドネシア人移住労働者候補者との間の契約書）

⑧　使用者[18]（日本側の会社）とインドネシア人移住労働者との間の雇用契約（詳細は４を参照。）。この場合、2017年法律18号19条の規定に基

17　インドネシア人移住労働者の派遣手続に関する2009年労働大臣規則９号（MOM Regulation No. 9 of 2019 on the Procedures for the Placement of Indonesian Migrant Workers、以下「2019年労働大臣規則９号」という。）５条

18　使用者は、インドネシア人移住労働者を雇用する、派遣先国の官庁、公共団体、民間の法人及び／又は個人の形態による。

づき、送出機関は使用者とインドネシア人移住労働者との間の雇用契約の当事者ではないものの、当該雇用契約に定められた職務及び職種に応じて、インドネシア人移住労働者を派遣する責任を負い、これを怠った場合には、行政処分の対象となることがある。かかる行政処分には、書面による警告、事業活動の一部若しくは全部の一時停止又は免許の取消しなどがある[19]。

2　送出機関の許可要件・手続

(1)　SIP3MI

2017年法律18号により、送出機関は、労働省から譲渡不能のSIP3MI許可書を取得することが義務付けられている[20]。送出機関となり、SIP3MIを取得することを希望する会社は、一般的に、有限責任会社（*perseroan terbatas*、以下、「PT」という。日本の株式会社に相当）の形態で、且つ、オンライン・シングル・サブミッション（以下、「OSS」という。）により発行される事業基本番号（*Nomor Induk Berusaha*/ 以下、「NIB」という。）を有していなければならない。

SIP3MIの発行手続に関する2019年労働大臣規則10号（MOM Regulation No. 10 of 2019 on the Procedures for the Issuance of SIP3MI、以下、「2019年労働大臣規則10号」という。）は、SIP3MIの発行が以下の段階を経て行われることを規定している[21]。

①　申請者がOSSを通じてSIP3MIを申請する。

②　OSSがコミットメントに基づきSIP3MIを発行する。コミットメント（Commitment）とは、申請者が充足することを約束する事項であり、以下のとおり、2019年労働大臣規則10号7条1項とともに2017年法

19　2017年法律18号37条
20　2017年法律18号51条
21　2019年労働大臣規則10号3条

律18号51条1項において言及されるSIP3MIの要件をいう。

(i)　会社責任者から総局を通じた大臣宛の申請書（適正に印紙を貼付したもの）

(ii)　会社の設立証書に記載された払込済資本が、50億ルピア以上であることの証拠

(iii)　インドネシア人移住労働者の保護義務の履行の保証として、いつでも出金可能な15億ルピア以上の預託による金銭を政府系銀行に預け入れること。ただし、当該預託金は、送出機関がインドネシア人移住労働者候補者及び/又はインドネシア人移住労働者に対する義務を履行しない場合に限り出金され得る。SIP3MIの有効期間が満了した、延長されなかった又は取り消された場合、当該預託金は返還される。

(iv)　以下の事項に基づく、インドネシア人移住労働者の派遣及び保護のための連続した3年間以上の業務計画を有すること

(a)　予想される雇用機会

(b)　派遣先国ごとの年間のインドネシア人移住労働者の派遣対象

(c)　インドネシア人移住労働者の問題の解決に向けた取組み

(v)　所有権証明書又は賃貸借/請負/協力契約書により証明される、インドネシア人移住労働者の派遣サービスのための施設及び基幹設備（標準的な労働衛生・安全上の便益、取締役及び従業員の作業場、礼拝室などを含む。）を有すること

(vi)　会社の組織図

(vii)　4×6 cmサイズで赤色背景の会社責任者の近接写真

(viii)　会社責任者が以下の事項を表明した宣誓書

(a)　他の送出機関の取締役会の役職を兼任していないこと

(b)　インドネシア人移住労働者の派遣に関して刑を宣告されたことがないこと

(c)　自己の会社を送出機関に変更し、SIP3MI取得時に、送出機関

としての指定を受けるため、送出機関としての資格において、15億ルピアの預託金を局長に提供する意思を有すること

(d)　SIP3MIの取得後1年以内に、ISO 9001認証を受けた品質管理システムを保有すること

(e)　SIP3MIの取得後1年以内に、インドネシア人移住労働者の派遣プロセスを実行すること

③　会社がSIP3MIコミットメントを履行する義務を負う。

④　コミットメントの履行結果について、局長がSIP3MIの通知をOSS機関に提出する。

⑤　当該通知に基づきSIP3MIが有効となる。

SIP3MIの期間は5年間であり、庁からの推薦に従って5年ごとに更新することができる[22]。SIP3MIは、送出機関が労働省への定期的な報告義務を遵守し、且つ、SIP3MIの取得後に予定されていた派遣の75％以上を実施した場合に延長される[23]。なお、送出機関は、過去2年間において損失が計上されていない監査済の財務貸借対照表を提示しなければならない。

送出機関が最低預託金ルールを遵守できなくなった場合又は2017年法律18号に定める自己の責務及び制限に従わなかった場合には、SIP3MIが取り消される可能性がある。但し、免許が取り消された場合でも、送出機関は、派遣され、なお海外に滞在するインドネシア人移住労働者に対して責任を負う[24]。

(2)　SIP2MI

派遣を行うことを希望する送出機関は、SIP3MIに加えて、譲渡不能のSIP2MIも保有していなければならない。SIP2MIは、以下の全ての書類を提出することにより取得できる[25]。

22　2017年法律18号57条(1)
23　2017年法律18号57条(2)
24　2017年法律18号58条
25　2017年法律18号59条(4)

① 派遣協力契約（派遣先国へのインドネシア人移住労働者の派遣及び保護にかかる各当事者の権利及び義務を定めた、送出機関と事業パートナー[26]又は使用者（日本側の会社）との間の契約書）

② 使用者からのインドネシア人移住労働者の依頼状

③ 派遣契約案

④ 雇用契約書案

SIP2MIは全国的に適用され、統合型雇用情報システム（*Sistem Informasi Ketenagakerjaan Terpadu*）（以下、「Sisnaker」という。）と統合されたインドネシア人移住労働者保護のためのコンピュータシステム（*Sistem Komputerisasi Perlindungan Pekerja Migran Indonesia*）（以下、「Sisko P2MI」という。）を通じてオンラインで申請される[27]。

3　派遣する労働者の募集方法に関する規制

前記説明のとおり、2017年法律18号は、以下の者がインドネシア人移住労働者を募集及び派遣することを認めている[28]（以下、「派遣管理者」という。）。

① BP2MI

② 送出機関

③ 自社の利益のためにインドネシア人移住労働者を派遣する会社

(1) BP2MI

BP2MIによるインドネシア人移住労働者の派遣は、政府の要請、インドネシア人移住労働者の使用者側の国の政府からの依頼、又は派遣先国の使

26　2017年法律18号1.10条において、事業パートナーとは、「インドネシア人移住労働者を使用者に派遣する責任を負う、派遣先国の機関及び／又は法人格を有する事業体」と定義されている。

27　2019年労働大臣規則9号4条(2)

28　2017年法律18号49条

用者からの依頼のいずれかに基づくものであり[29]、インドネシア政府と、使用者側の国又は派遣先国の政府との間の契約書に基づいて実施される[30]。

この契約書は、平等の原則、双方に利益がある解決策の原則に基づき、かつ有効な国内法及び国際法を考慮して、作成されなければならない。当該契約書には、少なくとも次の事項が含まれなければならない[31]。

① 当事者を特定できる情報
② 当事者の権利及び義務
③ 派遣の要件及び手続
④ インドネシア人移住労働者の保護の仕組み
⑤ 監督及び評価
⑥ 紛争の解決
⑦ 契約書の変更
⑧ 契約の期間及び終了

⑵ 送出機関

送出機関を通じたリクルートの場合、送出機関は、次に掲げる職務及び責務を負う[32]。

① 雇用機会を求めること
② SIP2MIを取得した後にインドネシア人移住労働者を派遣すること
③ 送出機関が派遣したインドネシア人移住労働者の問題を解決すること

⑶ 会社による直接派遣

会社／使用者による直接派遣については、一般的に、2017年法律18号

29　BP2MIによるインドネシア人移住労働者の派遣の手続に関する2020年政令10号（Government Regulation No. 10 of 2020 on the Procedures for Placement of Indonesian Migrant Workers by BP2MI、以下、「2020年政令10号」という。）2条

30　2020年政令10号3条

31　2020年政令10号5条

32　2017年法律18号52条⑴

61条において認められている。同条により、会社は、会社の利益のために、自己の労働者を海外に派遣することができる。この場合、会社の利益のために海外に派遣された自己の労働者の保護については、会社自身が責任を負うことを義務付けられている[33]。

2019年労働大臣規則９号28条により、会社自身の利益のためにインドネシア人移住労働者を派遣することができるのは、以下の者とされている。

①　国有企業

②　地方政府所有企業

③　送出機関以外の民間会社

このような会社によるインドネシア人移住労働者の派遣は、当該会社が以下のいずれかに該当する場合に行われる[34]。

①　海外の会社と所有関係にある場合。

②　当該会社の業種において労働契約を得る場合。

③　派遣先国において事業を拡大する場合。

④　従業員の能力の向上を図る場合。

上記④の場合、会社は自己と資本関係の無い海外の会社に従業員を派遣することも認められる。

この場合において、当該会社は、以下のものを添付した依頼書を提出して、労働省、労働大臣又は指定された担当者から書面による許可を得なければならない[35]。

①　派遣先国において指定された労働担当大使館員又は担当職員による承認を受けた、会社の所有関係を示す証拠

②　インドネシア法に基づく法人格を有することの証拠

③　インドネシア人移住労働者と当該会社との間の雇用契約

④　海外勤務中にインドネシア人移住労働者が受ける利益を記載した海

33　2017年法律18号61条(2)
34　2019年労働大臣規則９号29条
35　2019年労働大臣規則９号30条

外派遣通知書

⑤　インドネシア人移住労働者が労働社会保障プログラムに加入していることの証拠

⑷　派遣手続

一般に、前記⑴から⑶において説明したインドネシア人移住労働者派遣の実施者又は管理者にかかわらず、インドネシア人移住労働者の派遣は、以下の３段階で実施される。

①　就労前

②　就労中

③　就労後

送出機関によるインドネシア人移住労働者の派遣は、2019年労働大臣規則９号の適用を受ける[36]。他方、BP2MIによる派遣は、2020年政令10号の下で規律されている[37]。

ア　就労前

この段階には、以下のものが含まれる。

(i)　インドネシア人移住労働者への情報提供（少なくとも、労働市場、派遣及び保護の手続、並びに海外勤務条件に関する情報。）。労働市場に関する情報には、欠員状況、職種及び職務要件が含まれ、これらの情報については、オンラインでの提供、LTSAを介したオフラインでの提供、又は労働省及びBP2MIが開催する雇用機会展示会を通じた提供が可能である。関連する場所においてLTSAが設置されていない場合には、県/市サービス事務所によって情報が提供される。

(ii)　前記のとおり、2017年法律18号13条で定められる必要書類に記入し、LTSAを通じて又はSisnakerと統合されたSisko P2MIを通じて行う登録。

36　2019年労働大臣規則９号７条から27条
37　2020年政令10号９条から32条

(iii) 派遣先国のニーズ又は要件に応じた事務的プロセス又は書類確認プロセスによる選考。このプロセスは、(1)BP2MIにより、派遣先国政府の要請に従った技術的選考によって実施されるか、又は(2)送出機関が、職業紹介／仲介担当職員を関与させた上で実施する。

(iv) 健康診断及び心理的評価。BP2MI又は送出機関（該当する方）がこれを支援する。

(v) 前記(iv)で合格となり、（まだ取得していなければ）パスポートを取得した後に、派遣契約に署名する。

BP2MIとの派遣契約については、移住労働者保護庁とインドネシア人移住労働者候補者の間の派遣契約に関する2021年BP2MI規則２号（BP2MI Regulation No. 2 of 2021 on the Placement Agreement between Indonesian Migrant Workers Protection Agency and Candidate Indonesian Migrant Worker）の別紙において、テンプレートが提供されている。当該テンプレートを本報告書に別紙１として添付する。送出機関との派遣契約については、2019年労働大臣規則９号の別紙においてテンプレートが提供されている。当該テンプレートを本報告書に別紙２として添付する。これらの別紙からお分かりになるとおり、当該テンプレートには、依然として、派遣手数料に関する規定が含まれている。派遣手数料の適用可能性については、７を参照されたい。

(vi) 社会保障加入の登録。この場合、社会保険料を以下のタイミングで納付しなければならない。

(a) 就労前の労働社会保障プログラムについては、派遣契約に署名した後

(b) 就労中及び就労後の労働社会保障プログラムについては、インドネシア人移住労働者候補者が出国前オリエンテーション（*Orientasi Pra Pemberangkatan*）（以下、「OPP」という。）に参加した後

(vii) BP2MI又は送出機関（該当する方）による就労ビザの手配。

(viii) OPPの実施。OPPは、インドネシア人移住労働者が、海外で働く

ための精神面と知識面の準備を整え、自らの権利と義務を理解し、直面する可能性のある問題を克服することができるようにするために、海外勤務することとなるインドネシア人移住労働者候補者との間で情報をやりとりする活動である。OPPは、以下の事項に関するより深い理解を促すことを目的としている。

(a) 以下のものを含む、派遣先国の法律上の規制

1) 移住分野における法律上の規制

2) 労働分野における法律上の規制

3) 派遣先国における罰則に関する規制

(b) 雇用契約資料

(c) その他必要と認められる資料

海外勤務の要件を満たしたインドネシア人移住労働者候補者は、出国前に、OPPの際にSisko P2MIを介して生体認証の指紋データを収集されなければならない。OPPは、インドネシア人移住労働者のためにLTSAに設置され、県/市サービス事務所が助力する。OPPの費用は国家予算により賄われるものとする。OPPは、インドネシア人移住労働者候補者が海外に出国する2日前までに完了しなければならない。

(ix) 雇用契約への署名

(x) インドネシア人移住労働者の出国。この出国は、BP2MIから、派遣先国の労働担当大使館員又は外国業務担当職員に通知される。

イ　就労中

インドネシア人移住労働者が派遣先国に到着した時点から、この段階に該当する。

この段階において、派遣先国に到着したインドネシア人移住労働者は、(1)Sisnaker及びSisko P2MIと統合された国民保護ポータル（*Peduli WNI Portal*）又は (2)送出機関の事業パートナーを通じて、関係する労働担当大使館員又は外国業務担当職員に到着を報告しなければならない。労働担当大使館員又は外国業務担当職員はその後、インドネシア人移住労働者のた

めに、派遣先国への到着時に、勤務開始前のオリエンテーションを行う。

インドネシア人移住労働者の帰国については、該当する雇用契約に定めるところによる。但し、いかなる場合であっても、インドネシア公館は、帰国のための旅行関連書類の手配の面で、インドネシア人移住労働者の帰国に助力する。

ウ　就労後

インドネシア人移住労働者がインドネシアの上陸地に到着した時点から、この段階に該当する。インドネシア共和国の大使が任命した労働担当大使館員又は外国業務事務所職員からの報告に基づき、インドネシア人移住労働者に問題がある場合には、BP2MIが、インドネシア人移住労働者のインドネシアへの入国に助力する。具体的には、入国に関する情報提供や空港から出身地への帰還の援助などが想定される。

4　派遣する労働者との間の労働契約の規制と内容

⑴　概　　要

インドネシア人移住労働者とその使用者（日本の会社）との間の雇用関係は、雇用、賃金及び指示の要素を有する雇用契約に基づくものとし、かかる関係は、両当事者が雇用契約に合意し、署名した後に発生する[38]。2019年労働大臣規則９号20条１項及び２項は、雇用契約の署名が両当事者の合意に従って行われ、両当事者が合意し署名した時点から効力が生じる旨の本規定を再確認している。

⑵　契約の内容

2017年法律18号15条２項に基づいて、当該雇用契約には、少なくとも次に掲げる事項を記載しなければならない。

38　2017年法律18号14条及び15条⑴

① 両当事者の氏名及び住所

② インドネシア人移住労働者の職位又は職種

③ 両当事者の権利義務

④ インドネシア人移住労働者の雇用契約の条件、署名及び確認に関する2020年BP2MI規則1号（BP2MI Regulation No. 1 of 2020 on the Standards, Signing, and Verification of Indonesian Migrant Workers Employment Agreements、以下「2020年BP2MI規則1号」という。）に基づいて規定される雇用条件（労働時間、賃金、支払の取決め、休暇、休憩時間、設備、宿泊施設、交通機関、飲食、社会保障及び/又は保険を含む。）

⑤ 雇用期間（両当事者の合意に基づくもので、延長可能。）。ただし、雇用期間の延長は、派遣先国におけるインドネシア在外公館にて権限ある職員の立会いの下でのみ行われる[39]。

⑥ インドネシア人移住労働者に対する安全及びセキュリティの保証

2020年BP2MI規則1号2条2項も、次の条項を雇用契約に含めるべきと規定している。

① 雇用契約の延長手続

② 雇用終了手続

③ 紛争解決手続

④ 送還手続

雇用契約の内容の変更は、両当事者が権限ある職員の面前で署名する雇用契約に記載しなければならない[40]。

新たな雇用契約は、インドネシア人移住労働者、使用者及び/又は事業パートナーによって、国民保護ポータル、Sisko P2MI、Sisnaker間の統合システムを通じて、管轄当局に報告されるものとする[41]。

雇用契約は、インドネシア人移住労働者、使用者及び権限ある職員のた

39　2017年法律18号17条
40　2020年BP2MI規則1号6条(1)及び2017年法律18号18条
41　2020年BP2MI規則1号6条(2)

めに原本３通にて締結し、インドネシア語及び英語並びに／又は使用者の言語で作成されることに留意されたい[42]。

5　送出機関と日本側の機関（使用者）との間の契約の規制と内容

2017年法律18号は、インドネシア人移住労働者の派遣において、以下の３種類の契約を認めている。

① 送出機関と事業パートナー又は使用者（日本側の機関）との間の派遣協力契約

② 派遣管理者（詳細は３を参照。）とインドネシア人移住労働者候補者との派遣契約

③ インドネシア人移住労働者と使用者（日本側の機関）との間の雇用契約。

派遣協力契約に関して、インドネシア法令上更なる説明は存在しないものの、当該契約は、派遣先国におけるインドネシア人移住労働者の派遣及び保護の枠組みにおける各当事者の権利義務を規定しなければならない。なお、当該契約は、送出機関によるSIP2MI申請に必要な書類としても提出しなければならない。

6　送出機関・労働者・日本側の機関（使用者）との間の費用の規制と内容

送出機関、インドネシア人移住労働者、使用者間の三者間契約に関して、インドネシア法令上特定の規定は存在しない。雇用契約は、上記４に詳述したとおり、インドネシア移住労働者と関係する使用者との間においてのみ存在する。

42　2020年BP2MI規則１号５条

7　移住労働者に適用される派遣手数料の免除

2017年法律18号は、インドネシア人移住労働者に派遣手数料を請求することを禁じている[43]。但し、明示的な強制力をもつ形では、この制限は2021年8月以降、すなわちインドネシア人移住労働者派遣手数料の免除に関する2020年BP2MI規則9号（2020年BP2MI規則9号の改正に関する2021年BP2MI規則1号（BP2MI Regulation No. 1 of 2021 on the Amendment to BP2MI Regulation No. 9 of 2020）により改正。）（BP2MI Regulation No. 9 of 2020 on Relief of Indonesian Migrant Workers Placement Fees、以下「2020年BP2MI規則9号」という。）の効力発生日の6か月後からのみ効力を発する[44]。

免除されるべき派遣手数料として、以下のものが明記されている[45]。

① 出国用の航空チケット

② 帰国用の航空チケット

③ 就労ビザ

④ 雇用契約の認証

⑤ 職業訓練

⑥ 技能証明書

⑦ 送出機関によるサービス

⑧ 旅券の切替え

⑨ 警察の無犯罪証明書

⑩ インドネシア人移住労働者の社会保障

⑪ 自社での健康診断及び心理検査

⑫ 一定の国が必要とする場合には、追加の健康診断

⑬ 地元から出国地点までのインドネシア国内の移動

43　2017年法律18号30条

44　2020年BP2MI規則9号8条

45　2020年BP2MI規則9号3条(2)

⑭ 宿泊設備

①から④及び⑦から⑭にいう派遣手数料は、使用者に請求するものとされている。一方、⑤及び⑥の手数料は、地方政府に請求するものとするが、地方政府は認定を受けた国営及び/又は民間の教育機関及び職業訓練機関と協力することができるとされている。

また、規則上は派遣手数料の免除は特定の職種に就労するインドネシア人移住労働者についてのみ認められている。明記されていない職種についても、派遣手数料が免除されるかについて必ずしも明確ではないが、法律の趣旨に基づき明記されていない職種についても派遣手数料は免除されると考えることが適切と思われる。

BP2MI長官は、インドネシア人移住労働者の派遣手数料の免除の実施状況を監視・評価するチームを編成するものとされている。当該監視・評価の結果、送出機関による違反が判明した場合、BP2MI長官は労働省に対し、以下のいずれかの形態で当該送出機関に対して制裁を行うよう勧告することができる[46]。

①　書面による警告

②　インドネシア人移住労働者派遣プロセスの一部又は全部の活動の一時停止

③　SIP3MIの取消し

8　送出機関が送出国の運営団体に対して負う報告義務

送出機関は、インドネシア人移住労働者候補者のうち、既に以下の全てを有している者のみを派遣しなければならないとされている[47]。

①　雇用契約

②　旅券

46　2020年BP2MI規則9号6条及び7条
47　2019年労働大臣規則9号22条

③　就労ビザ

送出機関は、関係するインドネシア政府職員/官庁に対して次の義務を負う。

①　インドネシア人移住労働者の帰国及び/又は期間延長を派遣先国の労働担当大使館員又は任命された外国業務事務所職員に通知すること[48]

②　以下について労働者の担当局長[49]に報告すること[50]

(i)　インドネシア人移住労働者の派遣の実現状況を定期的に又は要求されたときは随時

(ii)　該当する場合に、送出機関の支店の設置及び閉鎖

③　インドネシア人移住労働者が派遣先国で死亡した場合に[51]、インドネシア在外公館職員に死因を通知すること

送出機関が上記義務を満たさない場合、当局は当該送出機関のSP3MI許可を取り消すことができる。

9　送出機関が海外に送り出されている労働者へ負っている義務

送出機関の詳細な義務は、関係する労働者との派遣契約による。本報告書別紙2に定めるとおり、送出機関は通常、派遣契約への署名時点から労働者が指定された国又は企業に派遣されるまで当該労働者を保護する義務を負う。

送出機関は、以下も行うものとする。

①　雇用契約に定める職名及び雇用形態に応じて、インドネシア人移住労働者候補者を派遣すること[52]

48　2017年法律18号25条(1)及び2019年労働大臣規則9号22条

49　2019年労働大臣規則10号1.16条において、局長とは、労働者派遣及び雇用機会拡大の分野を担当する局長を指す。

50　2019年労働大臣規則10号35条

51　2017年法律18号27条(2)b

52　2017年法律18号19条

② インドネシア人移住労働者の適正な派遣及び保護との関連で、施設及び基幹設備を提供すること
③ 雇用契約、旅券、就労ビザ、航空券及び社会保障加入カードの形態による労働者の書類の処理を支援し、促進すること
④ インドネシア人移住労働者が派遣先国で死亡した場合に[53]
(i) インドネシア人移住労働者の死亡を知ってから遅くとも3×24時間以内に、その家族に当該死亡を通知すること
(ii) 死因に関する情報を収集し、インドネシア在外公館の職員及び当該インドネシア人移住労働者の家族の構成員に通知すること
(iii) インドネシア人移住労働者の遺体を適切な方法でその出身地に戻し、当該インドネシア人移住労働者の宗教的な手順に基づく葬儀費用を含む全ての必要な費用を負担すること
(iv) インドネシア人移住労働者の家族の承認を得て、又は当該国で適用される規定に従い、インドネシア人移住労働者の派遣先国において葬儀を行うこと
(v) インドネシア人移住労働者の家族の利益のために、インドネシア人移住労働者の全財産を保護すること
(vi) インドネシア人移住労働者が享受すべき全ての権利を実現すること

10　帰国後の労働者に対する支援制度の存在

一般的に、2017年法律18号は、就労前、就労中及び就労後、すなわち帰国後に、インドネシア人移住労働者の保護が中央政府により、地方政府及びBP2MIと共同で実施されることを規定しており、以下を含む[54]。

① インドネシア人移住労働者の出身地までの帰還の支援

53　2017年法律18号27条(2)
54　2017年法律18号24条(1)

② 実行されていないインドネシア人移住労働者の権利の解決

③ 病気の又は死亡したインドネシア人移住労働者に関する取り決めの支援

④ 社会復帰及び社会的再統合

⑤ インドネシア人移住労働者及びその家族の能力開発

上記①に関して、インドネシア人移住労働者の帰国は、次の事由により生じ得る[55]。

① 雇用契約の満了

② 休職

③ 雇用契約の期間満了前における雇用契約の終了

④ 業務の遂行を不可能とする業務上の事故及び／又は疾病

⑤ 不当な取扱い又はその他の暴力的行為

⑥ 派遣先国における戦争、天災又は疫病の発生

⑦ 派遣先国の政府による強制送還

⑧ 派遣先国での死亡

⑨ インドネシア人移住労働者に損失を与えるその他の事由

一般的に、送出機関は、派遣先国のインドネシア在外公館に対して、インドネシア人移住労働者の帰国及び／又は雇用契約の延長に関するデータを報告する義務を負うものとする。当該報告はその後、インドネシア在外公館によって確認されるものとする。送出機関がインドネシア人移住労働者の帰国及び／又は雇用契約の延長に関するデータを派遣先国のインドネシア在外公館に報告しなかったときは、行政処分を受けるものとする。

上記に説明するインドネシア在外公館による確認の結果に基づいて、何の問題にも直面していないインドネシア人移住労働者は以下のいずれかを行うことができる。

① 帰国手続を進めること

55　2017年法律18号27条(1)

② 雇用契約の延長

上記④（社会復帰及び社会的再統合）に関連して、「社会復帰」とは、社会的な面での精神状態の障害から回復し、家庭及び地域社会の双方において合理的に自己の役割を果たすことができるよう、社会的機能を回復するプロセスを意味する。一方、「社会的再統合」とは、問題をかかえるインドネシア人移住労働者を、保護及びその必要性を満たすことができる家族又は代替的家族に再合流させることをいう[56]。

社会復帰及び社会的再統合は、次の形態で提供される[57]。

① 心理社会的動機づけ及び診断

② 治療及び介護

③ 職業訓練及び起業家精神の育成

④ 精神的及び内面的指導

⑤ 身体的指導

⑥ 社会的指導及び心理社会的カウンセリング

⑦ アクセシビリティ・サービス（accessibility services）

⑧ 社会的扶助及び援助

⑨ リハビリテーション施設の提供

⑩ 社会復帰及び社会的再統合は、BP2MI及び県/市政府により、関係省庁/機関と連携して実施するものとする[58]。

インドネシア人移住労働者のインドネシアへの帰国支援の一環としてのインドネシア人移住労働者及びその家族の能力開発は、労働省、BP2MI及び/又は村落政府により、また地方政府及び関係省庁/機関が関与することによって実施されるものとする[59]。今のところ、当該能力開発の詳細に関する更なる規定は発行されていない。

56　2017年法律18号24条⑴dに対する解説
57　2021年政令59号22条⑴
58　2021年政令59号22条⑵
59　2021年政令59号23条

11　海外研修（*pemagangan*）／技能実習

一般的に、海外研修とは、「一定の技能又は専門知識を習得させる観点から、職業訓練機関、企業、政府機関又は教育機関がインドネシア及び海外において完全且つ一体的に構築し、商品及び/又は役務の生産過程において指導員及び/又はより熟練した労働者の指導及び監督の下で実施される職業訓練制度の一部」と定義され[60]、海外研修及び技能実習の送出機関(以下、「LPK」という。)が、海外研修を実施するための免許を労働省又は指定された職員から取得した後でなければ、これを実施することができない。当該送出機関の形態は、インドネシアのPT（有限責任会社）でなければならない。労働法25条(3)に従い、海外研修に関する規定は、大臣令で定めるところによる。この点に関し、労働省は、海外研修の許可取得手続及び企画手続に関する労働移住大臣規則No. PER.08/MEN/V/2008（Minister of Manpower and Transmigration Regulation No. PER.08/MEN/V/2008 on the Procedures for Obtaining Permit and Organization of Overseas Internship、以下「2008年労働移住大臣規則8号」という。）を公布している。

インドネシア側の海外研修主催者は、以下の者で構成されるものとされている。

① 民間LPK（一般公衆を対象とする研修のみを企画することができる。）

② 企業（当該企業の労働者を対象とする研修のみを企画することができる。）

③ 政府機関（一般公衆を対象とする研修を企画する機関）

④ 教育機関（学生/大学生を対象とする研修を企画する。）

海外研修を企画することを希望する民間LPKは、以下のものを含めた申請書[61]を提出して、局長の承認を受けなければならない。

① 有効なLPK許可証の写し（当該許可証を発行した機関による認証を受

60　2008年労働移住大臣規則8号1.1条
61　2008年労働移住大臣規則8号11条(2)

けたもの）

② LPK と、海外研修受入れ機関との間の契約書の写し（受入れ国のインドネシア共和国領事館による確認を受けたもの）

③ 実施される研修プログラム

④ LPK の概要（組織構造、住所、電話番号、ファクシミリ番号などを含む。）

海外研修参加者が支払うこととなる手数料については、2008 年労働移住大臣規則８号９条が以下のとおり定めるのみである。

「一般公衆から参加する研修生は、研修機関（LPK）と、労働者の担当局長の承認を受けた海外の研修受入れ機関との間の契約に基づき、料金を負担することができる。」

これによれば、海外研修において料金を課すことが明示的に認められているのは、以下の両方に該当する場合のみである。

① 料金を課す対象が、LPK によって企画された海外研修に参加する一般公衆であること。

② 当該料金が、LPK と、労働者によって承認された海外研修受入れ機関との間の契約に基づくものであること。

別紙1　BP2MIとの派遣契約のテンプレート

派遣契約

BP2MI

派遣及び保護担当次官

[　]地方

Jl. MT Haryono Kav 52, Pancoran Jakarta Selatan 12770

電話：(021) 79197321、Fax. (021) 7980977、Web：www.bp2mi go.id

本日[......]年[......]月[......]日、[場所]にて、次の者を署名者として、

I．氏名：

役職：BP2MIを代理する政府派遣担当ディレクター

住所：Jl. MT. Haryono Kav. 52, Jakarta Selatan

本派遣契約において、以下、「第一当事者」という。

II．氏名

出生地及び生年月日：

性別：男/女

婚姻状況：既婚/未婚/寡婦/寡夫

身分証明書：

a. 身分証明書番号：

b. 日付：

c. 発行地：

教育：

住所：

電話/HP/電子メール：

親/後見人/夫/妻の氏名：

親／後見人／夫／妻の住所：

本派遣契約において、以下、「第二当事者」という。

第一当事者及び第二当事者は、以下の条件で派遣契約を締結することに合意する。

第１条

第一当事者と第二当事者の間の派遣契約は、書面をもって行い、両当事者が署名する。

第２条

第一当事者は、［開始時期：　　　］から、［国名：　　　］において［地位又は職種：　　　］として［住所：　　　］の［場所：　　　］で勤務させるために第二当事者を派遣する。

第３条

(1)　第一当事者は、次に掲げる義務を負う。

a. 派遣プロセス及び出国時期に関する情報を提供すること

b. インドネシア人移住労働者候補者が研修を受けているか、又は派遣先国の規定に従っていることを確保すること

c. 事務的及び技術的選考を実施すること

d. 出国前オリエンテーションを行うこと

e. 健康診断への助力、就労ビザ処理及び出国支援

f. 雇用契約期間中における第二当事者の権利の実現の管理に助力すること

g. 雇用契約書類を第二当事者へ提供すること

⑵　第一当事者は、次に掲げる権利を有する。

a. 派遣先国の規定に従って必要書類を受領すること

b. 不可抗力による場合を除き、出国及び/又は就労ビザ発行の1週間前までに印紙税納付済の辞表を受領すること

c. インドネシア人移住労働者候補者が手続上の違反をした場合、派遣プログラム又はプロセスからインドネシア人移住労働者候補者を外すこと

⑶　第二当事者は、次に掲げる義務を負う。

a. 派遣先国の規定に従い、事務的及び技術的選考に参加し、合格した旨の宣言を受けること

b. 法令の規定に従い、健康診断及び心理検査を受けること

c. 適用規則に従い、派遣手数料を支払うこと

d. 雇用契約に署名すること

e. 就労ビザ申請書等、派遣先国が必要とする書式に記入すること

f. 就労の前後及び就労中に、雇用社会保障プログラムに参加すること

g. 出国前オリエンテーションに参加すること

h. 生体認証指紋記録（E-PMI）を実施すること

⑷　第二当事者は、次に掲げる権利を有する。

a. 派遣プロセス及び出国時期に関する情報を受領すること

b. 派遣先国への出国まで、派遣サービスにおいて平等な扱いを受けること

第4条

⑴　3条⑶項c号で言及される派遣手数料は、インドネシア共和国政府と派遣先国の政府又は派遣先国の法的主体たる使用者との間の合意に従って適用されるものとする。

⑵　⑴項で言及される派遣手数料は、本派遣契約の不可欠な一部である別紙に記載される。

⑶　第二当事者が派遣先国から派遣手数料の払い戻しを受けるも、その後辞職した場合、第二当事者は、派遣手数料を第一当事者を通じて返却する義務を負う。

第５条

⑴　本派遣契約の実施の結果として第一当事者と第二当事者との間に争いが生じた場合には、意見の一致に至るための協議により解決する。

⑵　⑴項で言及される意見の一致に至らないときは、両当事者は、法令の規定に従い、これを解決することができる。

第６条

⑴　天災、火災、戦争、騒乱、ストライキ、反乱、伝染病及び疾病発生の形で、全体として契約の実行に直接関連する不可抗力が発生したときは、現に不可抗力を経験している当事者は、その不可抗力が発生した日から14暦日後までに、有効な証拠を付して、相手方当事者に書面により通知する。

⑵　現に不可抗力を経験している当事者から通知がなされた場合、相手方当事者は、その通知を受けた時から３×24時間以内にその不可抗力事態について書面により同意又は否定することができる。３×24時間以内に回答がないときは、当該相手方当事者は、その不可抗力について受諾及び同意したものとみなされる。

⑶　不可抗力事態の結果として、業務の終了を余儀なくされるとき、又は

業務を継続することができないときは、現に不可抗力事態を経験している当事者は、請求提起又は賠償請求をすることができない。

⑷　現に不可抗力を経験している当事者から相手方当事者への通知がなされた後30日間にわたって不可抗力事態が継続しているときは、両当事者は、本派遣契約の継続に関し協議して意見の一致を図ることに合意する。

第7条

本派遣契約は、次の場合には無効とされる。

a. 第二当事者が、保健施設から病気（就労不適当）であるとされた場合
b. 雇用契約が使用者により解除された場合
c. 派遣先国の大使館が就労ビザを拒否した又は取り消した場合
d. 第二当事者が辞職した場合

第8条

⑴　本派遣契約は、両当事者が署名した日から、第二当事者が派遣先国へ出国するまでの間、効力を有するものとする。

⑵　本派遣契約は十分な印紙を貼られた正本2通をもって作成され、それぞれ同一の法的効力を有し、且ついかなる者による強制もなく十分な理解のもとに署名された。

第一当事者　　　　　　　　　　　　第二当事者
（　　　　　　　　　　）　　　　　（　　　　　　　　　　）

BP2MI長官

署名

BENNY RHAMDANI

別紙２　送出機関との派遣契約のテンプレート

派遣契約

本日[　　　]年[　　　]月[　　　]日、インドネシア人移住労働者候補者の派遣契約が、以下の者の間で締結される。

氏名：
役職：
住所：
本件に関して[　　　]を代理し、以下、「第一当事者」という。

インドネシア人移住労働者候補者の氏名：
出生地及び生年月日：
婚姻状況：
住所：
以下、「第二当事者」という。

第一当事者及び第二当事者は、以下の規定をもって派遣契約を締結することに合意した。

第１条

第一当事者は、第二当事者の指名リストの発行から３か月以内に、第二当事者を、[　　　]に住所をおく[使用者：　　　]で勤務する[　　　]として[国名：　　　]に派遣することができる。

第２条

(1)　第一当事者は、現行規定に従い、本派遣契約への署名から第二当事者の派遣までの間、第二当事者を保護するものとする。

(2)　第一当事者は、インドネシア人移住労働者の適正な派遣及び保護との関連で、施設及び基幹設備を提供する義務を負うものとする。

第3条

第一当事者は、インドネシア人移住労働者のために、雇用契約、旅券、就労ビザ、航空券及び社会保障加入カードの形態による第二当事者の書類の処理を支援及び促進する。但し、各自の出身地において第二当事者が手配する初期書類を除く。

第4条

第二当事者は、雇用契約の期間中（[......]か月間）、当事者間の契約に従って業務を遂行することができる。

第5条

第二当事者は、労働大臣の定める費用要素に従って、派遣手数料を支払う義務を負うものとする。

第6条

第一当事者は、心理検査及び健康診断の結果に基づいて就労不適当とされた第二当事者に対して、金額の詳細が記載された正当な領収証により証明された健診費用及びその他の費用を控除した上で、派遣プロセスの費用を返還する。

第7条

第二当事者が理由なく辞職した場合（債務不履行）、第二当事者は、第一当事者が負担した費用を弁済する義務を負うものとする。

第８条

(1)　第一当事者が３か月以内に第二当事者を派遣しなかった場合、第一当事者は､派遣の遅延理由を第二当事者に説明する義務を負うものとする。

(2)　第二当事者は、第一当事者が(1)項の第一当事者の義務を故意に履行しない場合、問題を解決するために、県/市において労働分野における政府業務を担うサービス事務所に当該問題を報告する権利を有する。

(3)　第二当事者の派遣の確実性について、第一当事者が説明できないことが判明した場合、第一当事者は、何らの控除もすることなく、第二当事者の全ての費用を返還する義務を負うものとする。

第９条

(1)　第一当事者は、第二当事者に対し、雇用契約に定めるとおり、給与として［金額：........］の支払いがなされることを保証する。

(2)　第二当事者の使用者が雇用契約に従った雇用を行わない場合、第一当事者は、当該使用者と第二当事者との間の雇用関係を終了させる。

第10条

本派遣契約は、両当事者が合意及び署名し、十分な印紙を貼られたインドネシア語の副本２通をもって締結され、各当事者はその真実性を説明することができる。

［署名の場所及び年月日］

第二当事者　　　　　　　　第一当事者

（インドネシア人移住労働者候補者）　（送出機関取締役社長）

以下の者によって承認された：

県/市サービス事務所長

(サービス事務所長の氏名)

NIP [..........]

第4節　フィリピン

1　派遣制度の概要

フィリピン国外でのフィリピン人の雇用は、共和国法第8042号である移住労働者及び海外フィリピン人に関する1995年法（Migrant Workers and Overseas Filipinos Act of 1995、以下、「移住労働者法」という。）により定められている。同法は、フィリピンの仲介斡旋機関による海外フィリピン人労働者（以下、「海外フィリピン人労働者」という。）の派遣を促進するとともに、海外フィリピン人労働者の権利保護を義務付けている。

海外フィリピン人労働者の保護について第一義的な責任を負う政府機関は、労働雇用省（Department of Labor and Employment、以下、「DOLE」という。）であり、DOLEに付属するフィリピン海外雇用庁（Philippine Overseas Employment Administration、以下、「POEA」という。）が海外フィリピン人労働者の派遣を促進している。POEAは、フィリピン人の海外雇用の募集に関するライセンス付与及び登録制度を所管しており、また、海外で就労するために出国するフィリピン人に対し許可証を出している。

海外在住のフィリピン人労働者への支援は、DOLEの海外事務所であるフィリピン海外労働事務所（Philippine Overseas Labor Office、以下、「POLO」という。）が担っている。また、POLOは、海外フィリピン人労働者の求人及び雇用のための要件、基準、法令及び規則の遵守を確保するため、国外雇用主との連携を行っている。

一般的に、海外雇用のためのフィリピン人の募集は、フィリピンの仲介斡旋機関（以下、「仲介斡旋機関」という。）が行っている。仲介斡旋機関はPOEAが所管しており、POEAの認可を受けて国外雇用主のために陸上勤務の労働者の仲介斡旋を行う陸上勤務労働者向け機関と、POEAの認可を受けて公海を航行する又はその他の海上活動のための船舶に配置し又は乗船させるための船員（漁船に乗る漁師を含む。）の仲介斡旋を行う海上勤務労働者向け機関がある。例えば農業、建設、アパレル、製造又は空港地上支援業務の産業で就労する海外フィリピン人労働者は、陸上勤務の労働者とみなされ、陸上勤務労働者向け仲介斡旋機関を通じて採用され、貨物船、漁船又はクルーズ船等の船舶の従業員又は職員として勤務する海外フィリピン人労働者は、船員とみなされ、海上勤務労働者向け機関を通じて採用されることとなる。

陸上勤務労働者の採用は、陸上勤務の海外フィリピン人労働者の採用及び雇用に関するPOEA規則（2016年改正）（Revised POEA Rules and Regulations Governing the Recruitment and Employment of Landbased Overseas Filipino Workers of 2016、以下、「POEA陸上勤務規則」という。）により定められており、船員の採用は、船員の採用及び雇用に関するPOEA規則（2016年改正）（2016 Revised POEA Rules and Regulations Governing the Recruitment and Employment of Seafarers、以下、「POEA船員規則」といい、POEA陸上勤務規則と併せて「POEA規則」という。）により定められている。

フィリピン人労働者の雇用を希望する国外の雇用主（以下、「国外雇用主」という。）は、原則としてPOEAの認定を受ける必要がある。また、国外雇用主は、受入国において外国人労働者の職業紹介を行うために募集を行うことについて適式に認可された国外職業紹介事業者を通じてフィリピン人労働者を雇用することもできる。但し、かかる職業紹介事業者は、POEAによる認定を受けていなければならない（以下、「国外職業紹介事業者」といい、国外雇用主と併せて「受入先」という。）。受入先は、国外雇用主又は国外職業紹介事業者のいずれの場合にも、原則として、POEAの認定を受け、POEAの承認を受けた場合にのみ、正式に契約した仲介斡旋機関を通じてフィリピン人労働者を採用することができる。

受入先は、認定を受けた後、契約した仲介斡旋機関に採用活動を開始させることができる。仲介斡旋機関は、募集広告、候補者の審査から採用されたフィリピン人労働者が海外派遣されるまでの法定要件を満たすための支援まで、全ての採用プロセスを担っている。仲介斡旋機関は、派遣後も、就労場所における海外フィリピン人労働者の状況及び条件を監視し、POEAに報告書を提出しなければならない。海外フィリピン人労働者が、その雇用契約の終了に伴いフィリピンに帰国する場合、仲介斡旋機関は、海外フィリピン人労働者のフィリピン社会への復帰を促進しているフィリピン海外労働者国民再統合センター（National Reintegration Center for Overseas Filipino Workers、以下、「NRCO」という。）に対し通知を行わなければならない。NRCOは、海外フィリピン人労働者がフィリピンに帰国した後、当該海外フィリピン人労働者及びその家族に対して、カウンセリング、就職支援、技術指導等の教育等を含む支援活動を行う。

⑴　技能実習制度

ア　総　則

技能実習制度（以下、「技能実習制度」という。）は、日本の外国人の技能実習の適正な実施及び技能実習生の保護に関する法律に基づき設けられた制度である。技能実習制度は、日本国外からの実習生に対して日本での技能実習の機会を設けることを通じて当該国の経済発展を支援することを目的とする。すなわち、技能実習制度を通じて、日本企業が外国人技能実習生を雇用し、その技能、技術及び知識を習得させ、日本で技能を取得、習得及び向上させた実習生が母国にその技能を移転することが期待されている。技能実習制度の職種は、外国人技能実習機構（以下、「OTIT」という。）により決定される。実習期間は技能水準に応じて１～２年となる。

フィリピンとの技能実習制度の実施にあたり、日本とフィリピンは、2017年に技能実習制度に関する協力覚書（以下、「技能実習協力覚書」という。）を締結している。技能実習協力覚書には、フィリピンから日本への技能実習生の派遣に関する日本とフィリピンとの間の合意事項が定められている。

技能実習協力覚書は、フィリピンではDOLE省令188-18号（技能実習に関する技能実習制度のための組織運営ガイドライン）（以下、「DOLE技能実習ガイドライン」という。）により実施されている。DOLE技能実習ガイドラインはPOEA陸上勤務規則及びPOEA船員規則を補完するものとして適用される。

イ　介護労働者

DOLE技能実習ガイドライン及びPOEA陸上勤務規則に加えて、日本におけるフィリピン人の介護労働者の雇用には、DOLE省令188-B-18号（「介護」職種の技能実習に関する技能実習制度のための組織運営ガイドライン）（以下、「DOLE介護技能実習ガイドライン」という。）が適用される。

介護労働者とは、DOLE介護技能実習ガイドラインの別紙Aに掲げられる目的施設において介護に従事する労働者をいう。

⑵　特定技能制度

特定技能制度は、外国人に対して、特定技能労働者として日本の在留資格を付与する制度であり、特定の職種において外国人が日本に居住し就労することを認めている。特定技能制度における外国人には、日本に直ちに貢献できるよう一定水準の日本語及び所定の技術が求められている。

特定技能制度に基づき雇用される特定技能労働者には２種類ある。

①　１号特定技能外国人：日本で最長５年間就労することが認められた特定技能１号に属する外国人労働者

②　２号特定技能外国人：雇用契約の更新及び在留期間の延長に基づき、日本において期限の縛りなく就労することが認められた特定技能２号に属する外国人労働者

フィリピンでの特定技能制度の実施にあたり、日本とフィリピンは、2019年に在留資格「特定技能」を有する外国人にかかる制度の適正な運用のための基本的連携枠組みに関する協力覚書（以下、「特定技能協力覚書」といい、技能実習協力覚書と併せて「両協力覚書」という。）に署名している。なお、フィリピンは本制度の協力覚書の最初の署名国であった。

フィリピンにおいて特定技能制度は、DOLE省令201-19号（「特定技能」の在留資格における日本への労働者の送出に関するガイドライン）（以下、「DOLE特定技能ガイドライン」という。）により実施されている。DOLE特定技能ガイドラインは、POEA陸上勤務規則及びPOEA船員規則を補完するものとして適用される。

2　許可要件及び送出機関の手続

(1)　一般要件

技能実習及び／又は特定技能制度のために海外フィリピン人労働者の仲介斡旋を行う仲介斡旋機関は、両協力覚書及びフィリピンの施行規則上、送出機関（以下、「送出機関」という。）と定義されている。送出機関が海外フィリピン人労働者の募集及び職業紹介業（技能実習及び／又は特定技能制度を目的とするものを含む。）に従事するためには、まず、POEAからライセンスを取得しなければならない。その後、技能実習及び／又は特定技能制度のために海外フィリピン人労働者を採用するには、証明書を追加取得しなければならない。

海外フィリピン人労働者の仲介斡旋機関としての事業に従事するためのライセンスを取得する上での要件は次のとおりである。

ア　国籍及び資本要件

POEA規則上、フィリピン人労働者の募集及び職業紹介業に従事しようとする会社は、(i)発行済み資本株式の75％以上がフィリピン国民により保有されていること、(ii)500万ペソ以上の払込済資本金を有すること、という国籍及び資本金にかかる要件を満たさなければならない[1]。

イ　学歴又は経験

申請者である送出機関の社長又は最高経営責任者は、学士号又は人事管

1　POEA陸上勤務規則２条及びPOEA船員規則２条

理若しくは人材事業の監督又は管理に関する4年以上の経験を有していることが必要となる[2]。海上勤務労働者向け機関又は船員を採用する仲介斡旋機関の場合には、船舶関連産業の採用・派遣事業における経験も求められる[3]。

ウ　申請及び審査

ライセンスの申請には、以下のとおり、①事前資格審査、②資格認定後申請、及び③本ライセンス審査の3つの段階があり、いずれの段階においても必要書類の提出と審査が行われる。

(ア)　事前資格審査

ライセンスの申請者は、事前資格審査のために、必要書類一式（申請者の社長又は最高経営責任者が必要な学歴又は関連業務経験を有することの証明を含む。）をPOEAに提出しなければならない。必要書類の提出後、POEAは面談を設定する。POEAは、必要に応じ、事業主、パートナー又は取締役会のメンバー（主要株主を含む。）に対する面談を行い、申請者の資格及び関連規則上の要件が充足されているか否かを審査する[4]。

POEAは、面談後、申請者に申請の承認又は却下の決定を通知する。要件を欠く場合、又は虚偽の情報や書類が含まれていた場合には、申請は却下される[5]。

(イ)　資格認定後審査

POEAは、仲介斡旋機関のライセンス申請を承認した場合、申請者に対し、フィリピン中央銀行から信託口座を取り扱うことを許可された銀行との間で締結された預託契約、当該銀行の信託口座への100万ペソのデポジット、及びデポジットに関する銀行証明書を含む資格認定後の必要書類の提出を求める[6]。

2　POEA陸上勤務規則4条（d）及びPOEA船員規則4条（D）
3　POEA船員規則4条（D）
4　POEA陸上勤務規則6条及びPOEA船員規則6条
5　POEA陸上勤務規則8条及びPOEA船員規則8条
6　POEA陸上勤務規則9条（f）及びPOEA船員規則9条（f）

申請者が事前資格審査を経て資格認定後の必要書類を提出した後、POEAの担当職員が申請者の事務所を訪れ、申請者の代表者の立ち合いの下、必要な施設及び設備の審査を実施した上で報告書を作成し、POEAに提出する[7]。POEAが資格認定後の要件を満たしたと判断した場合、POEAは、発行日から２年間有効であるが、その有効期間の延長が認められない仮ライセンスを発行する[8]。申請者は、仮ライセンスの取得後、フィリピン人労働者の募集活動その他の関連事業活動を行うことができる。もっとも、仲介斡旋機関は、技能実習又は特定技能制度を利用して日本に渡航する海外フィリピン人労働者の採用活動を開始するためには、当該採用活動に先立ち、後記⑵ア記載の証明書の発行を受ける必要がある。

㈦　本ライセンス審査

仲介斡旋機関の仮ライセンスの有効期間は発行日から２年間であり、仮ライセンス取得者は、その失効前に本ライセンスに変更しなければならない。失効までに本ライセンスを申請しなかった場合には、仮ライセンスの効力は失われるため、事前資格審査から申請手続を改めて行わなければならないこととなる。

仲介斡旋機関の仮ライセンス取得者が、受入先に対し100人以上（陸上勤務労働者向け機関の場合）又は50人以上（船員向け機関の場合）の労働者の派遣を行った場合には、仮ライセンスの有効期間中いつでも本ライセンスへの変更を行うことができる（但し、仮ライセンスの失効日の３か月前までに行う必要がある。）[9]。この100人以上（陸上勤務労働者向け機関の場合）又は50人以上（船員向け機関の場合）の労働者の派遣実績の基準は、本ライセンスへの変更申請を行う時までに達成している必要がある。

POEAは、仲介斡旋機関の本ライセンスを発行する前に、改めて審査

7　POEA陸上勤務規則34条及びPOEA船員規則35条
8　POEA陸上勤務規則11条及びPOEA船員規則11条
9　POEA陸上勤務規則13条及びPOEA船員規則14条

を行い、仮ライセンス取得者の事務所を訪れ、本ライセンスの発行に必要な要件を満たしているか否かを確認する[10]。審査基準は次のとおりである。

① オフィスの広さ、施設及び機器の最低基準の維持

② POEAのドア用ステッカー、事業者ライセンス、組織図、違法採用防止キャンペーンのポスター等の必要な看板及び掲示の維持

③ 会計帳簿、正式な領収書及び財務諸表の検査

④ 一般的な労働基準及び労働安全衛生基準の遵守[11]

POEAの担当職員は、仲介斡旋機関によるPOEA規則及びその他の労働法令の遵守又は不備について記載した審査の結果の通知を発行する[12]。仲介斡旋機関に違反があった場合には、POEAの担当職員は審査結果の通知とともに不備が示された審査チェックリストを発行し、定められた期間内に改善することを仲介斡旋機関に求める[13]。また、POEAの担当職員は､当該審査結果をPOEA及びDOLEの地方局長に送付する。

審査基準を満たし、かつ、申請書類に不備がない場合、POEAは、仲介斡旋機関の仮ライセンスを本ライセンスに変更する。但し、仲介斡旋機関の本ライセンスの有効期間は仮ライセンスの発行日から4年となるが[14]、仮ライセンスとは異なり本ライセンスは延長することができる。

⑵ 技能実習制度及び特定技能制度上の要件

ア 証明書の発行

技能実習制度及び特定技能制度のために労働者の採用を行う場合には、仲介斡旋機関は、上記の海外フィリピン人労働者の仲介斡旋に従事するための一般的なライセンスに加え、両協力覚書における基準を遵守し、技能

---

10 POEA陸上勤務規則36条及びPOEA船員規則35条
11 POEA陸上勤務規則36条及びPOEA船員規則35条
12 POEA陸上勤務規則38条及びPOEA船員規則39条
13 POEA陸上勤務規則42条及びPOEA船員規則42条
14 POEA陸上勤務規則14条及びPOEA船員規則15条

実習生及び特定技能労働者の仲介斡旋に従事することを適式に許可されていることを示す証明書（以下、「証明書」という。）をPOEAから取得しなければならない。

仲介斡旋機関に求められる一般的な要件を除き、本証明書を取得するための特別な資本・持分要件やその他の財務又は組織上の要件は特に設けられていない。但し、送出機関としての資格を得るためには、仲介斡旋機関は、両協力覚書において送出機関に求められる次に掲げる事項の履行を約束する宣誓書を作成することが必要となる。

① POEAからのライセンスの発行条件にある送出機関の誓約書に従い、医学的に適合し、能力があり、技能実習／特定技能制度に従事する意欲を持ち、フィリピンに帰国後、その成果を用いて経済発展に寄与する労働者のみを選定し、日本に派遣すること。

② 帰国した労働者の習得した技能を活用するため、雇用の機会や地域への復帰等の必要な支援を提供すること。

③ 労働者の保護のため、技能実習／特定技能制度の実施に関し、関係する日本の法務省、外務省、厚生労働省からの要求に適切に対応すること。当該要求には、制度を終了し帰国した労働者のための事後調査への協力も含まれる。

④ フィリピン法令に従い事業を行うこと。

⑤ 送出機関及びその取締役が過去５年間に次に掲げる行為を行っていないこと。

(i) 技能実習／特定技能制度に関連し、保証金の徴収その他の手段を問わず、労働者及び候補者、その親族又はその他の関係者の金銭その他の財産を管理する行為

(ii) 技能実習／特定技能制度に関連する契約の違反に関し、違約金を要求する契約、又は金銭その他の財産の不当な移転を予定する契約を締結する行為

(iii) 暴行、脅迫及び自由の制限等の労働者及び候補者の人権を侵害す

る行為

(iv)　技能実習、若しくは特定技能制度上、又は日本における出入国管理制度上の手続に関し、不正に許可を受ける目的で、偽造、変造又は虚偽された文書、写真又は図画の使用又は提供する行為

⑥　日本の監理団体/受入機関のために技能実習及び特定技能制度の申請を取り次ぐ際に、労働者、候補者、その親族又はその他の関係者が、上記⑤の(i)及び(ii)に規定される行為に関わっていないことを確認していること。

⑦　労働者の失踪対策の重要性を認識していること、及び日本の監理団体/受入機関と協力し、労働者の失踪防止に努めること。

⑧　技能実習/特定技能制度の申請を日本の監理団体/受入機関に適切に取り次ぐために必要な能力を有すること。

⑨　POEAからのライセンスの発行の条件となっている誓約書に従い、送出機関は業務に適した実習生/労働者を日本へ派遣するものとする。かかる誓約書に違反した場合、送出機関としての承認が取り消され、日本の関係機関に報告される[15]。

イ　証明書の有効期限

POEAが送出機関に発行した証明書の有効期限は2022年11月26日までとなっている。その後は、必要書類を提出し、更新を申請することができる[16]。

ウ　送出機関のリスト

POEAは定期的に最新の送出機関のリストを日本の関係政府機関に提出する[17]。日本は送出機関から送られた技能実習生又は特定技能労働者のみを受け入れる[18]。

15　POEA通達022-20号（日本の技能実習制度（TITP）及び特定技能労働者（SSW）の送出機関としての証明書発行ガイドライン）の送出機関の承認基準の遵守に関する宣誓書（Affidavit of Undertaking of Approving Standards for Sending Organization）

16　POEA通達022-20号のIII項

17　POEA通達022-20号のV項

18　DOLE技能実習ガイドラインのIII項、及び直接雇用を禁止するPOEA通達2019年15号（日

3　送出機関の募集活動

仲介斡旋機関は一般的にその登録された住所において募集活動を行う。登録事務所外で募集活動を行う場合には、事前に特別募集権限（以下、「特別募集権限」という。）を取得しなければならない[19]。

特別募集権限を取得するためには、当該特別募集活動の３日前までにPOEAに申請書を提出する必要がある。特別募集権限は、その発行条件の違反によりPOEAにより延長、変更又は撤回がなされない限り、記載されている日付及び場所においてのみ有効となる[20]。

受入先又はその権限が与えられた代表者が仲介斡旋機関の登録事務所で行われる募集活動に参加する場合、仲介斡旋機関は、当該活動の前３日以内にPOEAに通知を行い、権限書（以下、「LOA」という。）を取得する。受入先又はその権限が与えられた代表者が仲介斡旋機関の登録事務所外で行われる募集活動に参加する場合には、仲介斡旋機関は、当該活動の３日前までにLOAを申請しなければならない[21]。

仲介斡旋機関は、就職フェアに参加し、POEAに承認された求人票に基づき募集活動を行うこともできるが、就職フェアの開催者が、DOLEの許可書を取得していることが条件となる。監視及び監督のために、就職フェアの開催者は、就職フェアに参加する仲介斡旋機関及び受入先のリスト、開催場所、日付をPOEAに提出しなければならない[22]。就職フェアが公共職業安定機関によって開催される場合にはDOLEの許可書は不要となるが、POEAへの通知は必要となる[23]。

本の特定技能ビザによる労働者の派遣のためのガイドライン）を確認する限り、現在、特定技能労働者の雇用は、実質的に仲介斡旋機関を通じてのみ行うことが可能となっている。

19　POEA陸上勤務規則58条及びPOEA船員規則53条
20　POEA陸上勤務規則61条及びPOEA船員規則56条
21　POEA陸上勤務規則62条及びPOEA船員規則57条
22　POEA陸上勤務規則65条及びPOEA船員規則60条
23　POEA陸上勤務規則65条及びPOEA船員規則60条

4　海外求人の広告

海外雇用の広告には、プレスリリース、印刷媒体、又はラジオ、テレビ、映画、インターネット、ソーシャルメディアその他の電磁的形式、広告用掲示板、移動広告、人による広告及び公告板における広告等、あらゆる情報伝達形式による求人の公開が含まれる[24]。受入先は、仲介斡旋機関又はPOEAを通じてのみ海外求人の広告を行うことができる[25]。

受入先（技能実習制度及び特定技能制度に基づく受入先を含む。）の認定の有効期間内であれば、仲介斡旋機関は、受入先の承認された求人票に含まれる求人をPOEAの事前の承認を受けることなく広告することができる。

仲介斡旋機関（技能実習又は特定技能制度のための雇用を行っている機関を含む。）が行う広告には次の情報を含めなければならない。

① 仲介斡旋機関の名称、所在地及びPOEAライセンス番号

② 受入先の名称、住所、POEA登録/認定番号及び終了場所

③ 技能分野及び資格基準

④ 募集人数及び外国の所得税を除いた給与[26]

仲介斡旋機関は、履歴書を集めた後に国外雇用主に提示する（実際の求人に基づかない人材プール）目的で広告を行うこともできるが、POEAの事前の承認及び次の条件の遵守が必要となる。

① 広告には、大きなフォントを用いて「人材プール用限定」、「応募者から名目の如何を問わず手数料を徴収しない」及び「違法な人材募集業者及び人身売買業者に注意」という文言を表示する。

② 広告には、機関の名称、所在地及びPOEAのライセンス番号、並びに、予定される又は認定を受けた受入先の名称及び就労場所、技能分野及び資格基準を示す[27]。

24　POEA陸上勤務規則67条及びPOEA船員規則62条
25　POEA陸上勤務規則70条及びPOEA船員規則65条
26　POEA陸上勤務規則68条及びPOEA船員規則63条
27　POEA陸上勤務規則69条及びPOEA船員規則64条

5　受入先の認定及び確認

(1)　受入先の認定

受入先は募集活動を実施する前に、まずPOEAから認定を受ける必要がある（以下、「認定」という。）[28]。認定要件は受入先の受入目的（技能実習制度、特定技能制度又はその他の雇用）又は職種により異なるが、その受入目的又は職種にかかわらず、同一の認定のプロセスが適用される。技能実習及び特定技能制度における認定の具体的要件については後述する。

ア　認定の手続

認定のプロセスは、POLOによる確認手続（以下、「認定のための確認手続」という。）から始まる。申請者は東京又は大阪のPOLOに対して、認定のための確認手続に必要な書類を提出する。書類の受理後、POLOは、就労先において海外フィリピン人労働者の全ての権利、利益及び福祉が適正に保護されることを確保する観点で、申請書の審査を行う。POLOは、必要書類に不備がないことを確認した後、必要に応じて、受入先のインタビュー及び現場視察を行う。

POLOは、認定のための確認手続を完了した後POEA宛の推薦書（Memorandum of Endorsement）を発行し、確認済みの全ての書類（推薦書を含む。）を申請者である受入先に返却する。受入先は、その後、返却された確認済書類の原本をフィリピンの仲介斡旋機関に送付する。仲介斡旋機関は、受領した書類をPOEAに提出し、その承認を求める。POEAは、確認済書類の原本の受領後、書類の審査を行い、不備がない場合には承認し、次の情報が記載された認定書（Certificate of Accreditation）を発行する。

①　雇用主の名称

②　正式な事務所所在地、メールアドレス、連絡先電話番号

③　権限が与えられた代表者の名前

28　POEA陸上勤務規則定義規定１項、POEA船員規則定義規定１項

④　有効期間

⑤　発行日[29]

認定書は、4年間有効である[30]。受入先に対する認定書の発行後、当該受入先が契約を締結しているフィリピンの仲介斡旋機関は、その受入先のために、フィリピン人候補者の採用及び/又は雇用書類の手続を開始することができる。

イ　受入先と契約するフィリピンの仲介斡旋機関

受入先は、契約する仲介斡旋機関について、POEAから承認を受けなければならない。認定を受けるための申請にあたり、受入先は、POLOが法令上の要件を満たしていることを確認した仲介斡旋機関との間の採用契約の写しをPOEAに提出する。

POEA規則は、職種によって課される規制に従い、受入先が契約できる仲介斡旋機関の数を限定している。POEA規則上、国外雇用主が契約できる仲介斡旋機関は5つまでであり、国外職業紹介事業者が契約できる仲介斡旋機関は2つまでとしている[31]。もっとも、実務上、POEAは、技能実習制度における監理団体が契約できる送出機関の数を2つまでしか認めていない[32]。同様に、POEAは、特定技能制度における受入機関が契約できる送出機関の数も2つまでしか認めていない[33]。

ウ　求人票

陸上勤務労働者を雇用する受入先は、POEAにより承認された求人票に基づき、仲介斡旋機関を通じて採用を行わなければならない。受入先が認定を申請する際、必要書類の一つとして、職位、必要人数及び職位ごとの給与が記載された求人票を提出する。

29　POEA陸上勤務規則97条

30　POEA陸上勤務規則100条

31　POEA陸上勤務規則108条

32　DOLE技能実習ガイドラインのV(2)、及びhttps://polotokyo.dole.gov.ph/frequently-asked-questions-faqs/（2021年11月9日に最終確認）を参照のこと。

33　https://polotokyo.dole.gov.ph/frequently-asked-questions-faqs/（2021年11月9日に最終確認）

POEAにより承認された求人票は２年間有効となる。受入先が求人票の有効期間の延長を希望し、POEAに対して延長を申請した場合、POEAは、更に２年間の期間延長を承認することができる。また、POEAから既に認定を受けている受入先は、追加の求人票の承認を求めることができる。受入先は、契約している仲介斡旋機関を通してPOLOによる確認済みの必要書類をPOEAに提出し、求人票の承認申請を行う。

⑵　技能実習制度及び特定技能制度における認定

技能実習制度及び特定技能制度の認定のための個別のガイドラインは、それぞれDOLE省令188-A-18（以下、「技能実習確認ガイドライン」という。）及びDOLE省令201-A-19（以下、「特定技能確認ガイドライン」という。）において定められている。

ア　技能実習制度における認定

技能実習制度における日本の監理団体（以下、「監理団体」という。）[34]は、日本の企業等（以下、「実習実施者」という。）のために送出機関を通じてフィリピン人実習生を募集又は採用している[35]。監理団体は、POEA規則に従い、フィリピン人実習生を募集及び採用する前に、上記５⑴に記載する認定を受けなければならない。

監理団体が技能実習制度における認定を申請する場合、技能実習生を採用する実習実施者の登録が必要となる。そのため、監理団体は次の書類をPOLOに提出し、その確認を受ける必要がある[36]。

①　監理団体に関する書類

(i)　日本の所管省より監理団体に発行された事業許可/ライセンス

(ii)　監理団体が送出機関に対して発行した労働者募集契約（POEAの

34　監理団体とは、送出機関を通じて技能実習生を監理・雇用するためのライセンスを取得し、実習の監理事業を行う日本の非営利団体をいう。

35　DOLE技能実習ガイドラインのII⑴

36　必要書類の全リストについては、https://polotokyo.dole.gov.ph/technical-intern-and-training-program/（2021年11月９日に最終確認）を参照のこと。

ひな型を使用したもの。）

(iii)　技能実習計画案

(iv)　募集職種、募集人数及び賃金が記載された技能実習生受入申込書

(v)　従業員数に関する証明書

(vi)　基本雇用契約書の付属書

(vii)　技能実習生用の雇用契約書及び給与の支払に関する添付書類を付した雇用条件書

②　実習実施者に関する書類

(i)　募集職種、募集人数及び賃金が記載された技能実習生受入申込書

(ii)　従業員数に関する証明書

(iii)　基本雇用契約書の付属書

(iv)　技能実習生用の雇用契約書

(v)　技能実習計画案

監理団体が既にPOEAの認定を受けており、新規の実習実施者のために技能実習生を募集する場合には、POLOを通じて実習実施者をPOEAに登録しなければならない[37]。

日本の入国管理局が実習実施者が採用する技能実習生の数に制限を設けていることを踏まえ[38]、POEAも監理団体が労働者の募集のために契約できる送出機関の数を制限している。

イ　特定技能制度における認定

特定技能協力覚書上の受入機関（Accepting Organization、以下、「受入機関」という。）に該当する国外雇用主又は国外職業紹介事業者／派遣会社は、日本での就労を目的として、送出機関を通じてフィリピン人労働者を募集及び雇用するものであるが[39]、受入機関は、フィリピン人労働者の募集及び

37　旧技能実習制度に従い認定された監理団体及び登録された実習実施者は、それぞれ新たな認定を取得し又は再登録を行わなければならないことになっている。

38　DOLE技能実習ガイドラインの別紙Bに、実習実施者が現在雇用している常勤職員（技能実習生を除く。）の数に従い雇用できる技能実習生の人数が記載されている。

39　DOLE特定技能ガイドラインのII(2)

雇用に先立ち、POEAの認定を受けなければならない。

特定技能制度における認定を取得するためには、受入機関は次の書類をPOLOの確認のために提出しなければならない[40]。

① 特定技能を有するフィリピン人が従事することとなる業務、職務及び責任のリスト並びに/又は職種の説明

② 受入機関及び送出機関による労働者募集契約

③ 送出機関の有効なPOEAライセンスの写し

④ 人材要請/求人票

⑤ 基本雇用契約書、雇用条件書及び給与の支払に関する書類

⑥ 給与制度

⑦ 受入機関の公式の基本給与体系

⑶ 介護実習生

介護実習生を採用する場合、受入先は、技能実習制度における認定に加え、次の条件を満たすことが必要となる。

① 技能実習生の数は、DOLE介護技能実習ガイドラインの別紙Bに示される各施設における常勤の介護職員の合計人数に従い設定されている人数を超えてはならない[41]。

② 実習実施者の事業年数が３年以上であること[42]。

③ 実習実施者がDOLE介護技能実習ガイドラインの別紙Aに記載される施設に該当していること。なお、訪問介護及び長期介護サービスは技能実習の対象外となる[43]。

④ OTITにより優良と認定された監理団体のみ、介護実習生の４～５年目の実習を行う資格を有する[44]。

40　必要書類の全リストについては、https://polotokyo.dole.gov.ph/specified-skilled-workers-1-2/（2021年11月9日に最終確認）を参照のこと。

41　DOLE介護技能実習ガイドラインのⅢ⑴

42　DOLE介護技能実習ガイドラインのⅢ⑵

43　DOLE介護技能実習ガイドラインのⅢ⑶

44　DOLE介護技能実習ガイドラインのⅣ⑴

⑤　実習の4年目に入る前に、1か月間の強制的な休暇を設け、実習生をフィリピンに一時帰国させなければならない[45]。

⑥　日本の厚生労働省通達第320号の3条2項に基づく別紙B記載のとおり、「優良な監理団体」に該当する監理団体は技能実習生の受入人数を拡大することができる[46]。

6　技能実習及び特定技能制度における規則及び契約内容

(1)　送出機関及び海外フィリピン人労働者間の契約

POEAは、送出機関及び海外フィリピン人労働者間の契約の内容の確認は行わないが、送出機関及び海外フィリピン人労働者間の契約において、以下の内容を規定することはできない。

①　直接間接を問わず、日本への派遣のための選定にあたり、海外フィリピン人労働者から手数料をとること。

②　目的を問わず、海外フィリピン人労働者の手当又は賃金から控除を行うこと。但し、税金等の受入国における所定の正当な控除を除く。

③　改正POEA陸上勤務規則のV項において許容されるもの以外の手数料又は費用の支払を海外フィリピン人労働者に対して要求すること。海外フィリピン人労働者に対して、支払を要求することが認められている費用は、以下のとおりである。

(i)　次に掲げる書類の取得のための書類作成費用

(a)　旅券

(b)　NBI/バランガイ発行の無犯罪証明書

(c)　フィリピン国家統計局により認証された出生証明書

(d)　高等教育委員会により認定された学校から発行され、外務省（Department of Foreign Affairs、以下、「DFA」という。）により認

45　DOLE介護技能実習ガイドラインのIV(2)
46　DOLE介護技能実習ガイドラインのIV(3)

証された成績証明書及び卒業証明書

(e)　専門家規制委員会から発行され、DFAにより認証された専門職ライセンス（必要な場合）

(f)　応募した仕事に関する技術教育技能開発庁又は他の権限を有する認証機関によって発行された能力証明書

(g)　受入国の医療規約に基づく、保健省発行の医療／健康診断書

(ii)　健康保険、住宅開発基金及び社会保障制度への加入料[47]

④　前記２(2)アに記載した送出機関が提出した誓約書に違反する内容

また、送出機関が自ら又は第三者をして以下の行為を行うこと又は以下の内容の取扱いを行うこと等は、違法な採用活動に該当し、禁止される。

①　法令上規定される金額以上の費用を直接又は間接に海外フィリピン人労働者に対して請求すること、又は海外フィリピン人労働者に対する実際のローンの金額以上の支払を要求すること[48]

②　海外フィリピン人労働者に課せられた抑圧的な条件から解放する場合を除き、既に雇用又は採用されている海外フィリピン人労働者に対して、他への転職を勧誘すること[49]

③　海外フィリピン人労働者又はその保証人若しくは日付の記載のない手形を通じてか否かを問わず、海外フィリピン人労働者に対して、法令上許容される手数料等に充当することを名目に８％以上のローンの金利を請求すること[50]

④　海外フィリピン人労働者に対して、特定の金融機関又は第三者からのローンを強制し、他の金融機関等からのローンを認めないこと[51]

⑤　海外フィリピン人労働者の帰責事由によらず、雇用契約が解除された場合に、当該海外フィリピン人労働者が借入れたローンの猶予又は

47　POEA陸上勤務規則50条
48　POEA陸上勤務規則76条（a）及びPOEA船員規則72条（a）
49　POEA陸上勤務規則76条（e）及びPOEA船員規則72条（e）
50　POEA陸上勤務規則76条（p）
51　POEA陸上勤務規則76条（q）及びPOEA船員規則72条（p）

再交渉を拒絶すること[52]

⑥　受入先が健康診断の費用を負担する場合を除き、海外フィリピン人労働者に対して、特定の医療機関での健康診断を強制し、又は他の医療機関での健康診断の受診を認めないこと[53]

⑦　受入先が費用を負担し、所定の職業訓練を受けることを薦める場合を除き、海外フィリピン人労働者に対して、特定の教育機関での職業訓練、セミナー、指導、教育を受けることを強制し、又は他の教育機関においてこれらの職業訓練等を受けることを認めないこと[54]

仲介斡旋機関が、上記の違法な採用活動を行った場合、POEAはそのライセンスを一時停止又は取り消すことができる。また、POEAは、海外フィリピン人労働者から違法に費用を取得した仲介斡旋機関に対して、その取得した費用を海外フィリピン人労働者に対して返還するよう命じることができる[55]。さらに、違法な採用活動を行った仲介斡旋機関の役員等は、6年超から終身の禁固刑又は50万ペソ以上200万ペソ以下の罰金のいずれか、又はその両方の刑事罰の対象となる[56]。

なお、上記のとおり、仲介斡旋機関が、自ら又は第三者をして、海外フィリピン人労働者に対して貸付を行うこと自体は禁止されているわけではなく、8％を超える金利を付した貸付を行うことが禁止されているに留まる。

⑵　送出機関と受入先（監理団体又は受入機関）間の契約

POEA規則上、受入先と仲介斡旋機関との間の契約の条項に関する具体的な規定はないが、両者間で締結される労働者募集契約のひな型が提供されている[57]。POEAの労働者募集契約のひな型には、フィリピン人労働者の保護を目的として仲介斡旋機関及び受入先に課される義務が含まれてい

52　POEA陸上勤務規則76条（r）
53　POEA陸上勤務規則76条（s）及びPOEA船員規則72条（q）
54　POEA陸上勤務規則76条（t）及びPOEA船員規則72条（r）
55　POEA陸上勤務規則143条及びPOEA船員規則123条
56　移住労働者法7条
57　POEAが提供するPOEA労働者募集契約ひな形（POEA Template Recruitment Agreement）

る。この労働者募集契約のひな型の主な規定は、以下のとおりである。

①　仲介斡旋機関の業務には、雇用された労働者が派遣の準備をする際の支援を含めるものとする。

当該支援には、健康診断又は職業試験の予約の支援、必須研修及び雇用先国における労働・生活条件に関するオリエンテーションの申請手続の支援、及び雇用された労働者の旅券を含む渡航のための書類の作成支援等が含まれる。労働者募集契約のひな型に規定された仲介斡旋機関のこれらの業務は、POEA陸上勤務規則において、仲介斡旋機関が、(i)申請された職位／職業分野に応じた技能試験の実施を確保すること[58]、(ii)雇用された労働者が受入国及び海外雇用主の基準に基づく医療／健康診断を受けるように監督すること[59]、及び(iii)採用手続、国の概要、労働・生活条件及びその他の関連情報について労働者にオリエンテーションを提供することが義務付けられていることを反映したものである[60]。

②　受入先は、仲介斡旋機関に対して最低限の動員費を支払うものとし、当該費用を海外フィリピン人労働者に対して請求してはならない。

労働者募集契約のひな型では、採用された労働者ごとに、受入先が仲介斡旋機関に労働者の事前選定、手続及び書類作成の対価として最低限の動員費を支払うものとされている。さらに、労働者募集契約のひな型では、受入先は、名目の如何を問わず、海外フィリピン人労働者に対して当該支払又は負担を行わせてはならない、と明記している。これは、POEA陸上勤務規則において、当該規則が規定する費用を除き、海外フィリピン人労働者に対して、一切の費用の支払又は負担を求めることを禁止していることを反映したものである[61]。また、POEA陸上勤務規則では、受入先が負担しなければならない費用（後

58　POEA陸上勤務規則56条
59　POEA陸上勤務規則57条
60　POEA陸上勤務規則4条(f)参照
61　POEA陸上勤務規則54条参照

記(3)参照）も規定している[62]。

③　POEA及びDOLEによる承認の対象となる、受入先と海外フィリピン人労働者との間で締結される基本労働契約書の写しを別紙として添付する。

④　受入先は、海外フィリピン人労働者の募集及び採用を含む全ての事項に関するフィリピンにおける代理人として仲介斡旋機関を任命する。

当該任命には、海外フィリピン人労働者の雇用及び職業紹介を目的とした契約の締結、海外フィリピン人労働者の採用及び雇用に関連する訴訟における受入先の代表、並びに海外フィリピン人労働者の募集及び雇用に関連して生じる可能性のある受入先と仲介斡旋機関の連帯責任の負担が含まれる。これは、POEA陸上勤務規則において、未払賃金、死亡・負傷事故の補償、帰国送還を含む、受入先と海外フィリピン人労働者との間の契約の履行に関して生じる受入先の一切の責任について、仲介斡旋機関が連帯責任を負うことを要求していることを反映したものである[63]。

⑤　受入先と仲介斡旋機関は、海外フィリピン人労働者がその月給を指名受取人へ送金する際に支援しなければならず、当該送金が最も簡便かつ効率的な方法で行われるために必要な支援を行う。

⑥　受入先は、フィリピン人労働者の福祉及び権利保護を増進させるためのあらゆる努力を尽くすことが求められる。

この努力義務には、受入先が所定の期間内に労働者を派遣又は移送できなかった場合又は雇用契約を解除した場合の補償の支払が含まれる。また、受入先は、海外フィリピン人労働者の死亡又は重症の場合、フィリピン大使館、領事館又は労働担当官及び仲介斡旋機関に通知しなければならない。海外フィリピン人労働者が死亡した場合には、受入先は、遺体の本国送還のための全ての費用を負担しなければならな

62　POEA陸上勤務規則53条
63　POEA陸上勤務規則4条（f）参照

い[64]。

POEAは、受入先及び仲介斡旋機関に対して、労働者募集契約のひな型に定められた条件の厳守を求めている。POLO又はPOEAによる審査時に、特定の条件、特に海外フィリピン人労働者の権利に関する規定が定められていない場合、又はフィリピン人労働者に不利益な修正が行われていることが判明した場合には、受入先による認定の申請、又は仲介斡旋機関との契約の申請が却下される可能性がある。

受入先又は仲介斡旋機関が労働者募集契約に違反した場合、相手方に発生した損害の賠償を求めることができる。また、労働者募集契約の違反が、違法採用活動に該当する場合、違反者の役員等には、前記のとおり、6年超から終身の禁固刑又は50万ペソ以上200万ペソ以下の罰金のいずれか、又はその両方の刑事罰の対象となる。

⑶　受入先と海外フィリピン人労働者との間の契約

国外雇用主及び海外フィリピン人労働者は、海外雇用契約（以下、「海外フィリピン人労働者雇用契約」という。）の条件を合意に基づき定めることができるが、当該海外フィリピン人労働者雇用契約の条件は、POEAの定める最低限満たす必要のある要件に合致する内容であり、かつ、法律、公序及び道徳に抵触しないものでなければならない[65]。技能実習制度及び特定技能制度について、POEAは、技能実習確認ガイドライン及び特定技能確認ガイドラインを策定し、海外フィリピン人労働者雇用契約に関する要件を定めている。

技能実習制度及び特定技能制度に基づく海外フィリピン人労働者との契約の最低要件は、以下のとおりである[66]。

64　POEA陸上勤務規則213条参照

65　POEA陸上勤務規則136条及びPOEA船員規則116条

66　技能実習制度に基づく海外フィリピン人労働者雇用契約及びその付属書のひな形は、それぞれ別紙1及び別紙2として添付される。また、特定技能制度に基づく海外フィリピン人労働者雇用契約のひな型は、別紙3として添付している。

①　国外雇用主の正式名称及び所在地

②　海外フィリピン労働者の職位及び就労場所

③　福利厚生及び手当並びに支払方法を含む、基本月給。給与は、受入国の所定の最低賃金又はフィリピン首都圏の現行最低賃金のいずれか高い方を下回ってはならない。

④　食事及び住居若しくは受入国の生活費に見合った金銭又はこれに充当するための手当

⑤　契約開始日及び契約期間

⑥　雇用場所との往復にかかる無料の送迎又はこれに代わる手当、及び就労場所での無料の送迎又はこれに代わる手当

⑦　通常の就労時間及び休日

⑧　通常の就労時間外、休日及び祝日に行う業務に対する時間外手当

⑨　勤続年数ごとの休暇及び病気休暇

⑩　無料の緊急医療及び歯科治療

⑪　受入国の慣習、伝統、規範、道徳観、慣行、会社の方針、労働法規及び社会法令を考慮した、労働者の契約又は業務を解除する際の正当/有効/承認された理由

⑫　紛争の解決

⑬　戦争、自然災害その他の類似の状況を理由とした差し迫った危険が生じた場合における国外雇用主の費用負担による労働者の本国送還

⑭　海外フィリピン人労働者が死亡した場合における国外雇用主の費用負担による当該労働者の遺体及び所持品の本国送還[67]

⑮　賞与又は追加の報酬[68]

⑯　年金保険、医療保険及び雇用保険（労働者災害補償保険）[69]。

67　改正POEA規則135条

68　技能実習確認ガイドラインでは、賞与を「勤続年数1年につき1か月の賞与（該当する場合）」と規定している。但し、特定技能確認ガイドラインにおいては、「賞与又は追加の謝礼」の記載に留まる。

69　技能実習確認ガイドラインのV（A）及び特定技能確認ガイドラインのVI（A）

さらに、受入先には、次に掲げる費用の支払が義務付けられており、これらの費用の支払又は負担を海外フィリピン人労働者に要求することはできない。

① 査証（スタンプ代を含む。）
② 労働許可証及び滞在許可証
③ 往復航空券
④ 空港から就労場所への送迎
⑤ POEA処理手数料
⑥ OWWA（Overseas Workers Welfare Administration）加入料[70]
⑦ 追加の職業試験／評価（受入先／雇用主により求められた場合。）[71]

海外フィリピン人労働者雇用契約の締結は、フィリピン人労働者が外国で就労するためにフィリピンを出国する際の出国許可手続上の要件の一つであるため、海外フィリピン人労働者は、出国前のフィリピン滞在中に、海外フィリピン人労働者雇用契約に署名する。海外フィリピン人労働者は、署名した海外フィリピン人雇用契約の写しをPOEAに提出し、海外雇用証明書（Overseas Employment Certificate、以下、「海外雇用証明」という。）を取得する。海外フィリピン人労働者は、海外雇用証明を取得しなければ、フィリピンを出国することはできない。海外フィリピン人労働者雇用契約の締結に先立ち、仲介斡旋機関は、海外フィリピン人労働者に対してその者が有する権利及び義務を全て伝え、雇用にかかる全条件を開示しなければならない。また、仲介斡旋機関は、海外フィリピン人労働者に対してPOEAの承認を得た海外フィリピン人労働者雇用契約の写しが提供されるようにしなければならない[72]。

70　OWWAは、海外フィリピン人労働者に対して、各種サービスを提供するフィリピンの政府機関である。OWWAの提供するサービスを受けるためには加入費用を支払わなければならないが、OWWAに加入することは義務ではない。

71　POEA陸上勤務規則53条

72　POEA陸上勤務規則137条

7　技能実習制度及び特定技能制度に基づく海外フィリピン人労働者の派遣

⑴　要　件

海外フィリピン人労働者が、雇用後、初めてフィリピンを出国する際、送出機関は、新たに雇用された海外フィリピン人労働者のための海外雇用証明をPOEAから取得する必要がある。海外雇用証明を取得するために、送出機関は、海外フィリピン人労働者が次に掲げる事前研修に出席したことを示す出席証明（Certificates of Attendance）を提出する必要がある[73]。

①　雇用主の要請に従った日本語研修（Japanese Language Training）

②　職場倫理研修（Work Ethics Seminar）－勤勉且つ誠実に働くことの価値等の道徳的美徳に焦点を置いたセミナー

③　日本文化理解研修（Japanese Cross Culture Seminar）－日本の習慣及び伝統に焦点を置き、これから日本の特質と人々を理解していく上で役立つセミナー

④　出国前研修（Pre-Departure Orientation）－技能実習、旅行等の権利及び責任に焦点を置いた出国前研修

送出機関は、海外フィリピン人労働者が上記の事前研修を受けるように監督しなければならない。さらに、技能実習制度の場合、技能実習生の送出機関は、実習実施者、技能実習生の具体的な実習計画、実習条件等についての簡単な概要説明を、出国前に、海外フィリピン人労働者に対して行うことが要求される[74]。

出国する全ての海外フィリピン人労働者は、出国時に、自らの海外雇用証明を出入国審査官に提示しなければならない[75]。海外フィリピン人労働

73　海外雇用証明を確保するための要件に関する完全版リストについては、DOLE技能実習ガイドラインのVI、及び陸上労働者及び電子契約のオンライン登録手続に関する新たな手順にかかる2018年POEA通達第7号（POEA Memorandum Circular No. 07, Series of 2018（New Procedure for Online Registration of Landbased Workers and Landbased e-Contracts System）（LBECS））を参照のこと。

74　DOLE技能実習ガイドラインのII⑺(e)

75　POEA陸上勤務規則72条

者が海外雇用証明を持たない場合、その者はフィリピンから出国することが認められない。

⑵　送出機関が送出国の主管庁及び海外に派遣する労働者に対して負う報告義務

仲介斡旋機関は、フィリピン人労働者の海外派遣後、以下に掲げる全ての事項を行うことが義務付けられる。

① 派遣された海外フィリピン人労働者の派遣先での状況及び条件の把握。

② 新たに派遣された各海外フィリピン人労働者についての状況及び条件に関する報告書を、初回は派遣から３か月以内に、その後は四半期ごとに契約期間が終了するまで提出すること[76]。

③ 派遣された海外フィリピン人労働者から持ち込まれた苦情又は問題について迅速に対処し、これに関する報告書をPOEAに提出すること[77]。

④ 海外フィリピン人労働者の状況及び条件に関して重大な問題がある場合、これに関する報告書を、問題の発生から５営業日以内にPOEAに提出すること[78]。

⑤ 受入先による関連法の違反に関し、仲介斡旋機関が知ることとなった情報をPOEAに報告すること[79]。

POEAは、海外フィリピン人労働者福祉監督システム（Welfare Monitoring System、以下、「OWMS」という。）を導入している。OWMSとは、ウェブ上（at https：//apps.poea.gov.ph/）で利用可能なシステムであり、仲介斡旋機関は、自らが派遣した海外フィリピン人労働者の状況及び条件を

76　2019年POEA通達第９号のIII⑶。2018年POEA通達第12号、POEA陸上勤務規則209条、POEA船員規則193条、DOLE技能実習ガイドラインのIX⑶も参照のこと。
77　POEA陸上勤務規則209条及びPOEA船員規則193条
78　POEA陸上勤務規則209条及びPOEA船員規則193条
79　POEA陸上勤務規則210条及びPOEA船員規則194条

報告する手段として利用している。OWMS上、海外フィリピン人労働者ごとに、監督報告ファイルが作成される。仲介斡旋機関は、OWMS上の報告書の書式を通じて、当該仲介斡旋機関が派遣した海外フィリピン人労働者の状況等について報告しなければならない。仲介斡旋機関が報告を行った場合、その内容はPOEAにも通知され、POEAの担当部署において、内容が確認されることになる。

(3)　派遣後の受入先の役割及び義務

技能実習制度では、技能実習ガイドラインにおいて、実習実施者は、技能実習生を監督し、四半期ごとにPOLOに報告書を提出することが義務付けられる[80]。但し、特定技能制度では、DOLE特定技能ガイドライン上、受入機関のPOLOへの報告書の提出義務は課されていない。

(4)　募集から出国までの手続の概要

技能実習制度又は特定技能制度に基づく海外フィリピン人労働者の募集から日本への出国までの手順の概要は、以下のとおりである。

①　仲介斡旋機関が、フィリピン人労働者の海外での募集及び職業紹介事業を行うためにPOEAからライセンスを確保する。

②　仲介斡旋機関が、技能実習制度及び特定技能制度向けの労働者の募集及び職業紹介を行うことを許可する証明書をPOEAから取得する。この証明書の発行により、仲介斡旋機関は送出機関となる。

③　フィリピン人労働者の雇用を希望する監理団体/受入機関が、送出機関と労働者募集契約を締結する。

④　監理団体/受入機関が、確認手続のためにPOLOに必要書類（求人票を含む。）を提出し、POEAからの認定を受けるための申請を行う。

⑤　POLOによる確認手続の完了後、POLOはPOEA宛の推薦書を発行

80　技能実習ガイドラインのIX(1)

し、全ての確認済書類（推薦書を含む。）を監理団体／受入機関に返却する。

⑥　監理団体／受入機関は、フィリピンの送出機関に確認済書類の原本を送付する。

⑦　送出機関は、監理団体／受入機関からの書類をPOEAに提出し承認を求める。確認書類の原本の受領後、POEAは、書類を審査し、条件を満たしていることを確認の上、申請を承認し、認定書を発行する。

⑧　送出機関は、承認を受けた求人票について、フィリピン人を募集する。

⑨　採用されたフィリピン人及び監理団体／受入機関は、海外フィリピン人労働者雇用契約を締結する。

⑩　監理団体／受入機関は、所管官庁に、採用されたフィリピン人の在留資格許可を申請する。

⑪　監理団体／受入機関は、採用されたフィリピン人又は（採用されたフィリピン人のための）送出機関に在留資格許可を送付する。

⑫　採用されたフィリピン人は、在フィリピン日本国大使館に査証を申請する（送出機関はこれを支援する。）。

⑬　査証の発給を受け、送出機関は、海外フィリピン人労働者のために海外雇用証明を申請する。

⑭　海外雇用証明の発行後、海外フィリピン人労働者がフィリピンを出国し、空路で日本へ向かう。

8　海外フィリピン人労働者の帰国後の支援システム

(1)　概　要

海外フィリピン人労働者が雇用契約の終了後、フィリピンに帰国する場合、仲介斡旋機関は、海外フィリピン人労働者のフィリピン社会への復帰を促進する機関であるNRCOに通知する義務を負う。

POEAは、恒久的に帰国することを決定している海外フィリピン人労働者の社会的及び経済的な復帰を促進するためのものを含む、海外フィリピン人労働者及びその家族の福祉を向上させ、利益を促進するプロジェクト及び活動について、他の機関と連携し、支援する役割を担う[81]。

NRCOの運営は、DOLEの監督の下で行われ、フィリピンに帰国した海外フィリピン人労働者に対するカウンセリング、求職活動支援、技能訓練及び能力開発等のサービスを提供する。

NRCOが提供する主要な支援プログラムは、以下のとおりである。

ア　Balik-Pinas, Balik-Hanapbuhay プログラム

Balik-Pinas, Balik-Hanapbuhay プログラムは、受入国における戦争/政治的衝突、受入国政府の方針改革及び変更を理由に解雇された海外フィリピン人労働者、又は違法な募集及び/若しくは人身売買又はその他過酷な状況に直面し帰国した海外フィリピン人労働者に対して、生活に必要な経済的な支援を行う制度である。

イ　Balik-Pinay Balik-Hanapbuhayプログラム

Balik-Pinay, Balik-Hanapbuhayプログラムは、帰国した女性海外フィリピン人労働者による起業を支援するために2011年に導入された制度であり、生計を立てるために必要な技能訓練セッション等を提供する。

ウ　小企業管理訓練及び金融リテラシー研修（Small Business Management Training and Financial Awareness Seminar）

小企業管理訓練及び金融リテラシー研修とは、海外フィリピン人労働者及びその家族が金融リテラシーを向上させ、自営業者として小企業を設立するよう働きかけることを意図した研修制度である。

⑵　技能実習制度及び特定技能制度

送出機関には、日本での就労後フィリピンに帰国するフィリピン人に対

81　POEA陸上勤務規則212条及びPOEA船員規則196条

する復帰の支援、及び取得した技能の利用の可能性を探ること等のサポートを行うことが期待されている[82]。

また、DOLE技能実習ガイドラインに基づき、NRCOは、以下の事項を実施する義務を負う。

① 契約満了後に帰国した技能実習生の報告を受ける。当該報告の目的のため、送出機関は、帰国の３か月前までに帰国する技能実習生のリストをNRCOに提出しなければならない。

② 技能実習制度及びその派遣制度の構想及び計画を向上・強化する目的で、実習後評価を行う。

③ 技能実習生の復帰計画の実施について書面化し、復帰に関する定期報告書をOTITに提出する[83]。

④ 帰国した技能実習生の実習後サービスの提供は、取得した技能、知識及び技術の利益を最大化し地域へ適用することを目的として行われる[84]。

82　POEA通達022-20号（日本の技能実習制度（TITP）及び特定技能労働者（SSW）の送出機関としての証明書発行ガイドライン）の送出機関の承認基準の遵守に関する宣誓書（Affidavit of Undertaking of Approving Standards for Sending Organization）を参照のこと。

83　DOLE技能実習ガイドラインのX

84　DOLE技能実習ガイドラインのXI

別紙1　技能実習生と受入先との雇用契約のひな形

雇用契約書及び雇用条件書

Employment contract and Employment Terms and Conditions

1．雇用契約

1. Employment contract

実習実施者________________（住所：_______________________________）（以下「甲」という。）と The implementing organization________________（Address：________________________）（hereinafter referred to as "Implementing Organization"）and

技能実習生（候補者を含む。）____________________（以下「乙」という。）は、the technical intern trainee（including the candidates）______________（hereinafter referred to as "Technical Intern Trainee"）

以下の「2．雇用条件」に記載された内容に従い、雇用契約を締結する。

Agree to enter into this Employment Contract under the terms and conditions prescribed in the following "2. Employment Terms and Conditions."

本雇用契約は、乙が在留資格「技能実習1号」により本邦に入国して、技能等に係る業務に従事する活動を開始する時点をもって効力を生じるものとする。

This Employment Contract becomes effective when the Technical Intern Trainee enters Japan under the "Technical Intern Training（i）" status of residence and commences activities toward acquiring skills.

雇用条件書に記載の雇用契約期間（雇用契約の始期と終期）は、乙の入国日が入国予定日と相違する場合は、実際の入国日に伴って変更されるものとする。

In cases where the Technical Intern Trainee's actual date of entry into Japan is different from his/her scheduled date of entry, the employment period specified in the Employment Terms and Conditions for Technical Intern Training（commencement and termination of employment contract）shall be modified in accordance with the actual date of entry.

なお、乙が何らかの事由で在留資格を喪失した時点で、本雇用契約は終了するものとする。
If, for some reason or other, the Technical Intern Trainee loses his/her status of residence, this Employment Contract shall be terminated at that point.

本書は２部作成し、甲乙それぞれが保有するものとする。
In witness whereof, the parties hereto have executed this document in duplicate, and each party shall keep one copy of the originals.

２．雇用条件
2. Employment Terms and Conditions

Ⅰ．雇用契約期間
Period of employment contract

１．雇用契約期間
Period of employment contract

（　　年　月　日～　　年　月　日）　　入国予定日　　年　月　日
(From Year Month Day to Year Month Day)　　Scheduled date of entry into Japan　　Year Month Day

２．契約の更新の有無
Renewal of contract

□ 契約の更新はしない　　□ 原則として更新する
Contract will not be renewed　　Contract will be renewed in principle

※ 会社の経営状況が著しく悪化した場合等には、契約を更新しない場合がある。
Contract may not be renewed if the business conditions of the Implementing Organization become worse significantly.

Ⅱ．就業（技能実習）の場所
Place of employment (technical intern training)

Ⅲ．従事すべき業務（職種及び作業）の内容
Contents of work to be engaged in (occupation and operations)

Ⅳ．労働時間等
Work hours, etc.

１．始業・終業の時刻等
Opening and Closing times

(1)始業（　時　分）　終業（　時　分）　（１日の所定労働時間数　時間　分）
Opening time (___:___)　Closing time (___:___)　Scheduled working hours per day：__hrs.__mins.

⑵【次の制度が労働者に適用される場合】

【Applicable systems】

□ 変形労働時間制：(　　　　) 単位の変形労働時間制

Irregular working hour system：Irregular working hour system in (　) units

※１年単位の変形労働時間制を採用している場合には、母国語併記の年間カレンダーの写し及び労働基準監督署へ届け出た変形労働時間制に関する協定書の写しを添付する。

If an irregular working hour system is adopted by a unit of one year, please attach a copy of a yearly corporate calendar that has translation in the native language of the technical intern trainee as well as a copy of the letter of agreement concerning the irregular working hour system that was submitted to the Labour Standards Inspection Office.

□ 交代制として、次の勤務時間の組合せによる。

Shift System：Combination of the following working hours

始業 (　　時　　分)　　　　　終業 (　　時　　分)

Opening time (　　:　　)　　　Closing time (　　:　　)

(適用日　　　、1日の所定労働時間　　時間　　分)

(Day applied：______, Scheduled working hours per day：____hrs.____mins.)

始業 (　　時　　分)　　　　　終業 (　　時　　分)

Opening time (　　:　　)　　　Closing time (　　:　　)

(適用日　　　、1日の所定労働時間　　時間　　分)

(Day applied：______, Scheduled working hours per day：____hrs.____mins.)

始業 (　　時　　分)　　　　　終業 (　　時　　分)

Opening time (　　:　　)　　　Closing time (　　:　　)

(適用日　　　、1日の所定労働時間　　時間　　分)

(Day applied：______, Scheduled working hours per day：____hrs.____mins.)

2．休憩時間 (　　) 分

Work break：(　　　) mins.

3．1か月の所定労働時間数　　時間　　分 (年間総所定労働時間数　　時間)

Scheduled working hours per month：____hrs. ____mins. (Scheduled working hours per annum：____hrs.)

4．年間総所定労働日数 (1年目　　日、2年目　　日、3年目　　日)

Number of working days per annum (1st year：____days：2nd year：____days：3rd Year：____days)

5．所定時間外労働の有無　　□有　　□無

Presence of Overtime Work　Yes　No

○詳細は、就業規則 第　条～第　条、第　条～第　条、第　条～第　条

See Articles____to____, Articles____to____, and Articles____to____of the Rules of Employment for details.

Ⅴ．休日 Holidays

・定例日：毎週　曜日、日本の国民の祝日、その他（　　）（年間合計休日日数　日）

Regular days off：Every week____day, Japan's National Holidays, others（　　）

（Total number of days off per annum：　days）

・非定例日：週・月当たり　　日、　　その他（　　）

Additional days off：____days per week/month, others（　　）

○詳細は、就業規則 第　　条～第　　条、第　　条～第　　条

See Articles____to____, Articles____to____, and Articles____to____of the Rules of Employment for details.

Ⅵ．休暇 Vacation

１．年次有給休暇　６か月継続勤務した場合→　　日

Annual paid leave：Those working continuously for ６ months or more →____days

継続勤務６か月未満の年次有給休暇　（□ 有　　□ 無）

Those working continuously less than ６ months（Yes　No）

→　　か月経過で　　日

→ After the period of　　months______→______days

２．その他の休暇　有給（　　）　　無給（　　）

Other leaves　：Paid（　　）　Unpaid（　　）

○詳細は、就業規則 第　　条～第　　条、第　　条～第　　条

See Articles____to____, Articles____to____, and Articles____to____of the Rules of Employment for details.

Ⅶ．賃金

１．基本賃金　□月 給（　　　円）□日 給（　　　円）□時間給（　　　円）

Basic Pay　Monthly Wage（　　　yen）Daily Wage（　　　yen）

Hourly Wage（　　　yen）

※月給・日給の場合の１時間当たりの金額（　　　円）

Amount per hour in case of monthly salary or daily wage（　　　Yen）

※日給・時給の場合の１か月当たりの金額（　　　円）

Amount per month in case of daily or hourly wage（　　　Yen）

２．諸手当（時間外労働の割増賃金は除く）

Allowances（excluding additional pay for overtime work）

(a)（　　　手当　　月　　　円／計算方法：　　　）

Allowance Yen per month / Calculation Method：

(b)（　　　手当　　月　　　円／計算方法：　　　）

Allowance Yen per month / Calculation Method：

(c)（　　　手当　　月　　　円／計算方法：　　　）

Allowance Yen per month / Calculation Method：

(d)（　　　手当　　月　　　円／計算方法：　　　）

Allowance Yen per month / Calculation Method：

３．１か月当たりの支払い概算額（１＋２）　　約（　　　円）（合計）

Estimated monthly payment（１＋２）　Approx.　　Yen（total）

4．労使協定に基づき賃金支払時に控除する項目　　□ 無　　□ 有
Items to be deducted from wages in accordance with labor-management agreement
□ No　　□ Yes
(a) 税　　金　　　　　　　　　　　　（約　　　　　円）
Tax：　　　　　　　　　　　　　　　（Approx.　　　　Yen）
(b) 社会保険料・労働保険料等 各種保険料　　（約　　　　　円）
Social insurance premium, labor insurance premium, and other insurance premiums
（Approx.　　　　Yen）
(c) 食費・居住費　　　　　　　　　　（約　　　　　円）
Labor insurance premium：　　　　　　（Approx.　　　　Yen）
(d) その他（　　　）（適宜欄を追加し、内訳及び内訳ごとの金額を明らかにすること）
（約　　　　　円）
Others（　　　）（Add fields if necessary and show a breakdown with additional items and amounts of each breakdown.）（Approx.　　　　Yen）
5．手取り支給額（3－4）　　　　　約（　　　　円）（合計）
Payment in net amount　　　　　　Approx.（　　　　Yen）（Total）
※欠勤等がない場合であって、時間外労働の割増賃金等は除く。
Without absence or the like, excluding additional payment for overtime work.

6．所定時間外、休日又は深夜労働に対して支払われる割増賃金率
Additional pay rate for overtime, holiday work or night work
(a) 所定時間外　法定超月60時間以内（　　　）%、法定超月60時間超（　　　）%
Overtime work：Legal overtime time within 60 working hours（　　　）%，
Legal overtime work exceeding 60 working hrs.（　　　）%
所定超（　　　）%
Overtime work（exceeding regular working hours）（　　　）%
(b) 休日　　　法定休日（　　　）%、法定外休日（　　　）%
Holiday work　Legal Holiday Work（　　　）%　Non-legal Holiday Work（　　　）%
(c) 深夜（　　　）%
Night Work（　　　）%
7．賃金締切日　□ 毎月　　日、□ 毎月　　日
Closing day of payroll：(　)____th day of every month,（　)____the day of every month
8．賃金支払日　□ 毎月　　日、□ 毎月　　日
Pay day：(　)____th day of every month,（　)____th day of every month
9．賃金支払方法　□ 通貨払（現実に支払われた額を確認することができる方法による）
□ 口座振込み
Method of wage payment Cash（by a method with which one can check the amount actually paid）　Bank Transfer
10．昇給　　　□ 有（昇給時期、昇給の考え方　　　　　　　　）、□ 無
Wage raise：Yes（Time and policy of wage raise　　　　　　　　），No

11. 賞与　　　□ 有（支給時期、賞与額の考え方　　　　　　　　　　）、□ 無

Bonus：Yes（Time of payment and policy of the amount of bonus

）, No

12. 退職金　　□ 有（支給時期、退職金の考え方　　　　　　　　　　）、□ 無

Resignation benefit：Yes（Time of payment and policy of resignation benefit

）, No

13. 休業手当　　□ 有（率　　　　　　　　　　　　　　　　　　　　）

Allowance for Absence from work　Yes（Rate　　　　　　　　　　　　）

Ⅷ．退職に関する事項　Matters concerning resignation

１．自己都合退職の手続（退職する______日前に社長・工場長等に届けること）

Procedure for resignation benefit for personal reasons（Notify president, plant manager, or other superior at least______days in advance.）

２．解雇の事由及び手続　Reasons and procedure for dismissal：

解雇は、やむを得ない事由がある場合に限り少なくとも30日前に予告をするか、又は30日分以上の平均賃金を支払って解雇する。技能実習生の責めに帰すべき事由に基づいて解雇する場合には、所轄労働基準監督署長の認定を受けることにより予告も平均賃金の支払も行わず即時解雇されることもあり得る。

The implementing organization may dismiss a technical intern training only when a compelling reason exists, after giving 30 days prior notice or upon paying no less than the average wage for 30 days of labor to the technical intern.

When Dismissing a technical intern for reasons attributable to the technical intern, the implementing organization may do so without a prior notice or payment of average wage compensation upon receiving approval from the head of the competent Labour Standards Inspection Office.

○詳細は、就業規則 第　　条～第　　条、第　　条～第　　条

See Articles____to____, Articles____to____, and Articles____to____of the Rules of Employment for details.

Ⅸ．宿泊施設に関する事項　Matters concerning accommodation

１．名称等　名称（　　　　　　　　）

形態　□ 寮（寄宿舎）　□ 賃貸住宅　□ その他（　　　　　）

1. Name, etc.　Name of accommodation（　　　　　　）

Type　□ Dormitory（boarding）　□ Rented housing　□ Other（　　）

２．所在地（〒　　－　　　）　　　　　　　　　　（電話　　－　　－　　）

2. Address（　　　　　　　　　　　　　　　　　　）（Tel.：　　　　　　）

３．規模 面積（　　　m^2）、収容人員（　　　人）、１人当たり居室（　　　m^2）

3. Size　Square meters（　　　m^2）, Capacity（No. of persons：　　　）,

Room size per person（　　　m^2）

４．技能実習生の負担額（　　　　　）

4. Amount of expenses to be paid by technical intern（　　　　　）

X. その他 Others
・社会保険・労働保険の加入状況（□ 厚生年金 、□ 国民年金 、□ 健康保険 、□ 国民健康保険 、□ 雇用保険 、□ 労災保険 、□ その他（　　　　　））
Participation status for social insurance/labor insurance (□Employees pension, □National pension, □Health insurance, □National health insurance, □Employment insurance, □Workers' accident compensation insurance, □Other：(　　　　　))
・雇入れ時の健康診断　　　　　　年　　　月
Medical Check-up at the time of employment________Year_______Month
・初回の定期健康診断　　　　　年　　　月（その後　　　ごとに実施）
First routine medical check-up：Year_____Month_____ (thereafter, every_____)

年　　　月　　　日　　　締結
Year　　　Month　　　Day

甲____________________㊞
Implementing Organization

(実習実施者名・代表者役職名・氏名・捺印)
(Name of Implementing Organization, Name andTitle of Representative, Seal)

乙____________________
Technical Intern Trainee

(技能実習生の署名)
(Signature of Technical Intern Trainee)

別紙 2　技能実習生の雇用契約の付属書のひな形

基本雇用契約書添付
(実習実施者/雇用主の名称)
(正社員総数＿＿＿＿)

1．技能実習生は最長で以下の期間、日本国に滞在するものとする。
[本契約に従い該当する項目に[X]を記入する。]
[　]5年間（4年目の実習の開始前に、実習生が最低でも1か月間母国に一時帰国することを条件とする。）
[　]3年間（最初に1年の査証を取得し、2年間の延長を受ける。）
[　]1年間（1年間有効な技能実習査証）
[　]6か月間
[　]＿＿＿＿＿年間
[　]＿＿＿＿＿か月間

2．技能実習生が日本に向けて派遣される前に、フィリピンで日本語、文化、慣習及び伝統に関する研修を受けるものとする。かかる実習の研修費用は技能実習生に支払わせてはならないものとする。
本契約に従い該当する項目に[X]を記入する。
[　]フィリピンでの研修中、実習生に＿＿＿＿ペソの研修手当が支払われる。
[　]フィリピンでの研修中、実習生に研修手当は支払われない。

3．日本での初月に、技能実習生は＿＿＿＿＿日間の講習を受ける。かかる講習期間に、(＿＿＿＿＿＿＿＿＿＿＿＿＿＿＿＿＿＿)に事務所所在地を有する監理団体である(＿＿＿＿＿＿＿＿＿＿＿＿＿＿＿＿＿＿)は、実習生に対し研修手当を合計＿＿＿＿＿円（最低でも合計85,000円とする。）を支払う。監理団体は、また、実習生に費用を負担させることなく、宿泊場所及び光熱費を提供する。食事は実習生が支払うものとする。

4．実習実施者（雇用主）により署名された添付の雇用契約は、上記の講習期間後に有効となる。

雇用主は、日本の労働法令に従い、技能実習生の賃金を定期的に支払うものとする。かかる賃金は、雇用主が事業に従事する都道府県で定められる法定の最低時給に従うものとする。

5．技能実習生の日本への往復の交通費は、実習実施者/雇用主が負担するものとする。

6．日本での技能実習生の強制的な健康・社会保険が有効となるまで、技能実習生の医療保険は、監理団体が提供する。

7．雇用の終了

a. 雇用主による解除：雇用主は、次の正当な理由に基づき本契約を解除することができる：重大な非行、雇用主の適法な命令に対する意図的な反抗、常習的な職務怠慢、常習的欠勤、不服従、組織の機密の漏洩、日本の慣習・伝統及び法令並びに/又は本契約の条件の違反。フィリピンへの本国送還費用は、実習実施者が支払うものとする。

b. 技能実習生による解除：技能実習生は、次のいずれかの正当な理由のために、雇用主に対する通知を行うことなく、本契約を解除することができる：雇用主又はその代表者による重大な侮辱、雇用主又はその代表者による実習生の非人道的かつ耐え難い取扱い、雇用主又はその代表者による犯罪/違反。これらの理由により技能実習が終了される場合、実習生の出発地までの本国送還費用は、雇用主が負担するものとする。

c. 技能実習生は、正当な理由がなくとも、雇用主に1か月の事前通知を提出することにより、本契約を解除することができる。かかる通知を受領していない雇用主は、技能実習生に損害賠償の責任を負わせることができる。

d. 疾病による解除：いずれの当事者も、技能実習生の疾病、病気又は傷害を理由として、本契約を解除することができる。これらの理由による場合、実習生の出発地までの本国送還に関する全ての費用は、雇用主が負担するものとする。

8．日本への最初の到着日から、本書に添付される技能実習の本雇用契約の有効期間内に、技能実習生が死亡した場合、監理団体の費用負担により、その遺体及び所持品をフィリピンに本国送還するものとする。遺体の本国送還ができない場合には、技能実習生の近親者の事前の承認を受けて及び/又は就労場所の最寄のフィリピン大使館/領事館により、遺体を処分することができる。

9．紛争の解決：技能実習の雇用契約に関する全ての申立て及び苦情は、会社の方針及び規則に従い解決されるものとする。技能実習生が雇用主の決定に異議を申し立てる場合、労働担当官又は雇用の最寄りのフィリピン大使館/領事館の委任を受けた代理人の参加の下、友好的に紛争を解決するものとする。友好的な解決に至らなかった場合は、日本法により認められている場合は申立人の選択により、日本又はフィリピンの所管、又は適切な政府機関に紛争の解決を求めるものとする。

10. 日本の税法に従い、技能実習生の賃金は、源泉徴収の課税の対象となる。

11. 実習生の賃金及び福利厚生からの控除並びに本書に記載されていないその他の雇用条件は、日本の労働法に従うものとする。

12. 本追加書面は本雇用契約と一体であり、完全な効力を有するものとする。

実習実施者/雇用主：	技能実習生/被雇用者
＿＿＿＿＿＿＿＿＿＿＿＿	＿＿＿＿＿＿＿＿＿＿＿＿
(代表者の署名、押印)	(署名)

別紙3　特定技能制度の雇用契約書のテンプレート

特定技能労働者のための雇用契約書

本雇用契約書は、以下の当事者の間で締結される。

受入れ機関/直接の雇用主
会社名：
電話番号及び電子メールアドレス：
代表者：

労働者
フィリピンでの住所：
電話番号及び電子メールアドレス/Facebook：

緊急連絡先　氏名：
住所：

電話番号及び電子メールアドレス：
労働者との続柄：

送出機関　：
住所及び電話番号　：
電子メールアドレス　：
代表者　：

☐ 該当なし
復職予定労働者
その他__________

本雇用契約は、特定技能労働者が在留資格「特定技能1号」又は「特定技能2号」により日本に入国するためフィリピンを出国する時点で開始される

POLOにより確認された雇用契約書は、労働者、受入れ機関、送出機関及びPOEAのために4通作成されるものとする。

20____年____月____日、__________において署名する。

受入れ機関
記名及び署名

労働者
記名及び署名

立会人：

送出機関の代表者
記名及び署名

雇用条件書

20＿年＿＿月＿＿日

Ⅰ．雇用契約期間

1．契約期間（　　　　　　　年）

＊初回契約期間は３年以内とし、更新可能とする。

2．雇用契約期間（フィリピンで記入）

（フィリピン出国日）（年／月／日）から（年／月／日）

入国予定日　年／月／日

3．契約の更新の有無

［　］更新可　　［　］更新不可

Ⅱ．就業の場所

［　］直接雇用（以下に記入）

会社名

及び実際の職場＿＿＿＿＿＿＿＿＿＿＿＿

住所＿＿＿＿＿＿＿＿＿＿＿＿＿＿＿＿

情報

［　］派遣雇用

（別途「就業条件明示書」に記入）

この目的のため、派遣会社は、労働者の直接の雇用主とみなされるものとする。

Ⅲ．従事すべき業務の内容：（別紙Ａ参照）

1．分野　　（　　　　　　　　　　　　　　　　　　　　　　　）

2．業務区分（　　　　　　　　　　　　　　　　　　　　　　　）

Ⅳ．労働時間等

1．始業時刻：（　　　　　）終業時刻：（　　　　　）

（１日の所定労働時間数：（　）時間（　）分）

［　］変形労働時間制：変形労働時間制の単位（　　）

＊変形労働時間制を採用している場合には、特定技能労働者が完全に理解できる言語で記載された年間カレンダーの写し及び労働基準監督署へ届け出た変形労働時間制に関する協定書の写しを添付する。

［　］次の勤務時間の組合せを使用する交代制

始業（　時：　分）終業（　時：　分）、適用日（　）、１日の所定労働時間（　）時間（　）分

始業（　時：　分）終業（　時：　分）、適用日（　）、１日の所定労働時間（　）時間（　）分

始業（　時：　分）終業（　時：　分）、適用日（　）、１日の所定労働時間（　）時間（　）分

2．休憩時間（　　分）

3．所定労働時間数　1）1週間当たり（　）時間（　）分
2）1か月当たり（　）時間（　）分
3）1年間当たり（　）時間（　）分
4．所定労働日数　1）1週間当たり（　）日　2）1か月当たり（　）日
3）1年当たり（　）日
5．所定時間外労働の有無　［　］有　［　］無
詳細は、社内規程　第（　）条、第（　）条に規定

Ⅴ．休日
1．定例日：毎（　）曜日、国民の祝日、その他（　）（年間合計休日日数：（　）日
2．非定例日：週/月当たり（　）日、その他（　）
詳細は、社内規程　第（　）条、第（　）条に規定

Ⅵ．休暇
（ア）年次有給休暇：6か月継続勤務した場合—（　）日
継続勤務6か月未満の年次有給休暇（［　］有［　］無）－（　）か月経過で（　）日
（イ）その他の休暇　有給（　）　無給（　）
（ウ）一時帰国のための休暇：特定技能労働者が一時帰国を希望する場合、上記(ア)及び(イ)に記載の範囲内で必要な休暇を与えられる。
詳細は、社内規程　第（　）条、第（　）条に規定

Ⅶ．賃金
1．基本賃金［　］月給（　円）
＊詳細は添付書（賃金の支払）に記載
2．諸手当（所定時間外労働の割増賃金は除く。）
（　手当、　手当、　手当）
＊詳細は添付書（賃金の支払）に記載
3．所定時間外、休日又は深夜労働に対して支払われる割増賃金率
⑴ 所定時間外：月60時間以内の法定時間外（　）％
月60時間を超える法定時間外（　）％
所定時間外（　）％
⑵ 休日　法定休日（　）％　法定外休日（　）％
⑶ 深夜　（　）％
4．賃金締切日　毎月（　）
5．賃金支払日　毎月（　）
6．労使協定に基づく賃金支払時の控除　［　］有　［　］無
＊詳細は添付書（賃金の支払）に記載
7．昇給　［　］有（昇給時期、金額等）　［　］無
8．賞与　［　］有（支給時期、金額等）　［　］無
9．退職金　［　］有（支給時期、金額等）　［　］無
10．休業手当　［　］有（率）

Ⅷ．手数料

１．雇用主/派遣会社に対し請求される手数料及び費用

以下を含む採用及び職業紹介にかかる費用は、雇用主/派遣会社が責任を負うものとする。

ａ．査証手数料
ｂ．労働許可証及び外国人登録証（ARC）
ｃ．往復航空券
ｄ．空港から就労場所への送迎
ｅ．POEA処理手数料
ｆ．OWWA加入料
ｇ．日本語能力試験、技能試験等、日本政府が要求する職業試験/評価

２．労働者に対し請求される手数料及び費用

２ａ．書類作成費用
１．旅券
２．NBI/警察/バランガイ発行の無犯罪証明書
３．PSAにより発行された出生証明書
４．CHEDにより認定された学校から発行され、DFAにより認証された成績証明書及び卒業証明書
５．PRCによって発行され、DFAにより認証された専門職ライセンス
６．TESDAより発行された能力証明書
７．受入国の医療規約に基づく、保健省発行の医療/健康診断書

２ｂ．健康保険、住宅開発基金及び社会保障制度への加入料

３．日本の職業安定法に基づき労働者に請求される仲介斡旋料はないものとする。

Ⅸ．送迎

雇用主は、雇用場所との往復にかかる無料の送迎及び就労場所での無料の送迎を提供するものとする。

Ⅹ．雇用関係の終了

A. 被雇用者による終了

(a)　被雇用者は、雇用主宛てに1か月以上前に書面による通知を行うことにより、正当な理由がなくとも雇用関係を終了することができる。当該通知が行われなかった場合、雇用主は、被雇用者に損害賠償の責任を負わせることができる。

(b)　被雇用者は、以下のいずれかの正当な理由がある場合、雇用主に通知することなく雇用関係を終了することができる。

１．雇用主又はその代表者による被雇用者の名誉及び人格に対する深刻な侮辱（性的嫌がらせを含むが、これに限定されない。）がある場合、並びに、雇用主が賃金、労働時間その他の労働条件に関する差別的な取扱いの根拠として被雇用者の国籍、信条、社会的地位又はジェンダーを利用する場合

２．雇用主又はその代表者による被雇用者に対する非人道的且つ耐え難い取扱い（身体的暴力、脅迫、監禁、又は非雇用者の精神的若しくは身体的な自由を不当に制限するその他の方法を含むが、これらに限定されない。）

３．雇用主又はその代表者による被雇用者又は被雇用者の近親者の人格に対する犯罪行為／攻撃

４．上記に類似するその他の理由

B. 雇用主による終了

(a)　雇用主は、以下のいずれかの正当な理由がある場合、雇用を終了することができる。

⑴ 重大な非行

⑵ 雇用主又はその代表者による業務に関する適法な命令に対し、被雇用者が意図的に違反又は反抗する場合

⑶ 被雇用者による著しい且つ常習的な職務上の怠慢

⑷ 詐欺行為

⑸ 社内規程、規則又は方針に明示的に規定される、上記に類似するその他の理由

XI．本国送還

海外フィリピン人労働者又はその者の遺体の本国送還及びその者の所持品の輸送の第一義的な責任は、受入先／雇用主、並びにその者を募集及び／又は派遣した認可仲介斡旋機関にあるものとする。これには、航空運賃及び出入国管理上の罰金／制裁金を含む、本国送還及び付随的費用を支払う義務が含まれる。この義務は、海外フィリピン人労働者を本国送還する必要が生じた原因を予め決定することなく発生する。但し、雇用の終了が海外フィリピン人労働者の過失にのみ起因すると労働仲裁人により決定された場合は、海外フィリピン人労働者の本帰国後、受入先／雇用主並びに認可仲介斡旋機関は、当該海外フィリピン人労働者から本国送還の費用を回収することができる。

疾病による終了：いずれかの当事者が被雇用者の疾病、病気又は障害を理由として契約を終了する場合、雇用主が本国送還費用を負担するものとする。

XII．紛争解決

被雇用者の雇用契約に関する全ての請求及び苦情は、会社の方針、規程及び規則に従い解決するものとする。被雇用者が雇用主の決定に異議を唱える場合、当該事項は、労働担当官、受入国のフィリピン大使館／領事館、若しくは最も関連する管轄権を有するか、適切である受入国の政府機関の委任を受けた代理人の介入の下に、又はフィリピンにおいては、受入国の法律により認められる場合は、主張当事者の選択により、友好的に解決されるものとする。

XIII．適用法

上記の規定に矛盾しないその他の雇用条件は、日本及びフィリピンの関連法に準拠するものとする。

XIV. その他

1．社会保険/雇用保険の加入

[　] 被雇用者の厚生年金、[　] 健康保険、[　] 雇用保険

[　] 労災保険、[　] 国民年金

国民健康保険　その他（　　）

2．雇入れ時の健康診断：（　　）年（　　）月

3．初回の定期健康診断：（　　）年（　　）月（その後（　　）ごとに実施）

4．最低月給が保証されるものとし、労働者が一身上の都合による欠勤を届け出ない限り、欠勤の相殺を目的とする給与控除は認められない。この場合、控除率は日本の法律に従うものとする。従って、日単位又は時間単位の賃金制は認められない。

5．給与の支払方法は、口座振込のみとする。

6．出産休暇、育児休暇、介護休暇、並びに日本の法律に定められているその他の休暇、及び、社内規程に定められている冠婚葬祭等その他の休暇並びに社内規程に特有の休暇については、利用可能な福利厚生と併せて、被雇用者が理解できる言語（英語又はフィリピンの言語）で被雇用者に説明しなければならない。

20____年____月____日、__________において署名する。

受入れ機関
記名及び署名

労働者
記名及び署名

立会人

送出機関の代表者
記名及び署名

賃金の支払

1．基本賃金

［　］月給（円）の計算方法（　　　　　　　円）（時間給×勤務日数）

2．諸手当の額及び計算方法（所定時間外労働の割増賃金は除く。）

(a)（　　　　手当　　　　　　円；計算方法　　　　　　　　　　　　）

(b)（　　　　手当　　　　　　円；計算方法　　　　　　　　　　　　）

(c)（　　　　手当　　　　　　円；計算方法　　　　　　　　　　　　）

(d)（　　　　手当　　　　　　円；計算方法　　　　　　　　　　　　）

3．1か月当たりの支払概算額（1＋2）　約＿＿＿＿＿＿円（合計）

4．賃金支払時に控除する項目

(a) 税金　　　　　　（約＿＿＿＿＿＿円）

(b) 社会（健康及び年金）保険料　　（約＿＿＿＿＿＿円）

(c) 雇用保険料　　　（約＿＿＿＿＿＿円）

(d) 宿泊施設/住宅費　（約＿＿＿＿＿＿円）

(e) その他　　　　　（約＿＿＿＿＿＿円）

（約＿＿＿＿＿＿円）

控除する金額　　約＿＿＿＿＿＿円（合計）

5．手取り支給額（3－4）　　　　　　約＿＿＿＿＿＿円（合計）

＊欠勤等がない場合であって、時間外労働の割増賃金等は除く。

就業条件明示書

（　　年　　月　　日）

＿＿＿＿＿＿＿＿＿＿＿＿殿

受入機関の名称：
所在地：
電話番号：
代表者の氏名及び役職：　　　　　　　　　　印
派遣先の名称：　　　　　　　　　　　　　　印

次の条件で労働者派遣を行います。

業務内容	
就業場所	事業所名（部署名） 所在地 （電話番号：　　　　　）
組織単位	
指揮命令者	職名　　　　　　　　　　氏名
派遣期間	（　　年　　月　　日）から（　　年　　月　　日）まで （派遣先の事業所における期間制限に抵触する最初の日）（　　年　　月　　日） （組織単位における期間制限に抵触する最初の日）（　　年　　月　　日） なお、派遣先の事業所における派遣可能期間の延長について、当該手続を適正に行っていない場合や派遣労働者個人単位の期間制限を超えて労働者派遣の役務の提供を受けた場合は、派遣先は労働契約申込みなし制度の対象となる。
就業日及び就業時間	就業日 就業時間　　始業時間（　　　）　　終業時間（　　　） （うち休憩時間　　から　　まで）
安全及び衛生	
時間外労働及び休日労働	時間外労働（無／有）→（１日　　時間／週　　時間／月　　時間） 休日労働　（無／有）→（１月　　回）
派遣元責任者	職名　　　氏名　　　　　　（電話番号：　　　　）
派遣先責任者	職名　　　氏名　　　　　　（電話番号：　　　　）
福利厚生施設の利用等	

苦情の処理及び申出先	申出先： 派遣元：職名　　　氏名　　　　　　（電話番号：　　　　） 派遣先：職名　　　氏名　　　　　　（電話番号：　　　　）
派遣契約解除の場合の措置	
派遣先が派遣労働者を雇用する場合の紛争防止措置	
備考	

●送出国法令リスト

次に掲げる各国の法令（日本語訳）については、巻末にある〈購読者専用Webサイトのご案内〉からダウンロードして条文をご覧ください。

国名		法令名
ベトナム	1	契約によるベトナム人労働者海外派遣法（法律第69/2020/QH14号）
	2	契約によるベトナム人労働者海外派遣法の一部条項の施行に関する詳細を規定する政令（政令38/2020/ND-CP号）
	3	契約によるベトナム人労働者海外派遣法の施行のための条項と措置を定める政令（112/2021/ND-CP号）
	4	契約によるベトナム人労働者海外派遣法の一部条項の詳細を規定する通達（21/2021/TT-BLDTBXH号）
	5	サービス企業が労働者との間で預託金について合意することが認められる労働市場及び預託金の上限額を規定する通達（21/2013/TT-BLDTBXH号）
	6	労働者供給契約及び労働者海外送出契約の様式及び内容を規定する通達（22/2013/TT-BLDTBXH号）
	7	契約によるベトナム人労働者海外派遣事業における仲介手数料及びサービス料について詳細を規定する合同通達（16/2007/TTLT-BLDTBXH-BTC号）
	8	特定技能労働者供給契約の締結要件を満たす日本側のパートナーについて（1239/QLLDNN-NBDNA号）
	9	日本における技能実習にかかる男性実習生の募集計画の実施に向けた調整－フェーズ1/2021（1859/TTLDNN-TCLD号）
	10	日本への特定技能労働者の派遣実施に関する案内（1572/QLLDNN-NBDNA号）
	11	日本の改正法施行後の日本への実習生派遣に係る契約の登録について（2456/QLLDNN-NBCADNA号）
	12	日本へのベトナム人実習生の送出しの是正措置の継続に関する通知（1123/LDTBXH-QLLDNN号）
	13	日本への労働者供給契約及び労働者海外送出契約に関する通知（606/QLLDNN-NBDNA号）

インドネシア	1	海外研修の許可取得手続及び企画手続に関するインドネシア共和国労働移住大臣規則 NO. PER.08/MEN/V/2008
	2	インドネシア人海外移住労働者の派遣のための融資に関する2015年労働大臣規則45号
	3	インドネシア人移住労働者の保護に関する2017年インドネシア共和国法律18号
	4	雇用の創出に関する2020年法律11号
	5	インドネシア人移住労働者の派遣に対する手数料の免除に関する2020年移住労働者保護庁規則9号
	6	インドネシア人移住労働者の派遣に対する手数料の免除に関する2020年移住労働者保護庁規則9号を改正する2021年移住労働者保護庁規則1号
中国	1	対外労務合作管理条例
	2	「対外労務合作経営資格証書管理弁法」の印刷発行に関する商務部の通知（商合発〔2004〕474号）
	3	国外就業仲介管理規定
	4	労務輸出及び国外就業労務管理業務を適切に行うことに関する通知（労力字〔1992〕37号）
	5	対外派遣労務人員の合法的権益の保護を適切に強化することに関する通知（〔1994〕外経貿合発第654号）
	6	「労務輸出契約主要条項内容」の発行に関する通知（外経貿合発〔1996〕第105号）
	7	対外労務合作管理をより一層強化することに関する緊急通知（〔2000〕外経貿合発第459号）
	8	国外労務人員安全保障業務の強化に関する通知（商合発〔2004〕459号）

フィリピン	1	日本国法務省・外務省・厚生労働省及びフィリピン労働雇用省との間の技能実習制度に関する協力覚書
	2	陸上勤務の海外フィリピン人労働者の採用及び雇用に関するPOEA規則（2016年改正）
	3	労働雇用省令 2018 年第 188-A-18号 労働雇用省令2018年第188号に基づく日本の技能実習制度における審査ガイドライン
	4	DOLE省令第188-18号 技能実習（TIT）に関する技能実習制度のための組織運営ガイドライン
	5	DOLE省令第201-19号 「特定技能外国人」在留資格に基づく日本への外国人労働者の派遣に関するガイドライン
	6	DOLE省令第201-A-19号 2019年省令第201号に基づく特定技能外国人の在留資格に基づく日本への外国人労働者の派遣にかかる確認ガイドライン
	7	日本の法務省、外務省、厚生労働省及び警察庁とフィリピン共和国の労働雇用省との間の「特定技能」の在留資格を有する外国人労働者に関する制度の適正な運用のための基本的提携枠組に関する協力覚書

〈購読者専用 Web サイトのご案内〉

「『円滑に外国人材を受け入れるための グローバルスタンダードと送出国法令の解説』購読者専用 Web サイト」から、本書送出国法令の Word ファイルがダウンロードできます。ダウンロード後は、自由に加工してお使いになれます。

下記要領に従って、会員登録をしてください。

① ご使用の PC 等から、弊社オンラインショップ（https://shop.gyosei.jp/）へアクセスします。

② ホームページ右側にある「書籍購読者専用サービス」のバナーをクリックします。

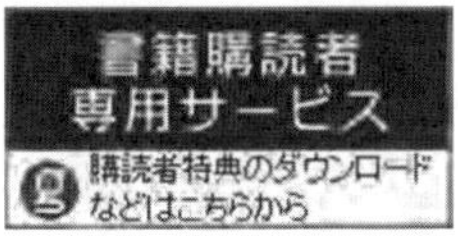

③ 「グローバルスタンダードと送出国法令の解説」を選択してください。

④ 「『グローバルスタンダードと送出国法令の解説』購読者専用 Web サイト」の案内に従って会員登録をしてください。

⑤ 会員登録したアドレスにお送りしたパスワードで、購読者専用ログインページからログインします。

⑥ ダウンロードを行います。ダウンロードに必要なパスワードは以下のとおりです。

【ユーザー名】gl《エル》obal《エル》sta

【パスワード】jtitpfts

（すべて英数半角）

※法令データダウンロードについては、一定期間経過後サービスを終了することがございます。

円滑に外国人材を受け入れるための

グローバルスタンダードと送出国法令の解説

令和４年５月15日　第１刷発行

編　著　慶應義塾大学大学院法務研究科・
　　　　　グローバル法研究所
　　　　西村あさひ法律事務所

著　者　松尾　　弘・山脇　康嗣・杉田　昌平
　　　　湯川　雄介・中尾　洋三・宍戸　健一
　　　　田代　夕貴

発　行　株式会社ぎょうせい

〒136-8575　東京都江東区新木場1-18-11
URL：https://gyosei.jp

フリーコール　0120-953-431
ぎょうせい　お問い合わせ　検索　https://gyosei.jp/inquiry/

〈検印省略〉

印刷　ぎょうせいデジタル株式会社

ISBN978-4-324-11122-2
(5108791-00-000)
〔略号：外国人送出法令〕